GOTAS DE ALEGRÍA
PARA EL ALMA
365 reflexiones diarias

GOTAS DE ALEGRÍA PARA EL ALMA

365 reflexiones diarias

Hernandes Dias Lopes

editorial clie

EDITORIAL CLIE
C/ Ferrocarril, 8
08232 VILADECAVALLS
(Barcelona) ESPAÑA
E-mail: libros@clie.es
http://www.clie.es

© 2013 por Hernandes Dias Lopes
Publicado por la Editora Hagnos Ltda. avenida Jacinto Júlio, 27
Cep 04815-160, São Paulo, SP, Brasil, con el título
GOTAS DE ALEGRIA PARA A ALMA.
Esta edición se publica con autorización por contrato con la
Editora Hagnos Ltda.

© 2015 Editorial CLIE

GOTAS DE ALEGRÍA PARA EL ALMA. 365 reflexiones diarias
ISBN: 978-84-8267-825-2
Depósito Legal: B 6191-2015
VIDA CRISTIANA
Devocionales
Referencia: 224850

Sobre el autor

Hernandes **Dias Lopes** es graduado en Teología por el Seminario Presbiteriano del Sur, Campinas, SP, Brasil, y Dr. en Ministerio del Reformed Theological Seminary de Jackson, Misisipi, Estados Unidos. Es pastor de la Primera Iglesia Presbiteriana de Vitória, ES, Brasil, desde 1985. Conferenciante internacional y escritor, ha publicado más de 100 títulos en portugués.

Dedicatoria

Dedico este libro a mis queridos hermanos y amigos Edson Marcelo Recco y su esposa, Josete Lima Prestes Recco, y a Antonio Fernandes Recco y su esposa, Myriam Cassou Terra Recco. Son compañeros en mi caminar, amigos muy cercanos, bendición de Dios en nuestra vida, familia y ministerio. Son siervos del Dios Altísimo e instrumentos de honra al Señor.

Presentación

Como afirma el dicho popular: "Hay días que parecen noches". Hay días en que el corazón está lleno de tristeza, la casa está en pie de guerra y el trabajo es aburrido de forma preocupante. Hay días en que te despiertas amargo, con el cuerpo cansado, sin ganas de vivir.

En esos días, la tristeza y la amargura ahogan la alegría. Junto con la angustia, surgen sentimientos corrosivos en el corazón que pueden detonar su expectativa de ver los tiempos de bonanza. Mirando la vida con gafas de tristeza se evapora uno de los combustibles más preciosos y necesarios para la vida: la alegría.

No siempre es posible evitar problemas o detener las lágrimas, pero usted puede transformar cada adversidad en una oportunidad para regocijarse en el Señor. En *Gotas de alegría para el alma*, Hernandes Dias Lopes, colega y amigo, nos guía diariamente a ese manantial en el que podemos beber grandes cantidades de verdadera alegría. Esta alegría es más que un sentimiento; es más que una emoción; es una persona: ¡es Jesús!

¡Dios bendiga su lectura!

Reverendo Milton Ribeiro,
Director Administrativo de LPC

Prefacio

Este devocional fue escrito para usted. Mientras estos mensajes brotaban de mi alma, muchos de ellos sazonados con lágrimas, yo rogaba al padre que los trasformara en fuentes de alegría diaria para los lectores. Vivimos en un mundo marcado por el dolor y la tristeza. La naturaleza está gimiendo, las personas están gimiendo, y el mismo Espíritu Santo, el Dios que habita en nosotros, está gimiendo. A menudo el dolor castiga nuestro pecho y aplasta nuestras emociones. Las alegrías que ofrece el mundo no nos satisfacen, porque son superficiales y fugaces; se evaporan como la niebla. Incluso aquellos que beben todas las copas de los placeres de la vida no encuentran la verdadera felicidad en esas fiestas. Muchos buscan la felicidad en la bebida, otros en el éxito, otros en la riqueza y la fama. Pero cuando llegan a la cima de esta pirámide, descubren que la felicidad no está allí. Por este motivo hay tanta gente desilusionada y escéptica.

Pero tengo buenas noticias para usted. Le presento una alegría real, permanente y profunda. Este es un gozo inefable y lleno de gloria. La alegría que traerán estos mensajes a su corazón, el mundo no la conoce y no se la puede quitar. Esta alegría no se puede comprar con dinero ni se alcanza por méritos. Es un regalo de Dios. Esta alegría es más que una emoción. Es algo más que la presencia de las cosas buenas y la ausencia de las malas. Esta alegría es una persona. ¡Esta alegría es Jesús!

Hernandes Lopes Dias

1

de enero

La alegría de la boda

Esto es ahora hueso de mis huesos y carne de mi carne.

GÉNESIS 2:23

Dios creó al hombre perfecto, lo puso en un lugar perfecto y mantenía perfecta comunión con él. Le dio el privilegio de ser el gestor de la creación, el mayordomo de la naturaleza. Sin embargo, Adán no encontró ninguna criatura, por toda la naturaleza, que le correspondiera física, emocional y espiritualmente. El mismo Dios, que da la máxima puntuación para toda la obra de la creación, dice ahora "No es bueno que el hombre esté solo; le haré ayuda idónea para él" (Génesis 2:18). Dios hizo que el hombre durmiera y de su costilla creó una mujer y la trajo. Adán se despertó de su sueño y vio a la criatura más hermosa a su lado; luego exclamó en un arranque de felicidad: "Esto es ahora hueso de mis huesos y carne de mi carne". El matrimonio fue instituido por Dios para ser una fuente de placer y felicidad. El matrimonio merece y requiere la mayor inversión y la renuncia más grande. "Por tanto, dejará el hombre a su padre y a su madre, y se unirá a su mujer, y se harán una sola carne" (Génesis 2:24). La mujer no fue tomada de la cabeza del hombre para que lo maneje. Una mujer que intenta mandar al esposo se convierte en una persona frustrada, porque no consigue admirar al hombre que manda. La mujer no fue tomada de los pies del hombre para ser humillada por él. Ninguna mujer puede ser feliz sin ser respetada. La mujer ha sido tomada de la costilla del hombre para ser el centro de sus afectos, y el objetivo de su cuidado.

2
de enero

La alegría de la comunión con Dios

Dios que se paseaba en el huerto, al aire del día.

GÉNESIS 3:8

Dios es más importante que sus dádivas. El Creador es más importante que la creación. Adán vivió en el Jardín del Edén, el más espléndido paraíso jamás visto en la tierra. Fue el mismo Dios quien hizo su paisaje. Ese lugar exhalaba el aroma de flores multicolores. Árboles frondosos producían sombras acogedoras y árboles frutales vivían llenos de todo tipo de frutas deliciosas. El pasto verde y abundante dejaba los ojos ebrios con tanta belleza multiforme. Ríos de aguas limpias, llenos de cardúmenes, adornaban aquel palco de incomparable belleza. Pero ni este espléndido escenario podía satisfacer el alma de Adán. Él aspiraba a algo más grande que la naturaleza. El mismo Dios que se paseaba en el huerto, al aire del día bajaba para hablar con Adán. La comunión con Dios es el más grande de todos los placeres. Es el placer más sublime. Es en la presencia de Dios que hay plenitud de gozo. Es a su diestra que hay delicias para siempre. Aún hoy podemos levantar nuestra voz y decir como san Agustín: "Señor, tú nos has hecho para ti, y nuestra alma solo encuentra descanso en ti". Las glorias de este mundo no pueden llenar el vacío de nuestras almas. Las riquezas de esta tierra no pueden llenar el vacío de nuestro corazón. Solo Dios puede dar sentido a la vida. ¡Es en la comunión con Dios que experimentamos la verdadera razón de nuestra vida!

Esta vez alabaré a Jehová

> Concibió otra vez, y dio a luz un hijo, y dijo: "Esta vez alabaré a Jehová"; por esto llamó su nombre Judá; y dejó de dar a luz.
>
> **GÉNESIS 29:35**

Lea era la esposa de Jacob, pero no tenía el amor de Jacob. Tuvo hijos con Jacob, pero no el afecto de su marido. Incluso con el vientre fértil, tenía el corazón seco. Su historia fue sellada por el dolor del desprecio. El sentimiento de rechazo amargaba su alma hasta el día en que nació Judá, su cuarto hijo. Cuando su descendencia vino al mundo, esa mujer sufrida y entre lágrimas dijo: "Esta vez alabaré a Jehová". Por eso al niño le puso por nombre Judá, que significa 'alabanza'. La alabanza no es un resultado de la victoria, pero sí su causa. La alabanza fluye desde el valle del dolor. La alabanza florece en medio de las espinas del sufrimiento. La alabanza nos pone por encima de nuestras circunstancias. La alabanza es ultracircunstancial. Jesús, el Hijo de Dios, el Mesías, el Salvador del mundo, desciende de Judá. Por medio de Jesús, también podemos convertir nuestro duelo en gozo, nuestro dolor en fuente de consuelo y nuestra tristeza en alegría. Jesús, el descendiente de la tribu de Judá, es aquel que seca nuestras lágrimas, cura nuestro dolor y restaura nuestra suerte. No tenemos que caminar por la vida aplastados bajo la pesada rueda de circunstancias adversas, o torturados por sentimientos abrumadores. Nosotros nos podemos levantar desde el fondo de nuestra angustia y decir, como Lea: "Esta vez alabaré a Jehová". En Jesús se nos ha abierto una fuente inagotable de alegría y alabanza.

4
de enero

Dios trabaja a nuestro favor, y no contra nosotros

> Entonces su padre, Jacob, les dijo: "Me habéis privado de mis hijos; José no aparece, ni Simeón tampoco, y a Benjamín le llevaréis; contra mí son todas estas cosas".
>
> GÉNESIS 42:36

Jacob fue amado por Dios antes del nacimiento. Él era el nieto de Abraham, hijo de Isaac y el padre de las doce tribus de Israel. Su historia es un zigzag de altibajos. Incluso siendo creado en un hogar temeroso a Dios, solamente conoció a Jehová como el Dios de su salvación, después de haber formado una familia, con cerca de 93 años. Jacob tuvo que salir de la casa huyendo y volvió a su tierra natal con miedo. Sin embargo, el plan de Dios nunca se alejó de Jacob. En el vado de Jaboc, Dios luchó con Jacob y lo dejó cojo para no perderlo para siempre. La gracia de Dios es eficaz. Aquellos a quienes Dios elige, Dios también los llama con eficacia. Jacob recibió una nueva vida, un nuevo nombre, una nueva historia. Se convirtió en el padre de las doce tribus de Israel. Su hijo, José, fue vendido por sus hermanos a Egipto, pero Dios usó esa providencia horrible para mostrarle su rostro sonriente. Esa situación no fue un acto de Dios en contra de Jacob, sino a su favor. No hay Dios como el nuestro, que trabaja para los que esperan en él. Lo que Jacob piensa que es su perdición fue su salvación. Lo que imaginaba estar en contra de él trabajaba a su favor. Su lamento se convirtió en su canción más efusiva. Dios transformó el árido valle en un manantial, las lágrimas en celebración, el llanto en una fuente de consuelo.

5

de enero

La alegría del amor conyugal

Y la trajo Isaac a la tienda de su madre Sara, y tomó a Rebeca
por mujer, y la amó...

GÉNESIS 24:67

Isaac era el único heredero de un acaudalado padre. Heredero de una gran fortuna y de una gran promesa. Su padre era el padre de la fe, el progenitor de una gran nación. Por medio de él todas las familias de la tierra serán bendecidas. Isaac tenía 40 años, pero aún estaba soltero. Isaac era un joven creyente y tenía intimidad con Dios en la oración. Su matrimonio con Rebeca es uno de los capítulos más apasionantes de la historia. Rebeca era el objetivo de oración y de una búsqueda minuciosa. Isaac amó a la joven, hermosa, fuerte y no temerosa Rebeca cuando la vio por primera vez. Desde que la conoció fue consolado por la muerte de Sara, su madre. El matrimonio es un don de Dios para la felicidad humana. Por lo tanto, tiene que ser construido sobre la base del amor. No hay otra razón que debe motivar a dos jóvenes a entrar en una alianza matrimonial. Se equivocan los que entran en este pacto por otros intereses. El amor debe gobernar las acciones y sentimientos en la vida conyugal. El amor busca la felicidad del cónyuge más que la suya propia. El amor no es "ego centralizado" sino "otro centralizado". El amor debe ser conocido por lo que es, por lo que evita, por lo que cree y por lo que hace. El amor es paciente, es bondadoso. El amor no es celoso ni es soberbio. El amor no se goza de la injusticia, sino se goza con la verdad, pues todo lo cree, todo lo espera, todo lo soporta. El amor nunca acaba.

6
de enero

La alegría de la reconciliación

Pero Esaú corrió a su encuentro y lo abrazó, y se echó sobre su cuello, y lo besó; y lloraron.

GÉNESIS 33:4

La familia no siempre es lo que planeamos. Nadie planea fallar en la vida personal, profesional y familiar. Aunque Isaac y Rebeca comenzaron bien, no terminaron bien. El principal error de ellos fue en relación a la crianza de los hijos. En lugar de cultivar la amistad entre Esaú y Jacob, alimentaron las disputas entre ellos. E Isaac amó más a Esaú, y Rebeca tenía predilección por Jacob. Era una especie de juego de intereses. El resultado fue el conflicto entre estos dos hermanos. Jacob tuvo que huir de su casa y pasó veinte años lejos. Cuando regresó, el problema aun atormentaba su alma. Jacob había formado una familia y se convirtió en un hombre rico, pero no había paz en su corazón. No era un hombre salvo. En un momento de gran crisis, tuvo una pelea con Dios en el vado de Jaboc, y allí su vida fue salva. En Peniel, Dios le cambió el nombre y le dio un nuevo corazón. Dios cambió su suerte y la disposición de su corazón. Los dos hermanos se encontraron, se abrazaron y se besaron. En lugar de que este encuentro hubiera abierto otra herida en el alma de ambos, fue el escenario de la reconciliación. Incluso hoy en día hay muchas familias enfermas por causa de la amargura, relaciones tensas dentro de la familia que roban la paz y hacen que se seque el alma. ¡El perdón es el remedio divino para este mal, porque el perdón cura, renueva y restaura!

de enero

La expresión más grande de amor

Y le dijo: "Toma ahora a tu hijo, tu único, Isaac, a quien amas,
y vete a la tierra de Moriah, y ofrécelo allí en holocausto sobre
uno de los montes que yo te diré".

GÉNESIS 22:2

Hay momentos en los que Dios parece extraño. Hay momentos en que la fe parece luchar contra la esperanza. El mismo Dios que prometió un heredero de Abraham y había tardado 25 años para cumplir la promesa, ahora manda a Abraham que sacrifique al hijo de la promesa. Abraham no discute con Dios; solo obedece y lo hace inmediatamente. Esa misma mañana, el viejo patriarca alista la leña, llama a dos de sus criados y parte con Isaac hacia el monte Moriah, donde va a ofrecer a su hijo en holocausto. El texto bíblico no trae a esta narración una perspectiva emocional, pero eso no quiere decir que Abraham no hiciera esa caminata sin una profunda emoción. Él sabía que estaba caminando a sacrificar el amado de su alma. Cada paso hacia Moriah era como si todo el universo se colapsara en su cabeza. Su fe inquebrantable le dio plena seguridad de que Dios iba resucitar a su hijo. Él sabía que el altar del sacrificio sería el palco de adoración. Él sabía que el monte del Señor, Jehová Jireh, es poderoso para proporcionar el cordero sustituto. En la cima de esa montaña, Abraham levanta un altar y ofrece a su hijo, pero Dios levanta la voz y evita el sacrificio al ofrecer un cordero sustituto. Dos mil años más tarde, el Hijo de Dios estaba preso en el lecho vertical de la muerte, soportando el peso del mundo sobre sí, cuando gritó: "Dios mío, Dios mío, ¿por qué me has desamparado?" (Mateo 27:46). Para el Hijo de Dios no había un cordero sustituto, ya que Él es el único Cordero que quita el pecado del mundo. Porque Dios nos amó, entregó a su Hijo como sacrificio por nuestros pecados. ¡Oh, amor bendito! ¡Oh, amor eterno! ¡Oh, amor inconmensurable!

8
de enero

Betel, conociendo al Dios de sus padres

> Y llamó el nombre de aquel lugar Betel, aunque Luz era el nombre de la ciudad primero.
>
> GÉNESIS 28:19

Jacob, el hijo menor de Isaac y Rebeca, salió de casa por orden de la madre, para no ser asesinado por Esaú, su hermano mayor. Salió después de mentir y engañar a su padre y robar la bendición de Esaú; salió con la conciencia aturdida por la culpa. En aquel tiempo, Jacob tenía 73 años. Para quien murió a la edad de 147 años, era un hombre de mediana edad. Todavía estaba bajo el mando de la madre y sin conocer el Dios de sus padres como el Dios de la vida. Jacob fue amado por Dios desde el vientre de su madre, no por sus virtudes, sino a pesar de sus pecados. En el camino de escape, se quedó dormido con la cabeza sobre una piedra y tuvo un sueño. Una escalera que unía la tierra al cielo, y a los ángeles de Dios que subían y descendían por ella. Allí Jacob oyó hablar a Dios, quien se presentó a sí mismo como el Dios de su abuelo y como el Dios de su padre, pero no aún como el Dios de la vida. Jacob era el nieto de un creyente y el hijo de un creyente, pero todavía no era creyente. Dios todavía no era el Dios de su vida. Él recibió las promesas de Dios, pero no estaba convertido a Dios. Despertó de su sueño y reconoció que Betel era un lugar tremendo, la casa de Dios y la puerta del cielo, pero tuvieron que transcurrir otros veinte años para ser transformado por Dios. No posponga la decisión más importante de su vida. ¡Hoy es el día apropiado! ¡Hoy es el día de salvación! Vuélvase para Dios, pues Él es rico en perdonar y se deleita en la misericordia.

Peniel, conociendo al Dios de su salvación

Y llamó Jacob el nombre de aquel lugar, Peniel; porque dijo: "Vi a Dios cara a cara, y fue librada mi alma".

GÉNESIS 32:30

Jacob se marchó de casa de sus padres y se fue a la casa de Labán. Allí formó una familia y se hizo hombre próspero y rico. Dios lo bendijo en gran manera. Se convirtió en el padre de doce hijos, que se convirtieron en jefes de las doce tribus de Israel. Después de veinte años, regresó a su tierra. La convivencia con el suegro parecía insostenible. Al regresar, ya no podía demorar el inevitable encuentro con su hermano Esaú. El tiempo no fue suficiente para calmar su corazón ni para curar las heridas de su alma. Jacob ya contaba con 93 años cuando cruzó el vado de Jaboc. Allí el Señor mismo luchó con Jacob. Este no quiso ceder: la fuerza medida con la fuerza, el poder con el poder, la destreza con la destreza. Dios tocó la articulación del muslo y lo dejó cojo. Así que Jacob se aferró al Señor y le dijo: "No te dejaré, si no me bendices" (Génesis 32:26). El Señor le preguntó: "¿Cuál es tu nombre?". Él dijo: "Jacob", que no era una respuesta, sino una confesión. Veinte años antes, Isaac hizo la misma pregunta, y él contestó: "Esaú". Jacob significa suplantador, engañador. Cuando Jacob admite su pecado y confiesa, Dios cambia su nombre por el de Israel, dándole una nueva vida y una nueva herencia. Jacob entonces llamó al lugar Peniel, porque dijo: "Vi a Dios cara a cara, y fue librada mi alma".

10
de enero

El-bet-el, conociendo al Dios de la restauración

Y edificó allí un altar, y llamó al lugar El-bet-el, porque allí se le había aparecido Dios, cuando huía de su hermano.

GÉNESIS 35:7

Jacob conoció al Dios de sus padres en Betel, conoció a Dios como su Salvador en Peniel, pero solo se encontró con el Dios de su restauración en El-bet-el. Después de haber sido alcanzado por la gracia de Dios en Peniel, Jacob armó sus tiendas para las bandas de Siquem. El príncipe de esa tierra vio a su hija Dina, se enamoró de ella y la poseyó. Tal locura tuvo consecuencias desastrosas. Los hermanos de Dina lanzaron un plan para vengarse. Propusieron una alianza con los habitantes de Siquem. La condición para entrar en este pacto era que todos sus hombres estuviesen circuncidados. Cuando todos los hombres estaban en el punto más crítico de dolor, los hijos de Jacob, Simeón y Leví, atacaron inesperadamente la ciudad y mataron a todos, incluido el esposo de Dina. Jacob estaba desesperado. La venganza abrumadora parecía inevitable. En ese momento, Dios se apareció a Jacob y le dijo: "Levántate y sube a Bet-el, y quédate allí" (Génesis 35:1). Dios exigía de Jacob algunas cosas: "... Quitad los dioses ajenos que hay entre vosotros, y limpiaos, y mudad vuestros vestidos" (v. 2). Jacob obedeció con prontitud y se fue a Betel con su familia. Allí construyó un altar y llamó al lugar El-bet-el. Jacob ahora conoce no solo la casa de Dios, sino el Dios de la casa de Dios, el Dios de su restauración. Allí Dios renueva su pacto con él y le da la oportunidad de iniciar su caminata.

11
de enero

Prosperando en el desierto

> Y sembró Isaac en aquella tierra, y cosechó aquel año ciento por uno; y le bendijo Jehová.
>
> **GÉNESIS 26:12**

La crisis es una encrucijada. Unos colocan los pies en el camino del fracaso; otros caminan seguros rumbo a la victoria. Fue una época de hambre en la tierra. Dios le dijo a Isaac: "No desciendas a Egipto". Las aparentes ventajas del mundo pueden ser lazos mortales a nuestros pies. Isaac se quedó donde Dios ordenó. Allí volvió a abrir los pozos viejos y excavó nuevos pozos. Allí vio florecer el desierto. El mejor lugar para estar es el centro de la voluntad de Dios. Nosotros no somos gobernados por las circunstancias; andamos por la fe. Somos hijos de la obediencia. Isaac se hizo rico en un tiempo de hambre. En una época en la que todos fracasaban, él prosperó. Llegó a cosechar el ciento por uno en sus cultivos. Sus rebaños y manadas se multiplicaron. La mano de Dios estaba con él. Los filisteos contendieron con él; sin embargo, en vez de pelear, él renunció a sus derechos. Sabía que la amargura del alma tenía un precio más alto de lo que estaba dispuesto a pagar. Avanzó abriendo nuevos pozos. Donde colocaba la planta de su pie, Dios lo bendecía. Más tarde, sus opositores tuvieron que reconocer que Isaac era bendecido de Dios y se reconciliaron con él. Porque Isaac confió en Dios, él prosperó en el desierto. Porque obedeció a Dios, amplios horizontes se descortinaron ante sus ojos. Porque no amargó su alma con las luchas, se ganó el corazón de los propios enemigos.

12
de enero

Donde hay agua,
toda la tierra es buena

Y volvió a abrir Isaac los pozos de agua que habían abierto en
los días de Abraham, su padre, y que los filisteos habían cegado
después de la muerte de Abraham; y los llamó por los nombres
que su padre los había llamado.

GÉNESIS 26:18

Isaac es el símbolo de un hombre amable. No le gustaba pelear. Sufriría un
daño al luchar por sus derechos. Cuando estaba en la tierra de los filisteos,
tuvo dos actitudes. La primera fue abrir los viejos pozos que su padre Abraham había cavado. El agua estaba allí y era buena, pero estos pozos estaban
obstruidos con escombros. Isaac sabía que los escombros de los filisteos tenían
que ser removidos para que las aguas fluyesen. La segunda actitud fue cavar
nuevos pozos. No podemos despreciar el pasado ni limitarnos a este. Isaac sabía que el Dios que hizo es también el Dios que hace. Quería más, por lo que
abrió nuevos pozos. Dios hizo brotar agua en el desierto y el desierto floreció.
Donde hay agua, toda la tierra es buena tierra. Lo mismo sucede con nuestras
vidas. Nuestro corazón puede parecer un desierto seco. Pero si las corrientes
de agua viva, símbolos del Espíritu Santo, descienden sobre nuestras vidas,
nuestros corazones también prosperarán. Cuando visité Israel por primera
vez, pasé por el desierto de Judea. Por un lado, todo estaba seco, muerto y sin
vida. Por otro lado, había un campo de naranjos exuberante, con frutos excelentes. Le pregunté al guía de turismo sobre ese fenómeno. ¿Cómo era posible,
en el desierto, que de un lado reinara la muerte y en el otro apareciera la vida?
Explicó: "¡Donde hay agua, toda la tierra es buena tierra!".

13
de enero

El desafío de ser un joven puro

Hablando ella a José cada día, y no escuchándola él para acostarse al lado de ella, para estar con ella.

GÉNESIS 39:10

La pureza sexual es una virtud casi extinta en nuestra sociedad decadente. La mayoría de las parejas entran al matrimonio con múltiples experiencias sexuales. El sexo es una bendición, ya que fue creado por Dios, y todo lo que Dios hace es bueno y perfecto. El sexo es puro, santo y da placer (gozo). Sin embargo, el sexo es para ser disfrutado en su plenitud en el matrimonio. El propósito de Dios es que los jóvenes permanezcan castos hasta el matrimonio. El noviazgo de los jóvenes creyentes debe tener criterios. Los límites deben ser establecidos y obedecidos. Aquellos que se entregan a la lujuria sexual pierden la alegría espiritual y terminan minando la relación. El apóstol Pablo es inflexible en su orientación: "Que cada uno de vosotros sepa cómo poseer su propio vaso en santidad y honor; no en pasión de concupiscencia, como los gentiles que no conocen a Dios; que ninguno agravie ni defraude en este asunto a su hermano; porque el Señor es vengador de todo esto, como ya os hemos dicho antes y testificado solemnemente" (1 Tesalonicenses 4:4-6). La pureza sexual es posible pues Dios no solo nos da una orden, sino también el poder para cumplirla. Pablo continúa: "Así que, el que desecha esto, no desecha al hombre, sino a Dios, que también nos dio su Espíritu Santo" (1 Tesalonicenses 4:8). El poder de una vida pura viene del Espíritu de Dios. ¡Cuanto más llenos del Espíritu estemos, más puros seremos!

14
de enero

Acoso sexual, un peligro real

Y ella lo asió por su ropa, diciendo: "Duerme conmigo". Entonces él dejó su ropa en las manos de ella, y huyó y salió.

GÉNESIS 39:12

José de Egipto era un joven guapo en forma y apariencia (Génesis 3:6). Su ama puso los ojos en él, y dijo: "Duerme conmigo" (Génesis 39:7). Aunque José era un hombre joven, con decisión rehusó la seductora propuesta. La mujer no se dio por vencida. Repitió lo mismo todos los días. Acosó a José sin pausa ni tregua. La reacción de José siempre fue la misma: no le hizo caso. Al contrario, él le dijo que no podía pecar en contra de Dios ni en contra de su esposo. El acoso no se detuvo allí. Llegó a una situación extrema. La mujer tentadora tomó a José por la ropa y dijo: "Duerme conmigo" (Génesis 39:12). José, sin embargo, dejó la ropa en sus manos, y huyó por la puerta. Prefirió ser acusado públicamente a ser culpable en el anonimato. Prefirió la prisión con la conciencia libre a estar libre con la conciencia prisionera. José fue enviado a la cárcel por su integridad. Prefirió sufrir como inocente a ser promovido como culpable. José de Egipto es un ejemplo de que podemos enfrentar el acoso sexual victoriosamente. El secreto de la victoria en esta área es huir. La misma Biblia que nos enseña a resistir al diablo nos dice que debemos huir de la tentación sexual. Ser fuerte en esta área no es enfrentar, sino huir. El sexo es una fuente de placer y deleite. Sin embargo, debe ser disfrutado responsablemente en el matrimonio. El sexo antes del matrimonio es fornicación, y el que se entrega a esta práctica está bajo el juicio de Dios. El sexo fuera del matrimonio es adulterio, y solo aquellos que quieren destruirse a sí mismos cometen semejante locura. ¡La alegría no está en el banquete del pecado, sino en la mesa de la santidad!

15
de enero

Graneros abiertos

Y el hambre estaba por toda la extensión del país. Entonces
abrió José todo granero...

GÉNESIS 41:56

Egipto, la tierra de los faraones y las pirámides, vivía una época de hambruna. José, un joven hebreo, hijo de Jacob, hijo de Isaac y nieto de Abraham estaba en Egipto por la providencia divina. Dejó la prisión para ocupar el puesto de gobernador de Egipto. Después de siete años de abundancia, en los que fueron almacenadas cuidadosamente las cosechas, el hambre prevalecía en todas partes. Entonces, Egipto se convierte en el granero del mundo. Abastece la tierra. Satisface las necesidades de las caravanas que vienen de todas partes en busca de pan. Incluso los hermanos de José, que lo habían vendido como esclavo a Egipto, deben inclinarse ante ese príncipe proveedor. Este hecho arroja luz sobre una verdad espiritual gloriosa. José, tipo de Cristo, es llamado salvador del mundo. ¡Jesús es el Salvador del mundo! Él vino al mundo como el pan vivo que bajó del cielo. Es el único que puede migar el hambre de nuestra alma. Hay un hambre que azota a toda la tierra. El hambre no es del pan que perece, sino de Dios. Hambre no de las cosas del mundo, sino de las cosas celestiales. Hambre no de las cosas efímeras, sino de lo que es eterno. Delicias terrenales no pueden alimentar a los seres humanos. Las cosechas no nutren el alma. Solo el pan vivo de Dios nos puede satisfacer. Los graneros de Dios están abiertos. Hay pan en abundancia en la casa del Padre. Los hambrientos está invitados: "... a los que no tienen dinero: Venid, comprad y comed. Sí, venid, comprad sin dinero y sin precio, vino y leche" (Isaías 55:1).

16
de enero

Rama fructífera

> Rama fructífera es José, rama fructífera junto a una fuente, cuyos vástagos se extienden sobre su muro.
>
> GÉNESIS 49:22

El patriarca Jacob se despide de sus hijos. Antes de morir, distribuye bendiciones a todos los hijos. Corresponde a José, su hijo amado, una bendición sin igual. Tres verdades se destacan en esta bendición. En primer lugar, José es una rama fructífera. Su vida fue bendición en su casa, en el trabajo y en el gobierno de Egipto. Por donde pasó José dejó marcas positivas, frutos excelentes. Muchos pasan por la vida sin dejar frutos. Solo tienen hojas, solamente apariencia y ningún resultado. En segundo lugar, José es una rama fructífera junto a la fuente. Los tiempos de sequía no tomaron su verdor, porque estaba plantado junto a la fuente, que es Dios. El secreto del éxito de José es que él mantenía una profunda intimidad con Dios. Su vida fue plantada en esta tierra bendita. Tal es la vida de los justos: es como un árbol plantado junto a la fuente, sin marchitamiento del follaje y que a su debido tiempo, da fruto. En tercer lugar, José extendió su influencia más allá de los muros. Quien es bendición en el hogar lo es también lejos de casa. Quien es bendición dentro de los muros también extiende sus ramas sobre los muros. La vida de José nos desafía y nos anima a ser, del mismo modo, ramas fructíferas de la vid verdadera. Dios es glorificado en nosotros cuando producimos mucho fruto. El secreto para dar fruto es mantenerse en contacto con la vid verdadera. ¡Tenemos el desafío de ser una bendición, incluso aquí, allá y más allá de las fronteras!

17
de enero

Esperanza en medio del desespero

... la que concibió, y dio a luz un hijo; y viéndole que era hermoso, le tuvo escondido tres meses.

ÉXODO 2:2

La esclavitud es una realidad amarga y humillante. El pueblo de Dios estaba en terrible cautiverio. Amasando arcilla bajo el látigo del verdugo, el pueblo trabajaba bajo una gran opresión. Como si fuera poco, el Faraón ordenó que todos los nacimientos de varones fuesen pasados por la espada o arrojados al río Nilo para ser devorados por los cocodrilos. En esta desesperada situación, Amram y Joquebed encuentran espacio en la agenda para el amor y alimentar el alma con la esperanza de tener un hijo. Nace Moisés. Su madre no desiste del hijo. Ella trama un plan para salvarlo. Las aguas del Nilo no serían su tumba, pero sí su bote salvavidas. Dios honró la actitud de la mujer, y el niño fue sacado del agua por la hija del Faraón. En lugar de morir a manos de Faraón, Moisés fue adoptado por la hija del Faraón, para vivir una vida en el palacio y llegar a ser un doctor en todas las ciencias de Egipto. El mismo Dios que libró a Moisés de la muerte liberó a su pueblo de la esclavitud por medio de Moisés. Dios puede encender una llama de esperanza en su corazón, incluso en medio del desespero. No se desanime. No renuncie a soñar. No renuncie a luchar. Dios está en el control y le llevará en triunfo.

18
de enero

Destronando a los dioses

... ejecutaré mis juicios en todos los dioses de Egipto. Yo Jehová.

ÉXODO 12:12

El éxodo fue una intervención sobrenatural de Dios para sacar a su pueblo con mano fuerte y poderosa del gran imperio egipcio. Dios envió diez plagas sobre la tierra de las pirámides antiguas. Cada plaga estaba destinada a destronar a una deidad del panteón egipcio. El éxodo significa la salida del pueblo de la tierra de esclavitud a la tierra que mana leche y miel. El éxodo habla de la liberación de la esclavitud y apunta para la redención. Sin embargo, antes de que se abrieran las puertas de la esclavitud y que se rompiera el yugo, Dios triunfó sobre los dioses de Egipto, ejecutando sobre todos ellos su juicio. Los dioses de los pueblos son hechos por el arte y la imaginación humana. Los dioses son creados por el hombre para esclavizar a los hombres. Solo hay un Dios vivo y verdadero. Él es el creador y redentor, el Dios de nuestra salvación. Aquellos que se inclinan ante otros dioses provocan la ira del Señor, pues Él no comparte su gloria con nadie. Dios podría haber sacado a su pueblo de la esclavitud desde el primer día que Moisés regresó a Egipto, pero el endurecimiento del corazón del Faraón hizo que el Todopoderoso manifestase, en la tierra de los dioses, que solamente Jehová es Dios. Los dioses de Egipto fueron derrocados, uno por uno. Todo el mundo tuvo que inclinarse y reconocer que el único Dios que salva y libra es nuestro Dios. Así como Dios liberó a su pueblo de la esclavitud de Egipto en el pasado, también le puede liberar de las cadenas del pecado hoy. ¡A través de la sangre de Cristo, él puede librarle de la muerte eterna y darle seguridad, la vida y la paz!

19
de enero

Libramiento por la sangre

... y veré la sangre y pasaré de largo en cuanto a vosotros, y no
habrá en vosotros plaga de mortandad cuando hiera la tierra de
Egipto.

ÉXODO 12:13

La Pascua fue el punto decisivo de la salida de los israelitas de Egipto. La
palabra "Pascua" significa 'paso'. El ángel que ejecutó el juicio de Dios
sobre los primogénitos de Egipto salvó a los primogénitos israelitas, no porque fueran mejores que los egipcios, sino porque estaban bajo la sangre del
cordero. En esa fatídica noche del juicio, el cordero fue sacrificado y su sangre
fue pasada en los marcos de las puertas. La sangre aplicada se convirtió en el
escudo protector. El escape de la muerte no tuvo nada que ver con las cualidades morales o espirituales de cada primogénito. El único distintivo que separa
a los que vivieron de los que murieron fue la sangre. La noche en que Dios
pasó por la tierra de Egipto, para hacer juicio contra todos los dioses de Egipto
murieron todos los primogénitos, tanto de hombres como de animales, excepto los que estaban bajo la sangre. La Pascua tipificaba el derramamiento de la
sangre de Cristo. Jesús es nuestra Pascua. Él es el Cordero de Dios que quita
el pecado del mundo. Es a través de su sangre que fuimos hechos libres de la
muerte. Es a través de su sangre que somos purificados de todo pecado. Es a
través de su sangre que somos reconciliados con Dios. No hay perdón de los
pecados sin derramamiento de sangre. Pero la sangre de los animales no puede
limpiarnos; solo la sangre de Cristo. La Pascua era una sombra; la realidad es
Cristo. La sangre del cordero aplicada a los marcos de las puertas era un tipo
de sangre de Jesús aplicada a nuestros corazones.

20

de enero

Un callejón sin salida

No temáis; estad firmes, y ved la salvación que Jehová hará hoy
con vosotros...

ÉXODO 14:13

El pueblo de Israel vio que las puertas de la cárcel se abrieron, que el yugo
era despedazado y el cautiverio de opresión llegaba al fin. De todos mo-
dos, se cumplió el sueño de libertad. Las oraciones fueron contestadas. El
pueblo marchaba decididamente hacia la tierra prometida. Al poco tiempo,
sin embargo, apareció el primer desafío. El pueblo ya estaba acampado junto
al mar Rojo, cerca de Pi-hahirot, frente a Baal Sefón. De repente, los egipcios
vinieron con furia con toda la caballería y carros del Faraón, su gente de a
caballo, y todo el ejército los alcanzaron. Cuando los israelitas miraron, he
aquí que los egipcios venían tras ellos. Fueron acorralados los egipcios: por el
frente, por el mar; por las montañas; y por detrás. Era un callejón sin salida.
Al mismo tiempo que clamaban a Dios, también se quejaron contra Moisés.
Era un problema sin solución, una causa perdida, una situación desesperada.
Moisés le dijo al pueblo que no tuviera miedo, sino que viera la salvación de
Dios, y Dios le dijo a Moisés que el pueblo debería marchar. Una columna
de fuego se interpuso entre el ejército del Faraón y el pueblo de Israel en esa
noche dramática, de tal manera que el enemigo no podía acercarse al pueblo
de Dios. Entonces el mar se abrió y el pueblo de Israel atravesó en seco, mientras que los egipcios se ahogaron. El mismo mar que era una carretera segura
para los israelitas se demostró la tumba de sus enemigos. Incluso hoy en día,
Dios nos da liberaciones extraordinarias. Él es el mismo Dios lleno de gracia y
Todopoderoso. No hay que temer; podemos confiar. ¡Incluso cuando estamos
atrapados por problemas sin solución y nos quedamos atrapados en un callejón sin salida, de lo alto viene nuestra ayuda!

21
de enero

Jehová Rapha

… ninguna enfermedad de las que envié a los egipcios te enviaré a ti; porque yo soy Jehová, tu sanador.

ÉXODO 15:26

La obediencia a Dios trae beneficios eternos para el alma y dan cura al cuerpo. Después de entrar en el desierto hacia la tierra de Canaán, los israelitas trataron con la dramática experiencia de la falta de agua. La sed implacable era el nuevo reto. Ellos anduvieron tres días por el desierto sin una gota de agua. Al llegar a Mara, encuentran fuentes de agua, pero las aguas eran amargas. Una vez más el pueblo murmuró contra Moisés, diciendo: "¿Qué hemos de beber?" (v. 24). Moisés clamó a Dios y el Señor le mostró un árbol; Moisés lo echó en las aguas, y se convirtieron en agua dulce. Dios los puso a prueba y les dio mandamientos y estatutos, diciendo que si daban oído a sus mandamientos, y guardaban sus estatutos, ninguna enfermedad vendría de repente sobre ellos, como las enviadas a los egipcios. Para poner un hito en esa promesa, se presentó al pueblo con un nuevo nombre: Jehová Rapha, el Señor que sana. Nuestro Dios es quien perdona todas nuestras iniquidades y que cura todas nuestras enfermedades. Toda curación, en última instancia, es la sanidad divina. Dios mediante cura, con medios, sin ellos y a pesar de ellos. Jesús anduvo por todas partes haciendo el bien y sanando a todos los oprimidos por el diablo. Levantó paralíticos, limpió a los leprosos, dio vista a los ciegos, hizo hablar a los mudos y que los sordos oyeran. Jesús es el mismo ayer, hoy y siempre. ¡Él puede hacer lo mismo hoy!

22

de enero

Amar a Dios y al prójimo

> El amor no hace mal al prójimo; así que la plenitud de la ley es el amor.
>
> ROMANOS 13:10

Moisés subió al monte Sinaí y allí Dios le habló. Se presentó como el Dios de la redención antes de entregarle las tablas de la ley. Los diez mandamientos son los principios morales que deben regir la vida del pueblo de Dios. Son dos tablas, ya que el primero contiene los primeros cuatro mandamientos, que son guías de nuestra relación con Dios; y la segunda contiene los últimos seis mandamientos, regula nuestra relación con los demás. Los diez mandamientos se resumen en dos: amar a Dios y amar al prójimo. El que ama a Dios no tiene ningún otro dios, ya que Dios no compartirá su gloria con nadie. El que ama a Dios no hace una imagen de talla, sabiendo que Dios aborrece la idolatría. Quien ama a Dios no toma el nombre del Señor en vano, porque sabe que Dios es santo; no desprecia el día de descanso y devoción, porque sabe que Dios debe ser nuestro mayor deleite. Quien ama a su prójimo respeta a padre y madre, sus prójimos más íntimos. Quien ama a su prójimo no mata porque reconoce la dignidad de la vida, ni adultera, porque respeta el honor de los demás. No roba, porque respeta la propiedad de otros. No habla mal de los demás, porque valora su nombre. No codicia, porque tiene gratitud por lo que ya ha recibido de Dios. Amar a Dios y amar a los demás es el camino a la felicidad. El placer no está en rebelión, en la transgresión o pecado, porque estos son los caminos del dolor, la tristeza y la muerte. ¡Los mandamientos de Dios no son gravosos; deben ser nuestro mayor placer!

Dios vino a habitar con los hombres

Y harán un santuario para mí, y habitaré en medio de ellos.

ÉXODO 25:8

El Dios que ni el cielo de los cielos puede contener resuelve habitar con su pueblo. Entonces manda a Moisés que le hagan un santuario. Los requisitos para esta morada divina son absolutamente exactos. El santuario sería hecho de madera de acacia, una madera dura y llena de nudos, símbolo de nuestra naturaleza pecaminosa. Esta madera debía ser cortada en tablas iguales, para demostrar que en la iglesia de Dios no hay jerarquía. Todos estamos nivelados en el mismo nivel; somos siervos. Después estas tablas deben estar unidas entre sí por medio de una cadena. Eso significa que estamos en alianza unos con otros. Somos miembros de una misma familia. Las tablas se colocan verticalmente, no horizontalmente, lo que representa la posición de la acción de la iglesia en el mundo. Pero estas tablas no deberían construirse sobre la arena del desierto, sino sobre una base de plata. Y la plata se refiere a la redención. Entre nosotros y el mundo existe la cruz de Cristo. Estamos en el mundo pero no somos del mundo. Somos construidos para habitación de Dios sobre el sólido fundamento de la redención. Después que el templo quedó listo, Dios ordenó a Moisés cubrir la totalidad de madera de acacia, de oro puro. Esto lleva a la justificación. A pesar de ser pecadores fuimos justificados y cubiertos por la justicia de Cristo. Cuando Dios nos ve, no nos trata conforme a nuestros pecados, sino que nos ve cubiertos con la justicia perfecta de su Hijo. ¡El apóstol Pablo dice que nuestro cuerpo es el templo del Espíritu Santo y que Dios habita en nosotros!

24
de enero

El arca del pacto

> Harán también un arca de madera de acacia [...] de oro puro
> por dentro y por fuera.
>
> ÉXODO 25:10-11

El arca del pacto era una caja de madera de acacia cubierta de oro, que quedaba en el lugar santísimo en el tabernáculo. Si el tabernáculo es un símbolo de la iglesia, el arca es un símbolo de Cristo. La iglesia es la habitación de Dios, y Cristo habita en la iglesia. El arca fue hecha de acacia, porque el Verbo se hizo carne. Así como la acacia es una madera dura y con nudos, Cristo asumió no solo nuestra humanidad, sino que tomó sobre sí nuestros pecados. Dentro del arca había tres objetos: las tablas de la ley, la vasija de maná y la vara de Aarón que floreció. Estos tres objetos apuntan a Cristo. Jesús es la verdadera Palabra de Dios, el Verbo encarnado, la revelación máxima de Dios. Jesús es el verdadero pan que bajó del cielo y alimenta a todo hombre. El maná es un pan perecedero, pero Jesús es el pan de vida; el que coma de este pan, no tendrá hambre. Jesús es la vara seca que floreció ya que, a pesar de que fue crucificado, muerto y sepultado, resucitó de entre los muertos y está vivo para siempre. Es de notar que Jesús está en la iglesia. La iglesia es su cuerpo. El arca era un símbolo de la presencia de Dios entre el pueblo. Jesús está en nosotros. Transportamos su presencia. El Rey de la gloria que ni el cielo de los cielos puede contener habita en frágiles vasijas de barro. ¡Misterio bendito!

La lepra del pecado

Y si se va extendiendo por la piel, entonces el sacerdote lo declarará inmundo; es llaga leprosa.

LEVÍTICO 13:22

La lepra era la enfermedad más temida de los tiempos bíblicos. Se tomaron medidas preventivas para asegurar que esta enfermedad contagiosa no se propagara. La lepra es un símbolo del pecado. ¿Cuáles son las características de la lepra? La lepra es contagiosa, desensibiliza, deja marcas, separa las personas, huele mal, no tiene cura; la lepra mata. De la misma manera es el pecado. El pecado es contagioso. El que anda en el consejo de los impíos, el camino de los pecadores, y está sentado en el asiento de los burladores termina siendo atraído y arrastrado para esa red mortal. El pecado quita la sensibilidad, endurece el corazón y cauteriza la conciencia. El pecado deja marcas profundas en la mente, en las emociones y en la voluntad. Macula el alma y enferma el cuerpo. El pecado separa las personas de Dios y del prójimo. El pecado es perjudicial. No hay comunión en el pecado. El pecado es maligno en extremo y repugnante. Es peor que la pobreza y el sufrimiento. El pecado es una enfermedad incurable. El ser humano no puede purificarse. Ningún remedio de la tierra puede aliviar el ser humano de una conciencia atormentada por la culpa. El pecado, como la lepra, mata. "La paga del pecado es muerte". La muerte física, espiritual y eterna. La muerte significa separación. En la muerte física el alma se separa del cuerpo. En la muerte espiritual, el hombre está separado de Dios. ¡En la muerte eterna, los que sean condenados en el tribunal serán expulsos para siempre de la presencia de Dios!

26
de enero

El síndrome del saltamontes

> También vimos allí gigantes [...] y éramos nosotros, a nuestro
> parecer, como langostas; y así les parecíamos a ellos.
>
> NÚMEROS 13:33

El pueblo de Israel había salido de la esclavitud, pero aún no había entrado en la tierra prometida. Doce espías fueron enviados a divisar la tierra prometida. Eran los príncipes del pueblo, los líderes de la elite. Una vez que vieron la tierra, trajeron los frutos preciosos. Sin embargo, diez de los doce espías trajeron un informe negativo, lo que indujo al pueblo a una inquietud preocupante. Sembraron incredulidad, promovieron la rebelión, incitaron al pueblo contra Dios y contra Moisés. Dijeron que la tierra era buena, pero había ciudades fortificadas y gigantes invencibles. También dijeron que a los ojos de los gigantes eran "como langostas; y así les parecíamos a ellos". ¡Qué inversión triste! ¡Se consideraron menos que príncipes, menos que los hombres, los insectos! ¡Los saltamontes! El pecado de estos líderes fue tan grave que el pueblo se rebeló contra Dios y en el corazón regresó a Egipto. Toda esa generación vagó durante cuarenta años en el desierto, y no entró en la tierra prometida. Solo dos espías que esperaban en Dios, Josué y Caleb, entraron a la tierra prometida; los otros perecieron en el viaje. Quien ganó fue el síndrome de langostas, no los gigantes. Fueron derrotados no por las circunstancias, sino por los sentimientos. Cayeron por su incredulidad, y no a causa de los gigantes. Tropezaron con sus propias piernas. Fueron derrotados por los pecados. El pecado es maligno en extremo. Se nos priva de los placeres de la tierra prometida.

27
de enero

Mirar a Jesús

Y Moisés hizo una serpiente de bronce, y la puso sobre un asta; y cuando alguna serpiente mordía a alguno, miraba a la serpiente de bronce, y vivía.

NÚMEROS 21:9

La murmuración es un pecado de la ingratitud. Amarga el alma, embota la mente y apaga las luces de la esperanza. La murmuración provoca la ira de Dios. El pueblo de Israel partió del monte de Hor, por el camino del mar Rojo, para rodear la tierra de Edom, pero el pueblo se impacientó por el camino y comenzaron a hablar contra Dios y contra Moisés. Afirmaron estar cansados de maná y lo llamaron "pan vil". Dios colocó entre el pueblo serpientes ardientes, que mordían al pueblo; y muchos del pueblo de Israel murieron. Desesperados con las consecuencias trágicas de su pecado, vinieron a Moisés y le pidieron que orara a Dios, rogando la eliminación de las serpientes. Moisés clamó al Señor y Dios le respondió, diciendo: "Hazte una serpiente de bronce refulgente, y ponla sobre un asta; y cualquiera que haya sido mordido y mire a ella, vivirá. Y Moisés hizo una serpiente de bronce, y la puso sobre un asta; y cuando alguna serpiente mordía a alguno, miraba a la serpiente de bronce, y vivía" (Números 21:8-9). Mil quinientos años después, Jesús le dijo a Nicodemo: "Y como Moisés levantó la serpiente en el desierto, así también tiene que ser levantado el Hijo del Hombre, para que todo el que cree en él, no perezca, sino que tenga vida eterna" (Juan 3:14-15). El único modo de ser libres del pecado, el veneno mortal de la antigua serpiente, es mirar a Jesús, que tomó sobre sí nuestros pecados. ¡En él tenemos redención completa!

28
de enero

Dios, nuestro único Señor

Oye, Israel: Jehová es nuestro Dios, Jehová uno es.

DEUTERONOMIO 6:4

En todo el mundo hay una multitud de dioses, pero solo uno es el Dios vivo y verdadero. Los dioses de los pueblos son ídolos creados por la imaginación humana o fabricados por manos humanas. Ellos no tienen la vida y no pueden salvar. No nos llevan en los brazos; al contrario, tienen que ser cargados. Israel fue escogido por Dios en medio a los pueblos para servir a Dios. Los pueblos alrededor de Israel eran paganos y politeístas. En este escenario plagado de dioses, Israel debe conocer, amar y proclamar el único Dios. Karl Marx dijo que Dios es una creación del hombre. Pero si el hombre vino del polvo, es polvo y vuelve al polvo, me pregunto ¿cuál es el tamaño del dios de Karl Marx? La criatura no puede ser mayor que su creador. Nuestro Dios no fue creado; él es el creador. Nadie le dio la vida; Él es autoexistente. Nadie le enseñó la sabiduría o le dio un consejo; él es omnisciente. Nadie lo domestica; Él hace todas las cosas según el designio de su voluntad. Conocemos a Dios, porque ha puesto de manifiesto por medio de las obras de la creación, por la palabra escrita y por medio de su Hijo unigénito. En un mundo pluralista y que busca incluir todo, tenemos que saber que el Señor nuestro Dios, Jehová, uno es. Por lo tanto, tenemos que amarlo con todo el corazón, con toda nuestra alma y con toda nuestra fuerza.

29
de enero

Educar a los hijos para Dios

Y estas palabras que yo te mando hoy, estarán sobre tu corazón;
y las repetirás a tus hijos…

DEUTERONOMIO 6:6-7

Albert Schweitzer dijo que el ejemplo no es solo una forma de enseñanza, sino la única manera efectiva de hacerlo. La educación cristiana comienza en el hogar, y la vida de los padres es el libro de texto. Antes que los padres inculquen a sus hijos las verdades cristianas, tienen que tallarlas en sus corazones. La vida es más elocuente que las palabras. El ejemplo es más elocuente que cualquier discurso. La vida de los padres es como un espejo. Para que un espejo sea útil, debe ser limpio y brillante. La Biblia dice: "Instruye al niño en su camino, y aun cuando fuere viejo no se apartará de él" (Proverbios 22:6). No es para enseñar la forma en que el niño quiere caminar o enseñar el camino que debe seguir, sino enseñar "en el" camino. Esto significa enseñar con el ejemplo. Sin embargo, la enseñanza no se da solamente con el ejemplo. También es necesario un esfuerzo deliberado para inculcar las verdades de Dios en la mente de los niños. Pasa a través de la repetición constante de las mismas verdades eternas. Implica en trabajo, esfuerzo y perseverancia. Los padres no pueden subcontratar la educación espiritual de los niños. Cabe a los padres educar a sus hijos en la disciplina y amonestación del Señor. La promesa es que incluso cuando son viejos, no se apartaran de ese camino.

30
de enero

No tenga miedo

Mira que te mando que te esfuerces y seas valiente; no temas ni desmayes, porque Jehová tu Dios estará contigo en dondequiera que vayas.

JOSUÉ 1:9

Moisés, el gran líder de Israel, estaba muerto. Las personas aún no habían entrado en la tierra prometida. Se debía cruzar el Jordán y conquistar ciudades amuralladas. Los enemigos eran muchos y poderosos. El pueblo estaba emocionalmente abatido por causa de la muerte de su líder. En este contexto de dolor y consternación Dios desafía a Josué, "Mi siervo Moisés ha muerto; ahora, pues, levántate y pasa este Jordán, tú y todo este pueblo, a la tierra que yo les doy a los hijos de Israel" (Josué 1:2). Los líderes desaparecen, pero Dios permanece en el trono. Los hombres nacen y mueren, pero Dios continúa liderando a su pueblo. Cuando parece que llegamos al final de la línea, Dios sigue con las riendas de la historia en sus manos omnipotentes. Josué tenía muchas razones para tener miedo, pero Dios le ofrece el mejor antídoto, ¡su compañía! Con Dios de nuestro lado, cruzamos ríos crecidos, escalamos altas montañas, bajamos a valles profundos y enfrentamos desiertos abrasadores. Nuestra victoria no viene de nuestras propias fuerzas. Es Dios quien pelea nuestras guerras. Dios es el que capacita nuestras manos para la pelea. Dios es el que desbarata nuestros enemigos. Es Dios quien nos sostiene en pie y nos introduce en la tierra prometida. En vez de tener miedo, debemos tener fe. ¡En vez de mirar a las circunstancias, es necesario que miremos hacia el Dios que está en el control de las circunstancias!

El Señor hará maravillas mañana

Y Josué dijo al pueblo: "Santificaos, porque Jehová hará mañana maravillas entre vosotros".

JOSUÉ 3:5

Israel estaba en la frontera del río Jordán. El gran día de la entrada en la tierra prometida había llegado. El sueño estaba a punto de hacerse realidad. Sin embargo, antes de cruzar el Jordán, Josué desafía a la gente a hacer un examen de su vida. La santidad es el camino que abre las maravillas divinas. Dos verdades se destacan en el versículo examinado. La primera es que la santificación antecede a la intervención divina. Dios hace maravillas en su pueblo, pero antes el pueblo tiene que arreglar su vida. Los valles deben estar planos, las montañas tienen que ser aplanadas, caminos torcidos serán enderezados, y los tortuosos deben aplanarse. Si el pecado es la separación entre nosotros y Dios, la santificación abre las puertas a los milagros de Dios. La segunda verdad es que solo Dios puede hacer lo extraordinario. Dios lo hizo, hace y hará maravillas en la vida de su gente. Él es el mismo Dios ayer, hoy y siempre. La condición para que esto suceda es santificar nuestras vidas. Tanto el éxodo, la liberación del cautiverio, así como la entrada a la tierra prometida fueron obras de Dios. De hecho, todo proviene de Dios. Nuestra salvación es obra exclusiva de Dios. ¡Él la planeó, la ejecutó y la consumará!

1

de febrero

El pecado es muy maligno

> Por esto los hijos de Israel no podrán hacer frente a sus enemigos, sino que delante de sus enemigos [...]; ni estaré más con vosotros, si no destruís el anatema de en medio de vosotros.
>
> **JOSUÉ 7:12**

El pecado es un asunto serio. Él es el hijo de la codicia y madre de la muerte. Solo los necios se mofan del pecado. Es muy maligno. Es peor que la enfermedad y más grave que la muerte. Estos males, aunque graves, no pueden separarnos de Dios. Pero el pecado separa al ser humano de Dios en este tiempo y luego lanza su alma al infierno. El pecado es muy maligno. Se trata de un fraude. Promete libertad y esclaviza; promete vida y mata. Israel acababa de tener una victoria resonante sobre la gran ciudad de Jericó y ahora amarga una aplastante derrota en la pequeña ciudad de Hay. Josué y los ancianos de Israel están con sus rostros en tierra, clamando a Dios. Entonces, el Señor instruyó a Josué para que se colocara de pie, porque había pecado en el campamento. Acán tomó la ciudad de Jericó pero también tomó cosas condenadas y las escondió debajo de su tienda. El pecado siempre aparece. Dios dijo que mientras que el pecado no sea eliminado, Él no estaría con Israel e Israel no podía resistir a sus enemigos. Cuando Dios camina con su pueblo, se despliegan las banderas de la victoria. Sin embargo, sin la compañía del Todopoderoso, la iglesia se convierte en débil y tímida. El pecado trae vergüenza, debilita y trae en su equipaje gran sufrimiento. "La paga del pecado es muerte". El pecado no vale la pena. Debemos despojarnos de él y abandonarlo para siempre.

de febrero

Alianza peligrosa

Y los hombres de Israel aceptaron sus provisiones, sin consultar el oráculo de Jehová. Y Josué hizo paz con ellos, y celebró con ellos la alianza...

JOSUÉ 9:14-15

Firmar alianzas con extraños es entrar en un pacto de muerte. Josué, el líder que introdujo Israel en la tierra prometida, cometió este grave error. Dios le mandó tomar posesión de la Tierra Prometida. No podía hacer un pacto con el pueblo de la tierra; al contrario, debía expulsarlos. Los gabaonitas, sin embargo, montaron una estrategia para hacer una alianza con Josué. Disfrazados, usaron ropas raídas, usaron viejas alforjas con pan mohoso y dijeron que eran un pueblo que venían de lejos y, después de haber oído hablar de los logros de Israel, querían hacer una alianza. Sin consultar a Dios, Josué hizo un pacto con los gabaonitas, para poco después saber que este era uno de los pueblos que los israelitas debían desalojar de la tierra. Después de haber hecho la alianza, no podrían romperla. Más de trescientos años después, en el gobierno de Saúl, esta alianza se rompió y una maldición cayó sobre Israel. Debemos ser cautos al celebrar alianzas. Tenemos que consultar a Dios antes de sellar un pacto con alguien. Alianzas precipitadas pueden ser peligrosas. ¡Cuántos matrimonios precipitados se hacen sin la guía de Dios! La Palabra de Dios nos advierte sobre el peligro de yugo desigual. ¡Cuántas sociedades se han firmado sin precaución! Cuántas lágrimas son derramadas y cuánto sufrimiento se amargó por el simple hecho de entrar en alianzas peligrosas.

3

de febrero

Yo y mi casa

... yo y mi casa serviremos a Jehová.

JOSUÉ 24:15

La familia es nuestro tesoro más grande, nuestro patrimonio más preciado. Todas las glorias del mundo pierden su resplandor, si para recibirlas, tuviéramos que perder nuestra familia. La gloria humana no puede compensar el fracaso en la familia. La riqueza es inútil sin la felicidad de la familia. Sin embargo, ¿cómo construir una familia feliz? ¿Cuál es el secreto para construir una casa sobre la roca? Josué, el gran líder que introdujo al pueblo de Israel a la tierra prometida, nos da la receta: "Yo y mi casa serviremos a Jehová". Josué nos enseña algunas cosas aquí. En primer lugar, la familia necesita el liderazgo espiritual. Josué no dejó a cada miembro de su familia hacer su propia elección. Como timonel de la casa, como cabeza de la familia, eligió lo mejor y decidió dirigir a su familia por ese camino. En segundo lugar, la familia necesita unidad. Josué no estaba contento en servir a Dios él solo. Josué quiso ver a su familia en sus mismos pasos. No podía avanzar y dejar atrás a su familia. El mundo a su alrededor era de un politeísmo pagano. La idolatría y la inmoralidad eran práctica común en esos días. Josué hizo la elección correcta y llamó a su familia para acoger esa elección. En tercer lugar, la familia tiene que establecer sus prioridades. Josué sabía que lo más importante para su familia era servir al Señor. Su proyecto más grande de vida no era ser rico o que sus hijos se volvieran ricos y famosos en Israel. Su gloria más grande no era disfrutar de las bondades del liderazgo, sino motivar e inspirar a su familia para servir a Dios.

4
de febrero

Miel en el cuerpo del león

> Y tomándolo en sus manos, se fue comiéndolo [...]; mas no les descubrió que había tomado aquella miel del cuerpo del león.
>
> **JUECES 14:9**

Sansón era un nazareo y, como tal, no podía tocar un cadáver, beber vino o cortar su cabello. Sansón era un prodigio. Su nacimiento fue un milagro y su vida, un fenómeno. Él era un gigante. En la fuerza del brazo, nadie pudo superarlo. Este joven fue elegido por Dios para ser el libertador de su pueblo, y sus padres se preocuparon por su educación, incluso antes de su nacimiento. Sansón fue consagrado por Dios desde que estaba en el vientre de su madre y fue un joven lleno del Espíritu. Pero Sansón tenía un problema grave. No podía controlar sus propios impulsos. Un día vio a una muchacha filistea. Le dijo a su padre que la quería como su mujer. En vano su padre trató de disuadirlo. El joven estaba decidido. Cuando iba a casa de ella, en el camino, un joven león saltó sobre él. Con su fuerza colosal, despedazó al león como si desgarrase un cabrito y lo lanzó al borde del camino. En el día de la boda, recordó la hazaña y pasó por allí para recordar la escena. Había un enjambre de abejas en el cadáver del león. Tomó un panal y comenzó a comer. Allí Sansón rompió su primer voto de nazareo. Como nazareo, no podía tocar un cadáver. Incluso hoy en día muchas personas rompen su pacto con Dios, buscando el placer en lo que está muerto. Buscando la miel en el cadáver de un león muerto. Buscan la felicidad en las fuentes del pecado. El placer del pecado dura poco. ¡No hay felicidad en el camino de la desobediencia!

5
de febrero

Elecciones peligrosas

> Y subió, y lo declaró a su padre y a su madre, diciendo: "Yo he
> visto en Timnat una mujer de las hijas de los filisteos; os ruego
> que me la toméis por mujer".
>
> **JUECES 14:2**

La vida está hecha de elecciones. Es como un cruce de caminos. Podemos
poner los pies en el camino de la felicidad o por los valles oscuros del
fracaso. Somos el resultado de nuestras elecciones. Sansón lo tenía todo para
ser un gran héroe en su país. Fue elegido por Dios para ser el libertador de
su pueblo. Recibió principios espirituales para tener una vida victoriosa. Sin
embargo, en la encrucijada de la vida, tomó la dirección equivocada. Rompió
sus tres votos de consagración. Agarró miel del cadáver de un león, hizo un
banquete regado con la bebida porque no quiso ser diferente de los jóvenes
de su tiempo, y jugó con el peligro al contarle a la seductora Dalila el secreto de su fuerza. Sus cabellos fueron cortados, el Espíritu de Dios se retiró de
él, y el joven prodigio cayó en manos de los filisteos. Sansón perdió su fuerza.
Sus ojos fueron arrancados y fue atado, estaba a merced de sus enemigos.
Fue llevado al templo de Dagón, un ídolo abominable, y allí se burlaron de
Sansón y del Dios de Israel. Aquel que debería darle gloria al nombre de Dios
se convirtió en objeto de burla. A causa de sus malas decisiones, incluso ven-
gándose de sus enemigos, Sansón pagó con su vida. Murió bajo los escombros
de un templo pagano. Debemos tener cuidado de no repetir ese error. Una
elección equivocada puede costar muy caro. Debemos andar en el consejo de
Dios. Este es el camino seguro.

6

de febrero

Hambre en Belén

Aconteció en los días en que gobernaban los jueces, que hubo hambre en la tierra. Y un varón de Belén de Judá fue a morar en los campos de Moab, él y su mujer, y dos hijos suyos.

RUT 1:1

Faltó el pan en la casa del pan. Belén, la ciudad de David, donde nació Jesús, el Pan de Vida, significa "casa del pan". Hubo un día en que carecía de pan en la casa del pan. La grave sequía y la opresión de los enemigos de Belén hicieron un escenario de sequía y escasez. En ese momento, Elimélec y Noemí fueron a Belén con sus hijos Mahlón y Quilyón y fueron a Moab en busca de la supervivencia. Sin embargo, en Moab, encontraron el espectro de la enfermedad y la cara de la muerte. En esa tierra extranjera, Elimélec murió, y sus hijos, casados con moabitas, también sucumbieron ante la muerte. Ahora, Noemí, ya anciana, está sola, pobre y viuda en una tierra extranjera. La iglesia es un símbolo de Belén. La iglesia es la casa del pan. Pero hay veces en las que falta pan en la iglesia. Las personas con hambre vienen en busca de pan, pero solo encuentran recetas de pan. Los hornos están fríos y los estantes desocupados. Algunas iglesias tienen orgullo de informar a los hambrientos que en el pasado había pan en abundancia. Proclaman que la abundancia de provisiones ha sido una gloriosa realidad en el pasado. Pero los hambrientos no están satisfechos con el recuerdo de pan o con la receta de pan. Necesitan pan. Algunas personas, desesperadas, salen de la iglesia, la casa del pan, y van a Moab, donde no hay sobrevivientes, sino la muerte. La solución no es abandonar la casa del pan, sino rogar a aquel que tiene el pan en abundancia para que visite su casa otra vez.

7

de febrero

Providencia sombría, rostro sonriente

Y ella les respondía: "No me llaméis Noemí, sino llamadme Mara,
porque en grande amargura me ha puesto el Todopoderoso".

RUT 1:20

No construya un monumento a su dolor. Su valle oscuro puede convertirse
en un manantial. Sus lágrimas amargas pueden convertirse en una fuente de consuelo. Noemí, la esposa de Elimélec y madre de Mahlón y Quilyón, enterró a toda la familia en una tierra extranjera. Al volver a Belén, estaba con el alma llena de amargura por causa de aquella situación desoladora. Decidió cambiar su nombre y erigir un monumento a su dolor. Debido a que su nombre significa alegría, lo cambió por Mara, "amargo", atribuyendo a Dios toda la desgracia. Con el alma encharcada de dolor, acusó al Todopoderoso de ser el protagonista de todas las tragedias que cayeron sobre su cabeza. Noemí estaba decepcionada con Dios. Su pasado fue glorioso, su presente era de dolor, y su futuro parecía ser una tragedia. No obstante, Noemí no sabía que en medio de este valle sombrío había una cara sonriente. Dios estaba repaginando su historia, escribiendo uno de los capítulos más emocionantes en el mundo, porque esa viuda amargada sería abuela del gran rey David y ancestral del Mesías. Más allá que su descendencia hubiese sido borrada de la historia, se ha perpetuado por siglos. A veces también nos sentimos amargados por las circunstancias de la vida. Nos sentimos agraviados. Perdemos el brillo de la alegría. Dejamos de cantar y nos entregamos a la amargura. Sin embargo, incluso aunque esa providencia nos parezca sombría, el rostro sonriente de Dios nos señala un camino lleno de esperanza y de vida.

8
de febrero

Amor, amor verdadero

> Respondió Rut: "No me ruegues que te deje, y me aparte de ti;
> porque adondequiera que tú vayas, iré yo, y dondequiera que
> vivas, viviré. Tu pueblo será mi pueblo, y tu Dios, mi Dios".
>
> RUT 1:16

La declaración más elocuente, vivaz y entusiasta del amor que se encuentra en la Biblia no es de un hombre a una mujer, o de una mujer a un hombre; es de una joven viuda a su madre, una anciana viuda, pobre y extranjera. Es una declaración de amor de Rut para Noemí. Después de perder a su marido y sus dos hijos en Moab, Noemí ha regresado a Belén con el alma cubierta por un velo de tristeza. De regreso con el alma amargada contra Dios. Se despidió de los suyos de manera involuntaria y ahora también se despide de sus nueras voluntariamente. Orfá, la mujer de Quilyón, regresa a su familia y a sus dioses; sin embargo, Rut, la esposa de Mahlón, se aferra a Noemí y le dice: "No me ruegues que te deje, y me aparte de ti; porque adondequiera que tú vayas, iré yo, y dondequiera que vivas, viviré. Tu pueblo será mi pueblo, y tu Dios, mi Dios. Donde tú mueras, moriré yo, y allí seré sepultada; así me haga Jehová, y aun me añada, que solo la muerte hará separación entre nosotras dos" (Rut 1:16-17). Esta expresión desinteresada de amor se alinea con el sublime propósito de Dios. La joven viuda, por la providencia divina, se casará con Booz, un rico miembro de la familia de Noemí, y se convertirá en la madre de Obed, padre de Isaí, padre de David, el gran rey de Israel. Rut más adelante es mencionada como uno de los antepasados del Mesías, el Hijo de Dios. ¡La inversión del amor le dio a Rut los mejores resultados!

9

de febrero

No renuncie a sus sueños

E hizo voto, diciendo: "Jehová de los ejércitos, si te dignas mirar a la aflicción de tu sierva [...], sino que das a tu sierva un hijo varón, yo lo dedicaré a Jehová todos los días de su vida...

1 Samuel 1:11

Sé que usted tiene sueños. Todos tenemos. El que no sueña no vive; quien renunció a soñar renunció a vivir. Pero es probable que usted haya perdido sus sueños más hermosos por los caminos de la vida. Tal vez sus sueños se han convertido en pesadillas. Incluso es posible que usted ya haya renunciado a sus sueños y los enterró. Pero yo le animo a llevar esos sueños a la presencia de Dios nuevamente. Porque para el Señor, nada es imposible. Ana tenía un sueño, el sueño de ser madre. Pero Ana era estéril. Su vientre era un desierto. A pesar de las circunstancias desesperadas, Ana creyó que Dios podía hacer un milagro en su vida. No perdió la esperanza, incluso en contra de la esperanza. No renunció a la oración, a pesar del tiempo que pasaba. No dejó de llorar delante de Dios, a pesar de que todo el mundo a su alrededor trató de hacerle renunciar. Ana tomó posesión de la promesa de Dios, en vez de nutrir la amargura en el alma. Ana salió de la casa de Dios con el rostro radiante de alegría y de la promesa de victoria en sus manos. Ella regresó a su casa y cohabitó con su esposo, Dios se acordó de ella, y concibió Ana, dio a luz a su hijo Samuel.

10
de febrero

Asesinos de sueños

Y su rival la irritaba, enojándola y entristeciéndola, porque
Jehová no le había concedido tener hijos.

1 SAMUEL 1:6

Nuestros sueños nos alimentan en el viaje de la vida. Ellos nos dan la
dirección en el viaje y la fuerza en las luchas. Sin embargo, quien tiene
sueños, tiene que tener cuidado porque hay muchos asesinos de sueños que
nos acechan. Ana, la esposa de Elcana, tuvo que hacer frente a tres asesinos de
sueños. La primera persona que intentó matar sus sueños era Penina, su rival.
Ella se burlaba de ella y la hizo llorar hasta el punto de que Ana se deprimió
y no pudo comer. La segunda persona que conspiró contra los sueños de Ana
fue el sacerdote Elí. No comprendiendo el drama vivido por ella, la tuvo por
una mujer ebria. Elí acusó a Ana de estar borracha en el momento exacto en
que ella derramó su alma delante de Dios. La tercera persona que desalentó
a Ana fue Elcana, su marido. Incluso siendo un hombre amoroso, trató de
disuadir a Ana de luchar por sus sueños. ¡Tenga cuidado con los asesinos
de sueños! Ellos pueden estar mucho más cerca de lo que piensa. Pueden
ser miembros de su propia familia. Incluso si todo el mundo que le rodea
conspira contra sus sueños, no se rinda. Dios no le ha llamado a considerar
las circunstancias, sino para vivir por la fe. No deje que las opiniones de los
demás determinen sus sentimientos o las palabras de los pesimistas maten sus
sueños. Nunca renuncie a luchar, ya que Dios es poderoso para convertir
sus sueños en realidad.

11
de febrero

Un gran hombre, un papá pequeño

> … juzgaré su casa para siempre, por la iniquidad que él sabe; porque sus hijos han blasfemado a Dios, y él no se lo ha impedido.
>
> 1 SAMUEL 3:13

Elí fue sacerdote y juez de Israel durante cuarenta años, un periodo de gran inestabilidad religiosa y profunda crisis espiritual. Los hijos de Elí, Ofní y Fineés, crecieron en la casa de Dios, pero no obedecieron a su padre ni conocieron a Dios. Eran sacerdotes, pero no honraban a Dios. Eran los ministros, pero amaban al pueblo. Eran líderes, pero su vida fue una piedra de tropiezo para el pueblo. La falta de piedad de Ofní y Fineés tiene mucho que ver con la deficiencia en su educación en casa. Elí era un padre ausente. Se hizo cargo de los demás, pero se olvidó de la propia familia. Elí era un padre bondadoso, pero no tenía firmeza para corregir a sus hijos. Todo el pueblo comentaba sobre el comportamiento escandaloso de estos dos jóvenes sacerdotes, pero Elí no los disciplinaba. Aunque casados, Ofní y Fineés adulteraban dentro de la casa de Dios. Deshonrando a Dios, ofendían a la gente y desacataban a su padre. Elí era un padre alcahueta. Además de ser tolerante con los errores de los hijos, fue partícipe de sus locuras. Amaba más a sus hijos que a Dios, por lo que no los corregía. En lugar de proteger a los hijos, los dio a la destrucción. Por fin, Elí se convirtió en padre fatalista que aceptó pasivamente el decreto de la derrota en su familia. Elí era un líder fuera de las puertas, pero un fracaso en el hogar. Ayudó al pueblo, pero perdió a los hijos. Era un gran hombre, pero un padre pequeño.

12
de febrero

Consagre lo mejor para Dios

Por este niño oraba, y Jehová me dio lo que le pedí. Yo, pues, lo dedico también a Jehová…

1 SAMUEL 1:27-28

Ana fue una mujer extraordinaria. Luchó por el sueño de ser madre, a pesar de que todos a su alrededor conspiraban contra este propósito. Derramó lágrimas y el corazón en el altar delante de Dios. Jamás caminó para atrás. Quería un hijo no para sí, sino para consagrarlo a Dios. Tuvo la audacia de ofrecer lo mejor para Dios. En respuesta divina a todo su clamor y el cumplimiento de la palabra profética de Elí, Ana concibió y dio a luz a Samuel. Lo consagró al Señor por todos los días de su vida. Sabía que su hijo había venido de Dios y a Dios se fue para ser consagrado. Si no fuera ese entendimiento, Samuel habría sido un ídolo en la vida de Ana. Si no entendiera esa verdad, su vida habría gravitado en torno a Samuel. También tenemos que entender que todo lo que somos y tenemos viene de Dios, es de Dios y debe ser consagrado a Dios. Nuestra familia, nuestro hogar, nuestro trabajo y nuestras posesiones son dones de Dios. Tomamos lo mejor de lo que Dios nos ha dado y lo colocamos sobre el altar. Dios merece los primeros frutos, no las sobras. Tenemos que poner en el altar de Dios nuestro Samuel. Tenemos que entender que el Dios de las bendiciones es mejor que las bendiciones de Dios. Tenemos que saber que los sueños de Dios son más grandes y mejores que nuestros sueños. Debemos darnos cuenta de que no tenemos nada que no hayamos recibido, para dar de buena gana y con mucho gusto devolverle a Dios lo mejor de lo que Él nos ha dado.

13
de febrero

No basta empezar bien

Y consultó Saúl a Jehová; pero Jehová no le respondió ni por
sueños, ni por Urim, ni por profetas.

1 Samuel 28:6

Saúl fue el primer rey de Israel. Gobernó la nación durante cuarenta años.
Sus primeros años fueron un éxito, pero su reinado terminó trágicamente.
No basta empezar bien; tenemos que terminar bien. No se limite a empezar
el día con buenas intenciones; tiene que completar la carrera con integridad.
Saúl se desvió del camino y tomó algunos atajos peligrosos. Su obediencia
parcial se volvió desobediencia total. Su demora en la obediencia a Dios se
convirtió en rebelión deliberada. Su dureza de corazón y su maldad le cerraron
la puerta del arrepentimiento. El mismo hombre que un día fue lleno del Espíritu ahora está tomado por espíritus malignos. El Espíritu de Dios se apartó
de él, y el corazón de Saúl se llenó de odio. Saúl se volvió loco y violento.
Retrocedió en su fe y acabó buscando lo que antes condenaba. Saúl consultó
a una bruja en vez de consultar al Señor. Fue asaltado por el miedo y atentó
contra su propia vida. Comenzó bien y terminó mal. Comenzó vistiendo el
manto de la humildad y terminó la carrera lleno de soberbia. Se inició con
la bendición de Dios y cerró las cortinas de su vida lejos de Dios. No basta
empezar bien; tenemos que terminar bien. Las buenas intenciones no son
suficientes, es necesario perseverar en caminar con Dios.

14
de febrero

Aprenda a lidiar con los críticos

> David respondió: "¿Qué he hecho yo ahora? ¿No es esto mero hablar?". Y apartándose de él hacia otros, preguntó de igual manera; y le dio el pueblo la misma respuesta de antes.
>
> 1 SAMUEL 17:29-30

Es imposible ser un ganador en la vida sin tener que lidiar con la crítica. Los críticos se encuentran dispersos por todas partes e insisten en atacarnos. David tuvo que hacer frente a algunos críticos como Goliat y Saúl. Sin embargo, el crítico más amargo de David fue Eliab, su hermano mayor. La crítica siempre duele, pero hay momentos en los que nos duele aún más. En primer lugar, cuando se trata de aquellos que deberían estar de nuestro lado y están en contra de nosotros. En segundo lugar, cuando se trata de aquellos que nos conocen desde hace mucho tiempo. En tercer lugar, cuando viene envuelta en un descontrol emocional. En cuarto lugar, cuando es continua. En quinto lugar, cuando juzga hasta nuestras intenciones. En sexto lugar, cuando se trata de humillarnos. Todos estos componentes están presentes en la crítica de Eliab a David. Lo que molesta a nuestros críticos no son nuestros defectos, sino nuestras virtudes. Nuestra victoria es la derrota de los críticos. Nuestra valentía denuncia la cobardía de los críticos. Eliab no podía regocijarse con la valentía de David, que se manifiesta en la voluntad de luchar contra el gigante Goliat, pues Eliab formaba parte de los soldados de Israel que huyeron acobardados por este guerrero insolente. La mejor manera de lidiar con la crítica es escapar de ellos. Si usted les da oídos a los críticos, perderá su sueño, su paz y su enfoque. ¡Dios le ha llamado a huir de la crítica y vencer a los gigantes!

15
de febrero

Un vencedor de gigantes

Y dijo David a Saúl: "No desmaye el corazón de ninguno a causa de él; tu siervo irá y peleará contra este filisteo".

1 SAMUEL 17:32

Los gigantes existen y son muchos. Atrevidos e insolentes, están en el camino con el propósito de intimidarnos. Un gigante es todo lo que parece ser más grande que tú. Hay gigantes reales e irreales. Gigantes que están fuera de nosotros y gigantes que se crean en el laboratorio del miedo. Quien nunca venció a un gigante le dirá que es una locura enfrentarse a uno de ellos. Los cobardes piensan que los gigantes no pueden ser vencidos. Los miedosos correrán con las piernas temblorosas de miedo. Su papel no es escapar de los gigantes o temerlos, sino enfrentarse a ellos y superarlos. Un vencedor de gigantes es aquel que no escucha la voz de los pesimistas. Un vencedor de gigantes no sobrestima las dificultades del pasado, sino que aprovecha las oportunidades del presente. Un vencedor de gigantes lidia de forma inteligente y sabia con los críticos. Triunfa primero sobre los críticos antes de derrumbar a los gigantes. Un vencedor de gigantes se convierte en un especialista en ello. No se viste con armaduras ajenas, sino que revela la destreza al empuñar sus propias armas. Sabe que la victoria viene de Dios, porque toda la gloria pertenece a Dios. Un vencedor de gigantes es alguien que anima. No está contento con estar solo. Su ejemplo inspira a los abatidos y levanta a los caídos. Su vida es una bandera que ondea en el pabellón, llamando a los postrados a la batalla victoriosa.

16

de febrero

Sea un especialista

Y tomó su cayado en su mano, y escogió cinco piedras lisas del arroyo […] y tomó su honda en su mano, y se fue hacia el filisteo.

1 SAMUEL 17:40

Una vez, el rey Saúl vistió a David con su armadura. Puso en sus manos su espada, pensando que con eso estaba equipando al joven pastor para la gran batalla con el gigante Goliat. David ni siquiera podía caminar con todo eso. Se quitó el aparato pesado, corrió hasta el borde de la quebrada, recogió cinco piedras lisas y las puso en su bolsa de pastor. Con la honda en la mano, David corrió hacia el gigante, seguro de que no erraría el objetivo. De nada sirve ponerse los atuendos del rey sin ser rey. No vencemos al enemigo vistiendo la armadura de otros. Con una honda en la mano, David era capaz de golpear un cabello, ¡cuánto más la cabeza de un gigante! David era un especialista. ¡Tenía más que valor; tenía preparación! Un vencedor es alguien que se especializa en lo que hace. Los mediocres se quedan lejos de la media de los demás, los vencedores están más allá de la media de los demás. Los vencedores hacen su trabajo con excelencia. Se destacan por su diligencia y eficiencia. David derrotó al gigante, clavándole en la frente la primera piedra. El enemigo insolente que desafió al ejército israelí durante cuarenta días había sido derrotado por un joven pastor. Esto no fue un accidente. David confiaba en Dios y era un especialista. Nuestra dependencia de Dios no nos lleva a la negligencia, sino que nos impulsa a trabajar duro. Trabajamos como si todo dependiera de nosotros y oramos como si todo dependiera de Dios. ¡Esta combinación produce resultados extraordinarios!

17
de febrero

Triunfando sobre las circunstancias

Atravesando el valle de lágrimas lo cambiarán en lugar de fuentes,
cuando la lluvia llene los estanques.

SALMOS 84:6

No son las circunstancias las que hacen al hombre; es el hombre quien hace las circunstancias. Mientras que algunos miran para el pantano, otros miran para las estrellas. Mientras que algunos naufragan ante las tempestades, otros se abren camino en la tormenta. John Milton, a los 50 años de edad, se quedó completamente ciego. Después de su dolorosa ceguera, escribió el gran clásico *El paraíso perdido*. Ludwig Van Beethoven, después de una sordera progresiva, se volvió completamente sordo a los 46 años de edad. Su brillante carrera musical parecía terminar. Sin embargo, compuso cinco sinfonías, sus obras más excelentes. Fanny Crosby vivió 92 años. Sabía de memoria el Nuevo Testamento y el Pentateuco. Escribió más de ocho mil himnos, muchos de los cuales cantaba de memoria. Sus himnos se cantan en todo el mundo y siguen inspirando a millones de cristianos. Esta heroica mujer estaba ciega desde la sexta semana de su vida. Aun así, la oscuridad de su ceguera no le robó la alegría de la vida ni el entusiasmo de hacer lo mejor para Dios. Así como Dios fortaleció a Fanny Crosby para ser una bendición, a pesar de las circunstancias adversas, Dios puede sostenernos en los valles de la vida, convirtiéndolos en verdaderos manantiales. ¡No mire para los problemas; mire para Dios y triunfe sobre las circunstancias!

18
de febrero

Luche por sus hijos

Y David se angustió mucho [...], pues todo el pueblo estaba en amargura de alma, cada uno por sus hijos y por sus hijas; mas David se fortaleció en Jehová, su Dios.

1 SAMUEL 30:6

Usted no engendró hijos para el cautiverio. Sus hijos son la herencia de Dios. Son hijos de la promesa. Nunca renuncie a ellos, nunca deje de luchar por ellos. David estaba siendo perseguido implacablemente por el rey Saúl. Después de esconderse en cuevas y desiertos, tuvo que huir de Israel, buscando asilo político entre los filisteos. Le designaron la ciudad de Siclag, donde permanecieron su familia y las familias de sus valientes. Una vez, cuando David y sus hombres llegaron a Siclag, la ciudad había sido atacada por los amalecitas. Hirieron y quemaron la ciudad. Tomaron cautivos a los hijos, hijas y mujeres. Al ver la escena, David lloró hasta que le faltaron las fuerzas para llorar. Sus hombres se rebelaron contra él y querían apedrearlo porque sus hijos estaban en manos del enemigo. Cuando la escena parecía desesperada, David se fortaleció en el Señor y empezó a orar. Le preguntó a Dios si debía perseguir al enemigo. Dios no solo dio una respuesta positiva, sino que le hizo una promesa concreta: "Seguid al enemigo, porque todo lo que tomó, lo traerás de vuelta". David reconoció que nuestro Dios es el Dios de la restitución. Fortalecido por la promesa, David salió con valor y venció a los amalecitas, trayendo de vuelta a las mujeres, hijos e hijas. Nada quedó en manos del enemigo, ni pequeñas ni grandes cosas. David trajo todo de vuelta. No deje a sus hijos en las manos del enemigo. Luche por ellos también. Llore por ellos. ¡No renuncie a ellos!

19
de febrero

Una mujer bendita

Y bendito sea tu razonamiento, y bendita tú, que me has estorbado hoy de ir a derramar sangre...

1 SAMUEL 25:33

Abigail era la esposa de Nabal, un campesino rico. Nabal era también un avaro, un borracho y un hombre incomunicable. Él era el hijo de Belial, con quien nadie podía conversar. Por otra parte, tenía delirios de grandeza. Hacía fiestas como un rey, sin ser rey. A pesar de tener un marido con tantas deficiencias de carácter, Abigail era una mujer de muchas virtudes. Era hermosa y sensata, prudente y humilde. A pesar de que su esposo trastornaba su casa, Abigail tenía prisa para salvar la familia. Una vez, Abigail salvó a su familia de una gran masacre. David y sus hombres estaban decididos a exterminar a Nabal, y todos los varones de su familia. Nabal pagó el bien con el mal, y la ira de David se encendió contra él. Abigail, sin hablar con su esposo, actuó con sabiduría y prudencia para salvar a su esposo y su hogar. David alabó a Abigail y su corazón se ablandó. Mientras Abigail luchaba por la familia, Nabal se emborrachaba en una fiesta de ostentación. Debido a que Nabal no se arrepintió, murió en su maldad. La viuda se convirtió en la esposa de David, madre de príncipes, cuya biografía se volvió honrada en la historia de Israel. Dios enalteció a Abigail, cuya prudencia aún alienta a millones de personas en todo el mundo. La Biblia dice que la mujer sabia edifica su casa. El hombre que reconoce el valor de una esposa prudente ha encontrado un tesoro más valioso que las joyas más finas.

Cuidado con el pecado

Contra ti, contra ti solo he pecado, y he hecho lo que es malo delante de tus ojos.

SALMOS 51:4

El pecado es muy maligno, carga consigo el ADN de la muerte. El pecado es un embustero: promete placer y trae sinsabor; promete libertad y esclaviza; promete vida y mata. "La paga del pecado es muerte". El pecado es una trampa mortal. Comienza como una pelusa podrida y termina como un cable de acero. Parece inofensivo, pero destruye las relaciones, marchita el alma y empuja a sus víctimas al infierno. Destacamos tres errores terribles del pecado. En primer lugar, el pecado le llevará más lejos de lo que usted desea ir. Cuando David cometió adulterio con Betsabé, pensó que esta aventura sería solo la voluptuosidad del placer de una noche de pasión, pero las consecuencias del adulterio fueron sentidas por él durante toda la vida. En segundo lugar, el pecado lo retendrá por más tiempo del que desea permanecer. David se quedó atascado en el lodazal del pecado. No se deshizo de él. El pecado es pegajoso. El hombre no puede deshacerse del pecado por sí mismo. No se pueden extinguir las llamas de una conciencia culpable con extintores fabricados por los recursos humanos. En tercer lugar, el pecado le costará un precio más caro de lo que pagaría. David vio la espada abriendo heridas en su alma y derramando sangre en su familia, como fruto maldito de su adulterio con Betsabé. El pecado es el peor de todos los males. Peor que la pobreza, el hambre y aun la muerte. Todos estos males no pueden mantenerlo alejado de Dios, pero el pecado lo separa de Dios ahora y eternamente.

21
de febrero

El adulterio es locura

Mas el que comete adulterio es falto de entendimiento; arruina
su alma el que tal hace.

PROVERBIOS 6:32

El adulterio es una relación sexual fuera del matrimonio. Es la infidelidad
marital. Es la ruptura del séptimo mandamiento. Es un ataque a la alianza
firmada en el matrimonio. Se trata de la apostasía del honor, la ruptura del
pacto, amarga traición, una puñalada en la espalda del cónyuge. La Biblia dice
que solamente los que están fuera de sí, cometen adulterio. Solo aquellos que
quieren destruirse a sí mismos cometen esta locura. El adulterio es un placer
inmediato que produce un tormento permanente. Es una pasión que estalla
y que destruye la confianza. El camino del adulterio es un camino de muerte.
La infidelidad marital es un ataque terrorista en la familia, una ruptura matrimonial, una puerta de entrada para el divorcio. Los medios de comunicación
hedonista y mundanizados fomentan el adulterio. Las telenovelas actuales defienden la infidelidad marital. Los valores morales están siendo atacados por
la prensa, en los tribunales y en las calles. Lo que estamos presenciando es
una inversión de valores. Llaman a la oscuridad de luz y la luz de oscuridad;
dulce de amargo y amargo de dulce; bueno de malo y a lo malo de bueno. El
adulterio es ahora la principal causa de divorcio, y el divorcio es alimentado
por el mito del "pasto más verde". Está comprobado que el setenta por ciento
de las personas que se divorcian y vuelven a casarse descubren diez años después que el segundo matrimonio llegó a ser peor que el primero. De hecho,
¡el adulterio es una locura!

22
de febrero

Cuidado con la pasión

Y estaba Amnón angustiado hasta enfermar por Tamar, su hermana, pues por ser ella virgen, le parecía a Amnón que sería difícil hacerle cosa alguna.

2 SAMUEL 13:2

La pasión es un fuego que estalla. Incendia los corazones, destruye vidas, echa por la borda relaciones, daña a las personas y arruina la familia. Muchos confunden la pasión con el amor. La pasión es un sentimiento malsano, incontrolable, egoísta y fugaz. El amor es sereno, equilibrado, generoso y paciente. La Biblia registra la pasión de Amnón por su hermana Tamar. Amnón llegó a enfermar. Su rostro se entristeció. La alegría salió de su rostro. Lo único que agitaba su mente era poseer a su propia hermana. Siguiendo el consejo de un primo malvado, le hizo una trampa llena de mentira y engaño para atrapar a su hermana. Fingió estar enfermo. Le pidió a su padre que le enviara a Tamar. Le pidió una comida especial. Cuando se quedó solo con su hermana la agarró para acostarse con ella. Su hermana lo exhortó, pero él se impuso por la fuerza y la poseyó. Entonces sintió náuseas de ella y la desterró de su casa como un trapo sucio. Esa pasión loca mostró ser una tragedia sin fin en esa familia. Para vengar el honor de su hermana, Absalón mató a Amnón. Entonces Absalón, amargado con su padre David, conspiró contra él para tomar su trono y en esa acción sin gloria perdió la vida. Escape de la pasión. ¡Su camino es sinuoso y su destino es la muerte!

23
de febrero

Cuidado con la amargura

Mas Absalón no habló con Amnón ni malo ni bueno; aunque
Absalón aborrecía a Amnón, porque había violado a Tamar, su
hermana.

2 SAMUEL 13:22

La amargura es un veneno mortal. Mata más rápido a sus remitentes que
a sus destinatarios. Conservar amargura contra otros es como beber una
taza de veneno pensando que el otro es quien morirá. Conservar amargura es
autofagia. La Biblia registra la amargura que Absalón nutrió por su hermano
Amnón y la alimentó por dos años. El silencio de Absalón se hizo más devastador que las peleas más fuertes. Si hubiese expresado su decepción con su
hermano por la deshonra de Tamar, ambos seguirían vivos. Pero el dolor de
Absalón mató a ambos. El que alimenta la amargura se lesiona antes de herir
a los demás. Se destruye en la misma medida que maquina el mal contra los
otros. Absalón acabó con su vida antes de ordenar el asesinato de su hermano. Absalón robó la paz de su familia después de que consumó su locura. La
amargura produce perturbación para quien la alimenta y la contaminación a
los que lo rodean. Un individuo amargado está mal con la vida. Es capaz de
transformar un paraíso en un desierto; la sala del cielo en el patio del infierno.
La amargura es un sentimiento que trae la muerte. Tiene una raíz que brota,
crece y genera enemistad entre las personas. ¡Cuidado con la amargura pues
ella lo puede destruir! La solución es el perdón. El perdón sana la herida que
fue abierta por la amargura; el perdón restaura la relación que la amargura
enfermó; ¡el perdón trae la vida, donde la amargura produjo la muerte!

Cuidado con las amistades falsas

Y Amnón tenía un amigo que se llamaba Jonadab, hijo de
Simá, hermano de David; y Jonadab era hombre muy astuto.

2 SAMUEL 13:3

Hay enemigos que aparecen disfrazados de amigos. Sus palabras son suaves
como la seda, pero afiladas como una espada. Su consejo parece amable y de apoyo, pero son traicioneros y llenos de veneno. Su camino parece
aplanado por la simpatía, pero está rodeado de trampas mortales. La Biblia
presenta a Jonadab, sobrino de David, primo de Amnón, como un hombre
muy astuto. Su mal consejo fue la causa de una terrible tragedia en la familia
de David. Jonadab era una víbora en el nido de los hijos del rey. Su presencia
en la casa de Amnón no era un signo de amistad, sino una piedra de tropiezo.
Jonadab aconsejó a Amnón que diera rienda suelta a su pasión por Tamar y
violara a su hermana. Fue a causa de ese maldito consejo que Amnón cometió
un error y perdió la vida. El despliegue de esta sugerencia perversa también
destruyó la vida de Absalón, que mató a Amnón y perdió la vida en una
lucha sin gloria contra su padre, David. La familia real se vino abajo a causa
de la presencia de un falso amigo en su casa. No todas las personas que están
a su alrededor le aman. No todas las personas que parecen interesados en su
bienestar de hecho lo quieren. No todas las personas que se presentan como
sus amigos tienen un sabio consejo para darle en las horas decisivas de la vida.
¡Cuidado con las falsas amistades!

25

de febrero

No postergue la solución de los problemas

> Mas el rey dijo: "Váyase a su casa, y no vea mi rostro". Y volvió Absalón a su casa, y no vio el rostro del rey.
>
> 2 SAMUEL 14:24

David fue un gran pastor, un gran compositor, un gran músico, un gran guerrero, un gran líder, un gran rey. Al comienzo de su caminada fue un gran padre; pero después que adulteró con Betsabé, perdió la capacidad de exhortar a los hijos. El hombre que tenía la destreza y agilidad para hacer frente a los asuntos públicos ya no podía tratar con prudencia los asuntos domésticos. El mismo hombre que había comandado un ejército no sabía cómo comandar su casa. Enfrentaba a los gigantes, pero no pudo hacer frente a sus hijos. David corrigió a Amnón cuando este abusó locamente de su hermana Tamar. David no consoló a Tamar; después de la deshonra, fue expulsada de la casa de Amnón como un trapo inmundo. David no exhortó a Absalón cuando todo Israel se daba cuenta de sus malas intenciones hacia Amnón. David nunca perdonó a Absalón cuando este tuvo que huir por matar a Amnón. David aplazó la solución de los problemas dentro de su hogar. Pretender creer que los problemas no existen, y echarlos debajo de la alfombra no es una actitud sensata. El tiempo no cura las heridas. El silencio no es sinónimo de perdón. Absalón luchó para conseguir el perdón del Padre; después peleó contra su propio padre. En esta batalla sin gloria, Absalón murió y David lloró. Pero ya era demasiado tarde. David proclamó públicamente su amor por Absalón, pero lo hizo demasiado tarde. No posponga la solución de los problemas en su casa. ¡Hoy es el momento de actuar!

Si mi pueblo...

... si se humilla mi pueblo, sobre el cual mi nombre es invocado, y oran, y buscan mi rostro, y se convierten de sus malos caminos; entonces yo oiré desde los cielos, y perdonaré sus pecados, y sanaré su tierra.

2 Crónicas 7:14

El avivamiento comienza en la iglesia y desde ella se desborda para el mundo. El avivamiento comienza cuando el pueblo de Dios reconoce su pecado, se humilla ante Dios y ora fervientemente en busca de la restauración. Cuando Dios perdona los pecados de su pueblo y lo restaura, la bendición se extiende al mundo y la cura brota rápidamente. La necesidad más grande de la iglesia hoy en día es un avivamiento. Los signos de sequía espiritual se pueden ver en todas partes. Las iglesias pujantes de antiguamente están disminuyendo hoy en día. Seminarios que entrenaron misioneros hoy son agentes de la incredulidad. Las naciones que ayer tuvieron avivamiento hoy en día son consideradas poscristianas. Los creyentes que fueron llenos del Espíritu Santo ayer viven hoy en día como áridos desiertos. Ah, es el momento de llorar por nuestros pecados. Es el momento de humillarnos bajo la poderosa mano de Dios. Es el momento de reconocer nuestra falta de fervor y nuestra escasez de frutos. Antes que los cielos se abran, las rodillas deben doblarse. Antes de que las lluvias viertan desde el cielo, nuestras almas deben estar sedientas. Antes de que el avivamiento llegue, la iglesia debe orar. ¡La iglesia no puede promover el avivamiento, pero puede y debe preparar el camino de su llegada!

27
de febrero

La gloria de Dios se revela

> Cuando Salomón acabó de orar, descendió fuego de los cielos,
> y consumió el holocausto y las víctimas; y la gloria de Jehová
> llenó la casa.
>
> 2 CRÓNICAS 7:1

Cuando Salomón consagró el templo de Jerusalén, la gloria de Dios llenó la casa. Lo que hizo de ese santuario algo tan especial no eran sus columnas de mármol ni sus vasos de oro, sino la presencia de Dios. Nuestros templos son solo edificios vacíos sin la presencia de Dios manifiesta en ese lugar. Nuestros equipos de sonido solo producirán chirriante ruido si no hay la unción de Dios que fluya a través de los instrumentistas. Nuestros predicadores de refinada cultura solo serán bronce que suena si el poder del Espíritu no los faculta. Nuestros coros cantarán solo para entretener a los oídos religiosos si el poder del Espíritu Santo no los equipa. Nuestra predicación, por muy brillante que sea, no producirá ni una única conversión si la unción de Dios no baña la vida del predicador. La necesidad más grande de la iglesia no es la búsqueda de nuevos métodos, sino desear ardientemente el viejo poder, el poder del Espíritu Santo. La presencia manifiesta de Dios es la necesidad más grande del pueblo de Dios. Aunque un ángel celestial esté con nosotros, no sería suficiente. Aunque logremos la victoria sobre los enemigos, no sería suficiente. Incluso aunque la tierra prometida esté garantizada, no es suficiente. ¡Solo la presencia de Dios nos satisface! ¡Solo la gloria de Dios puede traer la plenitud de vida a su iglesia!

Más noble que sus hermanos

Y Jabés fue más ilustre que sus hermanos, al cual su madre llamó Jabés, diciendo: "Por cuanto lo di a luz en dolor".

1 CRÓNICAS 4:9

Jabés llegó a ser más noble que sus hermanos. ¿Y por qué? Porque no se conformó con la declaración de la derrota en su vida. Porque reaccionó ante el dolor. Porque se sacudió el yugo de pesimismo. Porque él decidió buscar a Dios en su sufrimiento. Su nombre significa "dolor". Su madre sufrió mucho para dar a luz. Jabés se negó a llevar el estigma de su nombre. Buscó a Dios, y ocurrió un milagro en su historia. Hizo varias peticiones. En primer lugar, pidió la bendición de Dios. Reconoció que solo Dios podía revertir los pronósticos sombríos de su nombre. En segundo lugar, le pidió a Dios fronteras más amplias, amplias oportunidades, la influencia más significativa. Jabés quería subirse en los hombros de gigantes y tener la visión del faro alto. En tercer lugar, pidió a Dios por la liberación del sufrimiento. En medio de una generación conformada con el dolor y subyugada por el sufrimiento, Jabés se levantó de las cenizas. Cambió los gemidos del alma por la alegría de la esperanza; sustituyó las lágrimas de dolor por la canción de la victoria. Dios concedió a los pedidos de Jabés y logró lo que pidió ante el Señor. Por eso se ha vuelto más noble que sus hermanos. Se destacó en medio de su generación. Se convirtió en un monumento de la gracia, una bandera que aún se mueve con el viento, enseñando a generaciones postreras que vale la pena caminar con Dios y hacer su voluntad.

1

de marzo

La alabanza es la causa de la victoria

> Y cuando comenzaron a entonar cantos de alabanza, Jehová puso contra los hijos de Amón, de Moab y del monte de Seir, las emboscadas de ellos mismos que venían contra Judá, y se mataron los unos a los otros.
>
> 2 CRÓNICAS 20:22

El pueblo de Judá fue acorralado por enemigos mortales. Los enemigos ya estaban acampados, listos para atacar la ciudad de Jerusalén. Josafat fue tomado por sorpresa, no había tiempo para reaccionar. La invasión parecía inminente, y la derrota, inevitable. En este momento, Josafat tuvo miedo y se puso a buscar al Señor. Decretó ayuno a toda Judá y convocó a la nación a buscar a Dios. Reconoció que él no sabía qué hacer, pero reafirmó su confianza en Dios. En este escenario de desespero, Dios se le apareció con promesas alentadoras. Él dijo que iba a luchar por el pueblo y le daría la victoria. Josafat debería preparar una coral y la puso delante del ejército, cantando alabanzas al Señor. La Biblia dice, y "cuando comenzaron a entonar cantos de alabanza", Dios puso emboscadas contra el enemigo y estos fueron derrotados. La alabanza no es el resultado, sino la causa de la victoria. No alabamos después de vencer al enemigo; alabamos para vencer al enemigo. La alabanza nos pone por encima de nuestras circunstancias. La alabanza convive con el dolor, pues Pablo y Silas cantaron alabanzas después de haber sido golpeados en la plaza pública y lanzados al sótano sucio de una prisión romana. La alabanza invierte la situación, ya que mientras que el pueblo de Dios alaba, el brazo de Dios se extiende a darle impresionante victoria. ¡La alabanza confunde al enemigo, fortalece a la iglesia y exalta a Dios!

de marzo

Qué hacer cuando no se sabe qué hacer

Porque en nosotros no hay fuerza contra tan gran multitud que viene contra nosotros; no sabemos qué hacer, y a ti volvemos nuestros ojos.

2 CRÓNICAS 20:12

La vida se nos presenta con muchas sorpresas. Cuando todo parece tranquilo, una tormenta aparece en el horizonte. Cuando el viaje parece tranquilo y nuestro barco navega cómodamente por mares esmaltados, enormes olas se levantan y conspiran contra nosotros. El rey Josafat disfrutó de una época de paz y prosperidad. Él era un hombre de Dios, y el pueblo adoraba a Dios con entusiasmo. En ese momento, una noticia bomba sacudió Jerusalén. La ciudad de David ya estaba rodeada por enemigos, armados hasta los dientes, dispuestos a atacar al pueblo. No había tiempo para la reacción. Ya era demasiado tarde para una estrategia. La aplastante derrota parecía inevitable. Josafat se vuelve a Dios en oración y ayuno, instando a las personas a buscar a Dios. En su oración, él admite no saber qué hacer, pero dice que sus ojos están puestos en Dios. Cuando no sabemos qué hacer, miramos hacia arriba, buscamos a Dios y escuchamos sus instrucciones. Cuando nuestros recursos llegan a su fin, los recursos de Dios están todos disponibles. Cuando nuestras fuerzas llegan al fin, todavía el brazo omnipotente de Dios se extiende para defendernos. Cuando no somos capaces de pelear, Dios pelea por nosotros. Dios dirigió a Josafat para cantar y con alabanza, los enemigos fueron confundidos y desbaratados. ¡El valle de la amenaza se convirtió en el valle de la bendición!

3

de marzo

La escuela del desierto

Y te acordarás de todo el camino por donde te ha traído Jehová
tu Dios estos cuarenta años en el desierto, para afligirte, para
probarte, para saber lo que había en tu corazón, si habías de
guardar o no sus mandamientos.

DEUTERONOMIO 8:2

El desierto no es un accidente de recorrido en el viaje de la vida, sino una
agenda de Dios. Dios es el que nos matricula en la escuela en el desierto.
El desierto es un colegio del Espíritu Santo, donde Dios capacita a sus líderes
más importantes. Los grandes líderes de la historia han sido entrenados en el
gimnasio del desierto. En la escuela del desierto, Dios obra en nosotros antes
de trabajar a través de nosotros. Eso es porque Dios está más interesado en
lo que somos que en lo que hacemos. La vida con Dios precede el trabajo
para Dios. Del mismo modo, en la escuela del desierto, debemos aprender
a depender más del proveedor que de la provisión. Depender de la provisión
es fácil porque la tenemos y la administramos. Cuando nuestro suministro
se agota, Dios sigue siendo nuestro proveedor. Cuando nuestra despensa está
vacía, los graneros de Dios siguen repletos. Cuando nuestra fuente se seca, los
manantiales de Dios todavía están chorreando. Eso es lo que sucedió con el
profeta Elías. Dios lo envió a Querit, donde los cuervos traerían la provisión.
Elías bebió de la fuente. Sin embargo, un día, la fuente se secó. Cuando nuestra fuente se seque, Dios sabe dónde estamos, hacia dónde debemos ir y lo que
debemos hacer. Nuestra fuente se seca, pero los ríos de Dios siguen fluyendo.
En este momento, aprendemos que nuestra dependencia es del proveedor más
que de la provisión.

4

de marzo

La boca de Dios

> Entonces la mujer dijo a Elías: "Ahora conozco que tú eres
> varón de Dios, y que la palabra de Jehová es verdad en tu boca".
>
> 1 REYES 17:24

El profeta Elías fue un hombre semejante a nosotros, sujeto a las mismas debilidades. Sintió miedo; huyó de las amenazas; pidió para morir; pensó en desistir. Por otra parte, ese hombre caminó con Dios, fue valiente, confrontó las fortalezas del mal, enfrentó la furia de un rey perverso y exhortó a una nación apóstata a volverse de los ídolos para Dios. Elías oró, y los cielos cerraron sus puertas. Elías volvió a orar, y Dios multiplicó la harina y el aceite de oliva. Elías oró, y la muerte huyó. Elías volvió a orar, y el fuego del cielo cayó sobre la tierra. Elías subió a la cima del monte Carmelo para clamar a Dios, y las corrientes restauradoras cayeron abundantemente después de más de tres años de sequía. Una escena es una marca en la vida de ese profeta. La viuda de Sarepta, al recibir el hijo resucitado por medio de Elías, dijo: "Ahora conozco que tú eres varón de Dios, y que la palabra de Jehová es verdad en tu boca". Una cosa es decir la Palabra de Dios; otra muy diferente es ser la boca de Dios. No es suficiente con ser un eco, es necesario ser una voz. No basta pronunciar la Palabra de Dios, ¡es necesario ser la boca de Dios! Elías predicaba a los oídos y también a los ojos. Elías hablaba y hacía. Sus obras testificaban sus palabras. Su mensaje era pronunciado con unción y en la virtud del Espíritu Santo. ¡Hoy más que nunca necesitamos de predicadores que sean la boca de Dios!

5
de marzo

La lluvia bajó porque Elías subió

Entonces Elías dijo a Acab: "Sube, come y bebe; porque ya se oye el rumor de una gran lluvia".

1 REYES 18:41

Después de tres años y medio de sequía en Israel, Elías aparece en la escena de nuevo. La gente había abandonado a Dios para seguir a Baal, un ídolo pagano, considerado el santo patrono de la prosperidad. La sequía enviada por Dios en respuesta a la oración de Elías fue un golpe de gracia divina en esta superstición idolátrica. Después de enfrentar al rey Acab, el pueblo idólatra y los profetas de Baal en el monte Carmelo, Elías mata a los profetas de Baal y sube a la cima de la montaña, orando por lluvias restauradoras de Dios. El calor del sol y la total ausencia de nubes en el cielo no traían ningún presagio de lluvia. Sin embargo, Elías era gobernado por la fe y no por las circunstancias. Por lo tanto, perseveraron en la oración hasta que una nube del tamaño de la palma de una mano apareció en el horizonte. Eso fue suficiente para un hombre de fe. Densas nubes formadas y abundantes lluvias cayeron sobre la tierra seca. Cayeron las lluvias, porque Elías subió a la cumbre del Carmelo. Antes de subir Elías quitó del camino a Baal. Antes de buscar un avivamiento, tenemos que tratar con firmeza con el pecado. De nada sirve cambiar de lugar a Baal, darle nuevos nombres o ropa nueva. Baal debe ser eliminado. Si usted anhela la restauración de los ríos de Dios, debemos ir a la presencia de Dios, no exponer una supuesta espiritualidad, sino para humillarnos hasta el polvo. Si deseamos ardientemente un tiempo de recuperación, debemos perseverar en la oración hasta que los cielos se abran y las lluvias de Dios caigan sobre nosotros.

6
de marzo

Depresión, el parásito del alma

Saca mi alma de la cárcel, para que alabe tu nombre; me rodearán los justos, porque tú me habrás favorecido.

SALMOS 142:7

La depresión es una realidad dramática que afecta a millones de personas en todo el mundo. Andrew Solomon define la depresión como un parásito chupando nuestras energías. Es como tragar su propio funeral. Es vestir la ropa de madera que nos ahoga. La depresión es multifactorial. Su diagnóstico no es sencillo y su cura no es fácil. La depresión ha sido la causa de muchas otras enfermedades y el principal factor de suicidio. La depresión afecta a personas de todos los estratos sociales y todas las edades. Afecta a religiosos y a no creyentes. Elías, después de una contundente victoria en el monte Carmelo, fue atrapado en las garras de la depresión. El mismo hombre que enfrentó con valentía y desafió al rey Acab y a los profetas de Baal huye ahora presa del miedo, aplastado por el veneno de la depresión. Elías quiere morir. Mira la vida con pesimismo. Ve la vida a través del lente del retrovisor. Está dispuesto a renunciar al ministerio y la vida misma. Se esconde en una cueva con sentimientos turbulentos que agitan su alma. Dios trata la depresión de Elías por medio de la terapia del sueño y también ofreciendo un banquete en el desierto. Dios lo llama de la cueva y le da la oportunidad de desahogarse. Le muestra que su ministerio no había llegado a su fin, sino que la mejor parte de su vida aún estaba delante. Dios también puede tomar su alma de la cárcel, poniendo sus pies sobre una roca y colocar en sus labios una nueva canción.

7

de marzo

¿Dónde está Jehová, el Dios de Elías?

> Y tomando el manto de Elías que se le había caído, golpeó las aguas, y dijo: "¿Dónde está Jehová, el Dios de Elías?". Y así que hubo golpeado del mismo modo las aguas, se apartaron a uno y a otro lado, y pasó Eliseo.
>
> 2 REYES 2:14

El Dios de Elías es el Dios que hace milagros. A través de Elías, Dios cerró las ventanas de los cielos, multiplicó el aceite de la viuda, resucitó un muerto, hizo caer fuego del cielo y derramó lluvia sobre la tierra seca. Ahora, milagrosamente, Dios lleva a Elías para el cielo sin pasar por la muerte. La capa de Elías quedó en manos de Eliseo, que siguió fielmente sus pasos, esperando ansiosamente ser revestido con una porción doble de su espíritu. Eliseo vio las aguas del río Jordán que se abrían para que Elías pasara en tierra seca. Ahora, regresa a Jordania con la capa de Elías en las manos y el corazón con una pregunta: "¿Dónde está el Señor Dios de Elías?". Se trataba de una cuestión emblemática. ¿Dios hizo milagros en el pasado o simplemente hace maravillas hoy? ¿Dios solo hizo milagros por medio de Elías, o sigue haciendo cosas extraordinarias en el presente? La pregunta de Eliseo es nuestra pregunta de hoy. A menudo tenemos la teología de Marta, la hermana de Lázaro. Creemos en los milagros del pasado y no tenemos ningún problema en creer en la posibilidad de los milagros en el futuro. Pero ¿cómo creer en milagros hoy en día? Jesús le dijo a Marta: "Yo no he sido ni seré; Yo soy la resurrección y la vida". Nuestro Dios hace maravillas hoy. El Dios de Elías es también el Dios de Eliseo. Entonces Eliseo golpeó las aguas del Jordán con la capa de Elías. El río se abrió y él pasó. Nuestro Dios es el mismo ayer, hoy y siempre. Él nunca cambia. Él lo hizo, hace y hará maravillas. El Dios de Elías era el Dios de nuestros padres, es nuestro Dios y será el Dios de nuestros hijos por todas las generaciones.

8

de marzo

Muerte en la olla

Después sirvió para que comieran los hombres; pero sucedió que comiendo ellos de aquel guisado, gritaron diciendo: "¡Varón de Dios, hay muerte en esa olla!". Y no lo pudieron comer.

2 REYES 4:40

Fue una época de hambre en la tierra. La escuela de los profetas al mando de Eliseo enfrentó a los efectos de la escasez de tiempo. La crisis afectaba a todos. Un día el profeta Eliseo mandó a sus discípulos a buscar hierbas para cocinar. Encontraron en el campo bolas como calabazas que eran venenosas, pero pensaron que era comida nutritiva. Cuando se preparaba el guiso, un discípulo gritó: "¡Varón de Dios, hay muerte en esa olla!". El veneno mata más rápido que el hambre. Muchas enfermedades son causadas por el menú. Muchas personas están espiritualmente enfermas, y los demás llegaron a la muerte, porque se llenaron de veneno, pensando que estaban recibiendo alimentos saludables. Hoy en día hay muerte en la olla. Hoy en día hay muerte en la música, en la literatura, en los seminarios, en los púlpitos de las iglesias. Las buenas intenciones no cambian el contenido nutricional de los alimentos ni eliminan el veneno de estas bolas. Los que ingieren veneno mueren incluso si creen que están comiendo pan nutritivo de Dios. Muchas iglesias han abandonado la sana doctrina y están dando a la gente un caldo mortal en lugar de la bendita Palabra de Dios. Muchas iglesias tratan de añadir a la verdad de Dios un caldo de venenosas doctrinas humanas, corrompiendo el mensaje y diluyendo el santo evangelio para agradar el paladar de los impíos. Tenemos que gritar en voz alta: "¡Varón de Dios, hay muerte en esa olla!".

9

de marzo

General, pero leproso

Naamán, general del ejército del rey de Siria, era varón grande delante de su señor, quien lo tenía en alta estima… Era este hombre valeroso en extremo, pero leproso.

2 Reyes 5:1

Naamán era un general de la guerra, el comandante del ejército de Siria. Honrado con muchas medallas, héroe nacional, ganador muchas batallas, era amado en su nación y respetado por el rey. Fuera de las puertas, vestido con su uniforme de comandante, era un portento; pero cuando llegaba a casa y se quitaba su armadura, era un leproso. Este héroe nacional no podía abrazar a su esposa o acoger a sus hijos pequeños. La lepra separa, contamina y deforma. La lepra desensibiliza, tiene mal olor y mata. La lepra es un símbolo del pecado. El pecado es peor que la lepra. La lepra pudre la carne, pero el pecado hace perecer el cuerpo y el alma. Naamán fue a Eliseo para ser curado, el cual le envió que entrase en el río Jordán siete veces. ¿Por qué Eliseo hizo eso? Para que Naamán reconociera antes de todo que era un leproso. Antes de que el hombre sea curado de la lepra, debe reconoce que es pecador. Antes de ser perdonado, tiene que confesar sus males. Naamán obedeció la orden de Eliseo y fue completamente curado. Entonces tomó una decisión: no adorar a otro dios, sino el Dios de Israel. Usted también tiene manchas en su alma que la religión no puede borrar. El dinero no puede purificarlo. Los poderosos de este mundo no pueden resolver su problema. Los ritos sagrados no pueden limpiar sus conciencias de las obras muertas. Solo Dios puede limpiar su corazón. Solo la sangre de Jesús puede purificarnos de todo pecado. ¡Hoy, en este momento, usted puede ser limpiado!

10

de marzo

¿Está todo bien?

> Te ruego que vayas ahora corriendo a recibirla, y le digas: "¿Te va bien a ti? ¿Le va bien a tu marido, y a tu hijo?". Y ella dijo: "Bien".
>
> 2 REYES 4:26

La mujer sunamita era casada, rica, pero no tenía hijos. Era hospitalaria y se hizo cargo de Eliseo, el profeta de Dios, pero no podía llevar en su regazo el fruto de su vientre. Un día Eliseo profetizó que ella sería madre. Y, de hecho, esto sucedió. La alegría iluminó aquel hogar y la esperanza brotó como el sol en el horizonte de esa familia. Cuando el niño ya era fuerte como para ser capaz de seguir a su padre en el campo, hizo su primera aventura, para alegría de la madre y el orgullo del padre. Pero en este momento de celebración ocurre una tragedia. El niño se siente mal. Lo llevan rápidamente a su casa donde el niño expira en los brazos de su madre. La sunamita manda preparar su animal y sale a toda prisa en busca de Eliseo. Al acercarse, el profeta ve su angustia y le pregunta: "¿Te va bien a ti? ¿Le va bien a tu marido, y a tu hijo?". Y ella dijo: "Bien". ¡De hecho, su alma se viste de luto, y su corazón está en pedazos! Eliseo ordena a Giezi que corra y coloque su báculo sobre el rostro del niño muerto. Pero la mujer insistió en que el propio Eliseo la siguiera. El báculo en la mano de Giezi no despierta al niño de la muerte. Sin embargo, Eliseo se acuesta con el niño: la mano en la mano, cara a cara, boca a boca, hasta que la carne calienta al niño. Eliseo no está satisfecho. Se levanta y en la agonía del alma clama por la intervención sobrenatural de Dios. Una vez más, se acuesta sobre el chico hasta que estornuda siete veces y resucita.

11
de marzo

No podemos callarnos

Luego se dijeron el uno al otro: "No estamos haciendo bien. Hoy es día de buena nueva, y nosotros callamos...".

2 REYES 7:9

El hambre reinaba en Israel. Había dinero, pero no había alimentos. La ciudad de Samaria estaba sitiada por los sirios. Dentro de las murallas de la ciudad reinaba el desespero. La cabeza de un asno era disputada a precio de oro. Eliseo profetizó que habría un montón de comida. Algunos dudaban. Dios, sin embargo, había causado gran confusión entre el enemigo, que se destruyeron entre sí, dejando todos los alimentos. Cuatro leprosos, no aguantando más el hambre, decidieron ir en silencio, en busca de alimentos al campamento de los enemigos. Cuando llegaron, vieron extendidos en el suelo cuerpos y también abundantes provisiones. Dijeron unos a otros: "No estamos haciendo bien. Hoy es día de buena nueva, y nosotros callamos". El mundo está hambriento, no del pan que perece, sino del pan que nutre para la vida eterna. Hemos encontrado el pan en abundancia en Jesús. Nuestra hambre ha sido saciada. Por lo tanto, no nos podemos callar. Tenemos que decir a los demás que encontramos pan. Hay que decir a los hambrientos que hay pan en abundancia. Tenemos que gritar en los oídos del mundo que Jesús es el pan de la vida y el que coma de este pan no tendrá hambre de nuevo. ¡Tenemos que decir a los que se pierden que los graneros están llenos y los que tienen hambre pueden venir y comer sin dinero y sin precio!

12

Un corazón dispuesto

Porque Esdras había preparado su corazón para escudriñar la ley de Jehová y para cumplirla, y para enseñar en Israel sus estatutos y decretos.

ESDRAS 7:10

Esdras era un sacerdote. Su papel era el de enseñar al pueblo la Palabra de Dios y orar por él. Esdras lideró una caravana de Babilonia a Jerusalén, con el propósito de enseñar la ley de Dios. Su corazón estaba dispuesto a tres cosas importantes. Primero, Esdras dispuso su corazón para "escudriñar la ley de Jehová". Muchos líderes buscan otras cosas como la riqueza, el éxito y el poder, pero Esdras trató de conocer la ley de Dios. No podemos vivir o enseñar la Palabra si no la conocemos. En segundo lugar, Esdras dispuso su corazón para cumplir la ley de Dios. Entendió que su vida era la base de su enseñanza. Se dio cuenta de que la vida es más elocuente que las palabras. Esdras sabía que el ejemplo no es solo una forma de enseñanza, sino la única manera efectiva de hacerlo. No puede haber una brecha entre lo que decimos y lo que practicamos. La vida del líder es la vida de su liderazgo. En tercer lugar, Esdras dispuso su corazón para enseñar la Palabra de Dios. Aquellos que conocen y practican lo que saben tienen autoridad para enseñar. Esdras no era un sacerdote omiso. Nunca hizo su obra de manera descuidada. No relajó en la obra de Dios. Fue cuidadoso, tanto en el aprendizaje como en la enseñanza. Lo que recibió, eso también transmitió a todo el pueblo. También somos sacerdotes. Tenemos el privilegio de conocer y practicar la Palabra y también la responsabilidad de enseñarla.

13
de marzo

El valor de hacer preguntas

... vino Hananí, uno de mis hermanos, con algunos varones de Judá, y les pregunté por los judíos que habían escapado...

NEHEMÍAS 1:2

Nehemías era copero del rey Artajerjes. Esta era una posición de honor y prestigio. Servía al rey en su palacio de invierno en la ciudadela de Susa, cuando Hananí y otros judíos vinieron a visitarlo. Nehemías tuvo el valor de preguntar acerca de los judíos que huyeron y no fueron llevados al exilio, y por Jerusalén. Le informaron que la ciudad estaba con los muros derribados, las puertas quemadas y el pueblo vivía en gran miseria y desprecio. Nehemías lloró al escuchar esta historia. Comenzó a orar y ayunar por la situación. Después de algún tiempo, se colocó en las manos de Dios para ser la solución divina al problema. Nehemías tuvo el valor de hacer preguntas. Y para oír la respuesta, se convirtió en responsable de la solución. Hacer preguntas nos hace responsables. Hacer preguntas puede cambiar radicalmente el curso de nuestra historia. Muchas personas descubren su vocación al tomar conciencia de una necesidad. Así fue con Nehemías. Jerusalén estaba bajo los escombros hacía más de cien años. Había pobreza y desprecio; había enemigos por todas partes; había embargo político que impedía el trabajo de restauración. El escenario era desolador. El pueblo estaba completamente desanimado para continuar con el sueño de restaurar la ciudad de Jerusalén. Aquello que parecía imposible, Nehemías lo consiguió en apenas 52 días. Todo eso porque hacía preguntas.

14

Las marcas de quien consuela

Cuando oí estas palabras me senté y lloré, e hice duelo por algunos días, y ayuné y oré delante del Dios de los cielos.

NEHEMÍAS 1:4

Nehemías fue gobernador de Jerusalén. Líder de excelentes cualidades, estratega sin igual y gestor exitoso, logró en solo 52 días lo que todo el pueblo había fallado en lograr en décadas. Nehemías fue un consolador por excelencia, por diversas razones. Primero, Nehemías tuvo el valor de hacer preguntas. En segundo lugar, Nehemías tuvo la capacidad de sentir la carga de su pueblo. En tercer lugar, Nehemías se puso de pie en la brecha en favor del pueblo. En cuarto lugar, Nehemías se entregó a Dios como una respuesta al problema que le habían presentado. En quinto lugar, Nehemías tomó la iniciativa de hablar con Dios y con el rey. Como intercesor, se acercó a Dios; como estratega, se acercó al rey. Buscó tanto los recursos del cielo como los recursos de la tierra para reconstruir de las cenizas a Jerusalén. En sexto lugar, Nehemías actuó con prudencia y sabiduría. Antes de desafiar al pueblo, evaluó la magnitud de la obra. En séptimo lugar, Nehemías animó al pueblo con la evidencia inequívoca del favor de Dios. Lo que Dios ha hecho en el pasado son las arras de lo que hará en el futuro. Debemos considerar las mejores experiencias del pasado como las medidas mínimas de lo que Dios puede hacer en el presente. En octavo lugar, Nehemías no miró a la amenaza del enemigo, sino que se basó en la protección divina. El resultado es que en un tiempo récord la ciudad fue reconstruida y el pueblo fue restaurado.

15

de marzo

Las tretas del enemigo

... les disgustó en extremo que viniese alguien para procurar el bien de los hijos de Israel.

NEHEMÍAS 2:10

El libro de Nehemías retrata con colores fuertes las diferentes luchas del pueblo de Israel para reconstruir la ciudad de Jerusalén. Había enemigos por fuera, y temores por dentro. Había ataques externos y el desaliento interno. Muchos eran los asaltos de los enemigos para paralizar los trabajos de reconstrucción de los muros. Una ciudad vulnerable le interesaba a los propósitos no declarados de los adversarios. ¿Cuáles fueron las trampas utilizadas por los enemigos del pueblo? Primero trataron de aliarse con él en la reconstrucción de la ciudad. La alianza del enemigo es peor que su oposición. Nehemías rechazó con vehemencia esta propuesta. En segundo lugar, escarnecieron del pueblo. Dijeron que el trabajo que estaban haciendo era tan malo que un zorro podía derribarlo. En tercer lugar, crearon intrigas entre el pueblo e hicieron acusaciones frívolas delante del rey, diciendo que los judíos se estaban rebelando contra el imperio medo-persa. Cuarto, esparcieron rumores, intentando con eso intimidar al pueblo. En quinto lugar, intentaron sentarse con Nehemías para hablar, haciendo trampas para matarlo. En sexto lugar, intentaron intimidarlo para que de esta manera desobedeciera a Dios. Todas estas dificultades fueron creadas con el único propósito de impedir la restauración de Jerusalén. Sin embargo, Nehemías reaccionó a estas amenazas con oración, con vigilancia y confianza en Dios. En lugar de hacer caso a las amenazas del enemigo, reforzó aún más las manos para el trabajo. En lugar de tener miedo de las amenazas, se volvió aún más diligente en el trabajo.

16
de marzo

Un padre ejemplar

> Y cuando habían pasado en turno los días del convite, Job los mandaba llamar para purificarlos, y se levantaba de mañana y ofrecía holocaustos conforme al número de todos ellos. Porque decía...
>
> JOB 1:5

Job era un hombre muy rico. Sin embargo, él era piadoso y tenía temor de Dios, era íntegro, recto, y se apartaba del mal. A pesar de tener una riqueza colosal, dedicaba lo mejor de su tiempo para invertir en su familia. Job era el sacerdote de la casa. Intercedía con fervor y contantemente por los hijos. Los crió unidos. Mantuvo el vínculo de amistad entre los diez hijos. Fue un padre ejemplar. No solo se preocupada por las cosas materiales, sino sobre todo por la vida espiritual de los hijos. Para él no era suficiente darles comodidades o dejarles una herencia muy rica. Se preocupaba con la gloria de Dios, porque temía que sus hijos pecasen en el corazón contra Jehová. No se preocupaba por las apariencias. Él sabía que Dios ve el corazón y busca la verdad en lo íntimo del ser humano. Hoy en día, muchos padres experimentan la tensión entre lo urgente y lo importante. Atienden lo urgente y olvidan lo importante. La familia es importante. Los hijos son importantes. La relación con Dios es importante. No sacrifique en el altar de lo urgente aquello que es importante. Tenemos que saber que Dios está antes que las personas, el cónyuge viene antes que los hijos, que los hijos vienen antes que los amigos y que las personas vienen antes que las cosas. Debemos adorar a Dios, amar a las personas y usar las cosas en lugar de olvidar a Dios, amar las cosas y usar a las personas.

17
de marzo

Las tesis de Satanás

Respondió Satanás a Jehová: "¿Acaso teme Job a Dios de balde?".

JOB 1:9

El libro de Job levanta la punta del velo y nos muestra el propósito de Satanás en desmoralizar a Dios y arruinar a Job. Satanás tiene tres tesis como ases debajo de la manga: Nadie ama a Dios más que al dinero; nadie ama más a Dios que a la familia; nadie ama a Dios más que a sí mismo. Dios constituyó a Job su abogado en la tierra y colocó en las manos de Job su reputación. Job desbancó las tesis de Satanás. En primer lugar, a pesar de perder todos sus bienes e ir a la quiebra, Job no blasfemó contra Dios. El dinero no era el dios de Job. Él sabía que todo lo que tenía, Dios se lo había dado. Por lo tanto, Dios lo podía tomar. Job amaba a Dios más que al dinero. En segundo lugar, a pesar de perder a sus diez hijos en un solo accidente, y enterrar a todos en el mismo día, Job no se rebeló contra Dios, sino que dijo: "¡Jehová me lo dio, y Jehová me lo quitó; sea bendito el nombre de Jehová!" (Job 1:21). Job amaba más a Dios que a la familia. En tercer lugar, a pesar de haber sido tomado por una terrible enfermedad, que le causó un dolor insoportable, Job no pecó contra Dios en su corazón. La esposa de Job se rebeló contra Dios y mandó que su marido muriera. Los amigos de Job, después de entristecerse con él, le hicieron acusaciones pesadas y frívolas. Ni aun así Job levantó sus puños contra el cielo. Las tesis de Satanás fueron derrotadas. El abogado de Dios prevaleció en el tribunal y Dios fue glorificado.

18
de marzo

Restauración, sí; explicación, no siempre

Y quitó Jehová la aflicción de Job, cuando él hubo orado por sus amigos; y aumentó al doble todos los anteriores bienes de Job.

JOB 42:10

Una de las mayores preocupaciones de esta vida es tratar con el silencio de Dios. A veces, el silencio de Dios grita más fuerte en nuestros oídos que los ruidos de las circunstancias adversas. Job fue golpeado con el látigo del dolor. Perdió sus bienes, sus hijos y su salud. Además, sufrió la falta de solidaridad de la esposa y la incomprensión de los amigos. En esta tormenta asustadora, Job levantó al cielo dieciséis veces la misma pregunta: "¿Por qué? ¿Por qué? ¿Por qué? ¿Por qué estoy sufriendo? ¿Por qué mi dolor no cesa? ¿Por qué he perdido a mis hijos? ¿Por qué no morí yo desde el vientre de mi madre? ¿Por qué no morí al nacer? ¿Por qué el Señor no me mata de una vez?". A todas estas preguntas, Job oyó la misma respuesta: ¡el silencio total de Dios! Job hizo 34 quejas en contra de Dios. Exprimido todo el pus de su alma, gritó desde el fondo de su corazón, pero no vino ninguna explicación sobre las razones de su sufrimiento. Cuando Dios rompió el silencio, no le dio ninguna explicación a Job. Al contrario, le hizo setenta preguntas: "¿Dónde estabas, Job, cuando yo fundaba la tierra? ¿Dónde estabas cuando yo estaba colocando las estrellas en el firmamento? ¿Dónde estabas cuando yo cercaba las aguas del mar?". Dios revela su soberanía a Job y Job se humilla hasta el polvo, diciendo: "De oídas te conocía, mas ahora mis ojos te ven. Por tanto, retracto mis palabras, y me arrepiento en polvo y ceniza" (vv. 5-6). Dios no siempre da la explicación; pero él siempre promete la restauración.

19

de marzo

Yo sé que mi redentor vive

Yo sé que mi Redentor vive, y al fin se levantará sobre el polvo.

JOB 19:25

Cuando nuestros recursos terminan en la tierra, tenemos que saber que nuestro Señor vive en el cielo. Cuando nuestras fuerzas se agotan, necesitamos saber que nuestro Dios es omnipotente. Cuando nuestros pies vacilan, debemos saber que nuestro Dios nos lleva en sus brazos. Cuando Job estaba atrapado por el dolor, lamentando sus pérdidas y siendo acusado por sus amigos, miró al cielo, y con un pizcar de fe, dijo: "Yo sé que mi Redentor vive, y al fin se levantará sobre el polvo. [...] y mis ojos lo verán" (Job 19:25-27). Nuestra esperanza está en el Señor. Nuestro consuelo es saber que el Señor ha vencido a la muerte. Nuestra esperanza reside en el hecho de que la muerte no es la última palabra. Nosotros triunfaremos sobre la enfermedad. Venceremos la tumba helada. Vamos a ver al Señor. Nuestro cuerpo débil se convertirá en un cuerpo de poder. Nuestro cuerpo corruptible será transformado en un cuerpo de gloria. Nuestro cuerpo mortal será revestido de inmortalidad. La victoria del Señor sobre la muerte es la bandera de nuestra fe. No alimentamos una vaga esperanza. No nos alimentamos de un mito. No estamos pisando un terreno movedizo. Estamos firmes en una roca inamovible. Vamos a tener un cuerpo similar al de la gloria del Señor. Vamos a ver al Señor cara a cara. Serviremos y reinaremos por los siglos eternos. ¡Esta no es la sugestión barata; es un hecho indiscutible!

20
de marzo

Dios restaura nuestra suerte

Yo conozco que todo lo puedes, y que no puede estorbarse ningún propósito tuyo.

JOB 42:2

La vida cristiana no es un viaje sobre alfombras de terciopelo. No caminamos por carreteras con pétalos esparcidos. No vivimos en una colonia vacacional o en un parque de diversiones. No estamos blindados ni vivimos en un invernadero espiritual. Nuestra vida se desarrolla en un campo de batalla. Aquí no es el paraíso. Cuando Job estaba en el fondo del pozo, enfermo, pobre, abandonado, acusado, Dios lo llevó a responder a los ataques de los amigos intercediendo por ellos. En lugar de responder con púas envenenadas, Job levantó a Dios súplicas por sus amigos. Entonces, en ese momento, Dios restaura la suerte de Job y le da el doble de lo que tenía. Dios restaura la salud de Job, vive más de 140 años. Dios restaura el matrimonio de Job, y tiene más de diez hijos. Job ahora tiene diez hijos en el cielo y diez hijos en la tierra. Job sigue viendo a los hijos de sus hijos hasta la cuarta generación. Dios restauró su suerte. Es cierto que nadie entendió la saga de Job. Satanás estaba equivocado porque pensaba que un hombre no puede amar a Dios más que el dinero, la familia y la vida misma. La esposa de Job estaba equivocada porque pensaba que Dios no debe ser adorado en el sufrimiento. Los amigos de Job estaban equivocados porque pensaban que Job estaba sufriendo por un pecado cometido. Job estaba equivocado porque pensaba que Dios lo había afligido sin causa. Dios restauró a Job pero no le dio ninguna explicación. ¡Hoy, Dios también puede restaurar su suerte!

21
de marzo

El mapa de la felicidad

> Bienaventurado el varón que no anduvo en consejo de malos,
> ni estuvo en camino de pecadores, ni en silla de escarnecedores
> se ha sentado.
>
> SALMOS 1:1

David abre el salterio mostrándonos el mapa de la felicidad. Hace un gran contraste entre el justo y el malo. El justo florece como un árbol plantado junto a la fuente; el malvado se seca como la paja. El justo tiene raíces profundas; el malo es llevado por el viento. El justo tiene su delicia en la ley de Dios; los malvados buscan el placer en la silla de los escarnecedores. La felicidad de los justos es permanente; la aparente felicidad de los impíos se derrumbará. ¿Cuál es el mapa de la felicidad de los justos? El justo es feliz por aquello que evita: que no anduvo en consejo de malos, ni estuvo en camino de pecadores, ni se sienta en la silla de los escarnecedores. El justo es feliz por lo que hace. Medita la ley de Dios de día y de noche. Su deleite es en la Palabra de Dios. Su vida se rige por los principios de Dios. La Palabra de Dios es más preciosa que el oro y más sabrosa que la miel. Pero el justo también es feliz por lo que es: un árbol plantado junto a corrientes de agua. Eso significa que tiene verdor constante y abundante fruto. El implacable sol que seca la paja no quita el verdor de los árboles. La misma crisis que alcanza al mal no alcanza al justo. Por último, el justo es feliz porque permanecerá en la congregación de los justos, incluso para cruzar las fronteras de la eternidad.

22
de marzo

El hombre, ese desconocido

¿Qué es el hombre, para que de él te acuerdes, y el hijo del hombre, para que cuides de él?

SALMOS 8:4

Alex Carrell escribió un famoso libro llamado *El hombre, ese desconocido*. El rey David escribió este hermoso salmo que habla de la dignidad del hombre. Destacamos tres hechos sobre el hombre. En primer lugar, es la imagen de Dios creada. El hombre no es el producto de la evolución o desciende de los simios. El hombre vino de Dios. Fue creado por Dios, a imagen y semejanza de Dios. El hombre es el pináculo de la creación de Dios. En segundo lugar, el hombre es una imagen deformada de Dios. Con el pecado original, la humanidad entera se precipitó en la caída. El pecado ha afectado a todos los ámbitos de nuestra vida: la razón, la emoción y la voluntad. El pecado ha afectado nuestro cuerpo y también nuestra alma. No hay sanidad en nuestras vidas. Nosotros fuimos concebidos en pecado. Nacimos en pecado. El que dice que está sin pecado se engaña a sí mismo y todavía llama a Dios mentiroso. Aunque la imagen de Dios ha sido desfigurada por el pecado, no perdió del todo. En tercer lugar, el hombre es la imagen de Dios restaurada. El que cree en el Hijo de Dios recibe una nueva mente, un corazón nuevo, una nueva vida. El hombre nace de nuevo, nace de lo alto, nace del Espíritu, y se convierte en una nueva criatura. Esta transformación va en un creciente, pues somos transformados de gloria en gloria en la imagen de Cristo por el Espíritu Santo.

23

de marzo

Plenitud de la alegría

Me mostrarás la senda de la vida; en tu presencia hay plenitud
de gozo; delicias a tu diestra para siempre.

SALMOS 16:11

El hombre es un ser sediento de alegría. Busca la felicidad a toda costa. Los ríos de dinero que se gastan en la prestación de la felicidad para el hombre. Algunos buscan la felicidad en el dinero; otros la buscan en la bebida; hay quienes piensan que la felicidad está en el banquete del mundo y en los placeres de la vida; otros creen que la felicidad está en el poder y la fama. La felicidad es un deseo legítimo. Fuimos creados para la felicidad. El problema humano no es la búsqueda de la felicidad, sino el contentamiento con una felicidad más pequeña, demasiado terrenal, demasiado fugaz. Dios nos creó para la felicidad más grande de todas. La felicidad de conocerlo, de disfrutarlo y glorificarlo. El rey David dijo que "en tu presencia hay plenitud de gozo; delicias a tu diestra para siempre". Los banquetes del mundo y los placeres de la vida son como fuentes rotas. Son solo espejismos. Incluso pueden ofrecer una noche de placer, pero luego viene el sinsabor. Incluso pueden mostrar las copas rebosantes de aventura, pero a continuación, viene la culpa y el arrepentimiento. Pueden incluso adormecer el alma con el *glamour* del pecado, pero luego se convierte en una pesadilla en esta vida y en tormento en la eternidad. En la presencia de Dios, la alegría es pura y santa. En la presencia de Dios, la alegría es completa y los placeres son perpetuos. Alegría mayúscula y superlativa solo se encuentra en el banquete de Dios.

El pastor de las ovejas

Jehová es mi pastor; nada me faltará.

SALMOS 23:1

Jesús es llamado el Nuevo Testamento del buen pastor, el gran pastor y pastor supremo. Como buen pastor, Él dio su vida por las ovejas; como gran pastor, él vive para las ovejas; y como pastor supremo, volverá para sus ovejas. Providencialmente tres salmos representan estos tres énfasis. En el salmo 22, Jesús es presentado como el Buen Pastor que da su vida por las ovejas. En el salmo 23, Jesús es descrito como el gran pastor que vive para las ovejas. Y en el salmo 24, Jesús es el gran pastor que regresará para sus ovejas. Por su muerte, Jesús nos salvó. Por su vida, Jesús nos fortalece. Para su segunda venida, Él nos glorificará. En Jesús tenemos la provisión completa en esta vida y en la venidera. Él era el Cordero que quita el pecado del mundo, y el pastor que da su vida por las ovejas. Él es el Dios trascendente que ni el cielo de los cielos puede contener y el Dios Emanuel encarnado y que está con nosotros todos los días. Él es a la vez el siervo que se humilló hasta la muerte y muerte de cruz, y el Rey de reyes, exaltado sobre todo nombre, así en este siglo y en el próximo. En Jesús, tenemos el descanso y la paz, la protección, y la victoria, la compañía en esta vida y la felicidad eterna en la vida venidera.

25
de marzo

La alegría del perdón

> Bienaventurado aquel a quien es perdonada su transgresión, y
> cubierto su pecado.
>
> **SALMOS 32:1**

El rey David pecó contra Dios, cometiendo adulterio con Betsabé. Después él mandó matar a su marido. Este crimen fue atroz a los ojos de Dios, aunque velado a los ojos humanos. David trató de ocultar su pecado, pero la mano de Dios pesaba sobre él día y noche. Su fuerza se había convertido en sequedades de verano. Sus lágrimas eran su único alimento. Su cuerpo palpitaba y sus huesos quemaban. Su espíritu se marchitó y la luz en sus ojos se apagó. Tomado de convicción profunda de su pecado, corrió a los brazos de Dios y confesó su pecado. Dios hizo la limpieza en su alma, limpió su corazón y le perdonó sus pecados. Ahora, David expresó con gran entusiasmo: "Bienaventurado aquel a quien es perdonada su transgresión, y cubierto su pecado". El hombre no puede deshacerse de sus pecados. No se puede purificar el propio corazón. El pecado es como una mancha que ensucia, un veneno que mata. El pecado es el peor de todos los males. Es la peor enfermedad. Es más grave que el sufrimiento más atroz. El pecado es más terrible que la muerte misma. Todos estos males no nos pueden separar de Dios, pero el pecado es la separación entre nosotros y Dios, ahora y por siempre. Por lo tanto, no hay mayor gozo que este: el perdón divino. Pero el perdón se recibe a través del arrepentimiento sincero, de la confesión sincera y de la plena confianza en la gracia de Dios.

26
de marzo

Confesiones de un pecador

Mi pecado te declaré, y no encubrí mi iniquidad…

SALMOS 32:5

La cama del adulterio es tentadora, pero después de que alguien se levanta se convierte en un fantasma. David era un hombre de Dios. Su carrera fue victoriosa. Fue un pastor, músico dedicado, guerrero intrépido, catalizador líder, rey aprobado y siervo del Altísimo. Dios le dio victorias extraordinarias. Hizo de él un hombre fuerte y temido. Pero cuando David pecó contra Dios. Venció ejércitos en la batalla, pero perdió la batalla en la cama. Venció gigantes, pero no su pasión. Prevaleció sobre un león, pero no dominó su lujuria. David fue un adúltero y asesino. Luego escondió su pecado. Dios lo confrontó, y se arrepintió. Lloró delante de Dios y confesó su pecado. Exprimió todo el pus de la herida y recibió la cura de Dios. La confesión es la limpieza del alma, la limpieza de la mente, la libertad del corazón. Quienes ocultan sus transgresiones están atrapados en la vida espiritual, pero los que confiesan y abandonan alcanzan misericordia. Aun sufriendo las consecuencias inevitables de su error, David fue restaurado por Dios. Lo mismo puede suceder en su vida. Tal vez usted ha caído. Tal vez ha avergonzado a su familia. Tal vez se ha hecho burla de las personas. Busque a Dios. Confiese sus pecados y reciba su perdón bendito. Dios es rico para perdonar y Él se deleita en la misericordia.

27
de marzo

La prosperidad del impío

En cuanto a mí, casi se deslizaron mis pies; por poco resbalaron mis pasos. Porque tuve envidia de los arrogantes, viendo la prosperidad de los impíos.

SALMOS 73:2-3

Asaf se enfrentó a una gran crisis. Estuvo a punto de caer. Se sentía incómodo con la prosperidad de los malvados, mientras que él, que vivía una vida piadosa y honesta, pasó terribles problemas financieros. Los malvados tenían salud, y su casa estaba rodeada de aduladores. La boca del impío profería blasfemias contra Dios, y aun así su cuerpo era sano y bronceado. Los impíos eructaban una arrogancia reprobable y, sin embargo, todo parecía ir muy bien con él. Pero Asaf, aun siendo hombre temeroso de Dios, fue castigado todos los días. A los ojos desatentos, la vida de los impíos era mejor que la vida de los justos. En un análisis superficial, no valía la pena ser fiel a Dios. Esta crisis torturaba la mente de Asaf, hasta el día en que entró en la casa de Dios. Las escamas cayeron de sus ojos y vio la situación desde otra perspectiva. El malvado solo tenía dinero y nada más. El dinero solo podría darle consuelo en esta vida y un rico funeral al final de su carrera, pero en el día del juicio, estaría completamente indefenso. El justo, aun siendo castigado, ahora tiene a Dios como su herencia, el refugio y la recompensa. El dinero no puede ofrecer la verdadera alegría y seguridad permanente. Pero Dios es la fuente de la verdadera alegría y refugio eterno. Vale la pena ser fieles a Dios. El justo florecerá como la palmera, los impíos procederán a la nada como la paja llevada por el viento.

28
de marzo

Dios es el sol y el escudo

Porque sol y escudo es Jehová Dios; gracia y gloria dará Jehová.
No quitará el bien a los que andan en integridad.

SALMOS 84:11

Solo podemos conocer a Dios porque él se reveló. Nuestro conocimiento de Dios no viene de elucubraciones sino de la manifestación divina. Dios se ha revelado en la creación. También se revela en su Palabra, y sobre todo en su Hijo. Tenemos varios nombres de Dios en la Biblia porque ninguno sería suficiente para agotar todo su ser. En el salmo 84:11, Dios se presenta como un sol y un escudo. Estas dos cifras nos dan lecciones preciosas. Como el sol, Dios es la fuente de la vida. Así como no hay vida sin el sol, no hay vida sin la acción de Dios. Él es nuestro creador. Nosotros no descendemos de los monos; venimos de Dios. Él nos ha tallado a su imagen y semejanza. Como el sol, Dios nos calienta. La vida sería caracterizada por un invierno eterno si Dios no calentase nuestro corazón. Como el sol, Dios nos ilumina. Nacimos en la cuna de la oscuridad y caminamos en la oscuridad hasta el día en que Dios nos saca de la potestad de las tinieblas para el reino de su luz. Como el sol, Dios es el centro de nuestra vida. Debido a que Dios es un sol, nuestra vida debe girar a su alrededor. Pero Dios también debe ser conocido como un escudo. Como un escudo, es nuestra protección y nuestro refugio. Somos vulnerables. No podemos enfrentar a los enemigos o eliminar los dardos de fuego que el maligno lanza contra nosotros. Dios es el que nos protege del mal. Es Dios quien nos libra del mal. Es Dios quien extiende sus alas sobre nosotros. Dios es el que desbarata nuestros enemigos y nos da la victoria.

29
de marzo

El disparate de la idolatría

Los ídolos de ellos son plata y oro, obra de manos de hombres.

SALMOS 115:4

La idolatría es un pecado grave contra Dios. Eso es porque Dios es espíritu y no puede ser representado por ninguna imagen. Por lo tanto, el segundo mandamiento de la ley de Dios dice: "No te harás imagen…" (Éxodo 20:4). La palabra "idolatría" significa 'adorar a un ídolo'. Tanto los que hacen el ídolo y los que le adoran son culpables de este pecado abominable a los ojos de Dios. La idolatría es una tontería, porque significa adorar lo que ha sido creado por el hombre mismo. Imagínese un hombre que va al campo a cortar un árbol. Utiliza la mitad de la madera para encender el fuego para hacer su comida. Con la otra mitad, talla una imagen y se postra ante ella para adorarla. Esto es una tontería, ya que esta imagen tiene ojos pero no puede ver. Tiene una boca, pero no habla. Tiene nariz, pero no huele. Tiene las manos, pero no toca. Tiene los pies, pero no se puede ir. La persona que hizo la imagen o el que la adora es similar a ella, sin entendimiento. El terrible error de la idolatría es sustituir al creador por la criatura, adorar a la criatura en lugar del Creador. Por lo tanto, los idólatras, al despreciar a Dios, provocan su ira. La idolatría es la obra de la carne, y no el fruto del Espíritu. Los idólatras no entrarán en el reino de Dios a menos que se arrepientan de sus pecados y se vuelvan a Dios.

30
de marzo

La liberación de Dios

Pues tú has librado mi alma de la muerte, mis ojos de las lágrimas, y mis pies de resbalar.

SALMOS 116:8

Algunos estudiosos atribuyen el salmo 116 al rey Ezequías. Este monarca fue instruido por Dios para poner su casa en orden, porque, ciertamente moriría. El rey clama a Dios por misericordia y Dios le añade quince años más de vida. Para expresar su gratitud, compuso este hermoso salmo, la crónica de su experiencia dramática. El rey fue atrapado por las trampas mortales y atormentado por la ansiedad tenebrosa. Se entregó a la tristeza. Un peso aplastante que arrasó su alma lo llevó a la lona. En lo hondo de su estado, levantó la vista y descubrió que Dios se preocupaba por él. Descubrió que Dios no solo es justo y misericordioso, sino también liberador. Dios le dio tres liberaciones. En primer lugar, la liberación espiritual: "Tú has librado mi alma de la muerte". En segundo lugar, la liberación emocional: "mis ojos de las lágrimas". En tercer lugar, la liberación moral: "y mis pies de resbalar" (Salmos 116:8). Dios es capaz de liberarlo a usted también. Tal vez su alma sigue siendo prisionera del pecado y necesita la liberación de Dios. Jesús ahora puede ser su redentor. Su vida ha sido un caminar de dolor y lágrimas y necesita de la cura emocional. Usted tiene pies que resbalaron y cayeron en el área moral y no sabe cómo levantarse. Pues Dios, en este momento, puede perdonar sus pecados y darle una nueva vida.

31
de marzo

Mirar a los montes

Alzo mis ojos a los montes; ¿de dónde vendrá mi socorro? Mi
socorro viene de Jehová, que hizo los cielos y la tierra.

SALMOS 121:1-2

Los cantos de peregrinación se cantaban cuando el pueblo salía en caravanas para las fiestas en Jerusalén. En el salmo 121, mientras subían las
empinadas montañas de la ciudad santa, dijeron: "Alzo mis ojos a los montes;
¿de dónde vendrá mi socorro? Mi socorro viene de Jehová, que hizo los cielos
y la tierra". Algunas verdades se pueden ver en este texto. ¿Por qué puede Dios
ser nuestra ayuda? Porque él es el creador del cielo y de la tierra; ya que nunca
duerme, y siempre está atento; porque él está cerca de nosotros de manera
inalienable, como una sombra a nuestra derecha. ¿Cuándo Dios puede ser
nuestra ayuda? En todas las circunstancias, ya que nos guarda en la salida y
la entrada. Además, en todo momento, ya que nos guarda desde ahora y para
siempre. Dios puede ser nuestro rescate cuando nuestros problemas son más
grandes que nuestras fortalezas. ¿Qué clase de auxilio nos puede ofrecer Dios?
Socorro circunstancial, porque nos libera del calor del día y la noche. Socorro
moral, porque nos libera de todo mal. Socorro espiritual, ya que libera nuestra
alma. Dios es nuestro refugio en el tiempo y en la eternidad. Es nuestro castillo fuerte en los días soleados y las noches más oscuras. Es nuestra protección
en salud y enfermedad. Es nuestra torre fuerte en las celebraciones festivas y
también en el momento de duelo. Mírelo. Confíe en Él. ¡Descanse en Él!

1

de abril

Las fases de la familia

Si Jehová no edifica la casa, en vano trabajan los que la edifican.

SALMOS 127:1

La familia es nuestro mayor tesoro. Nuestro activo más valioso. Los salmos 127 y 128 hablan de las cuatro fases de la familia. La primera es la etapa del matrimonio (Salmos 127:1-2). El matrimonio tiene que ser estribado en Dios, porque "Si Jehová no edifica la casa, en vano trabajan los que la edifican". La mayor necesidad del matrimonio es Dios. La segunda es la etapa de los hijos pequeños (Salmos 127:3-6). Los hijos son herencia de Dios y las flechas en la mano de un guerrero. Son regalos y las armas de la victoria de Dios. Son dones del Padre y herramientas para utilizar de alguna manera. La tercera fase es la familia creada, pero unida (Salmos 128:1-4). Ahora, la familia ya está creada, la vida financiera está estabilizada. La familia goza de los frutos de su trabajo. La esposa es el vínculo de unión de los hijos, y todos están alrededor de la mesa. Existe una comunión familiar. Hay armonía en el hogar. La vida es una fiesta en la presencia de Dios. La cuarta fase es la de los nietos (Salmos 128:5-6). Bienaventurados los que pueden dejar un legado para el mundo. Y el mayor legado a la sociedad es entregar una descendencia santa, que construirá el progreso de la nación y serán agentes de la paz en su generación. Valorice su familia. Ella es preciosa. No renuncie a ella. Invierta en ella. Colóquela en las manos de Dios y prepárese para disfrutar de esas cuatro fases.

2
de abril

La celebración de la unidad

¡Mirad cuán bueno y cuán delicioso es habitar los hermanos juntos en armonía!

SALMOS 133:1

La unión de los hermanos es algo hermoso a los ojos de Dios y al mismo tiempo terapéutica. Somos más fuertes cuando estamos unidos por el cemento del amor. Veamos más lejos cuando somos alimentados por el combustible de la unidad. La unión del pueblo de Dios se compara con el aceite de la unción, y el rocío que salpica la tierra seca. El aceite tenía tres objetivos claros: cosmético, terapéutico y simbólico. La unión de los hijos de Dios hace la vida más bella y agradable. La unión del pueblo de Dios trae la cura emocional. La unidad del pueblo es un signo de la presencia de Dios en medio de ellos. Ya el rocío es una representación de la misma presencia de Dios entre su pueblo. Dios es presentado como el rocío al pueblo (Oseas 14:5). El rocío viene todas las noches. En las horas más amargas de la vida sentimos la dulce presencia de Dios con más intensidad. El rocío viene sin fanfarria. También Dios está presente con nosotros en las cosas pequeñas. Pero el rocío trae restauración. La presencia de Dios se manifiesta en la unión fraterna, también restaura nuestra suerte. Es en medio de la unión del pueblo de Dios que el Señor manda su bendición y la vida para siempre. Donde hay comunión, allí hay salvación. Donde los hermanos caminan unidos, allí fluye copiosamente la bendición del Todopoderoso. Como la presencia de Dios es la mayor necesidad de la iglesia, no podemos descuidarnos de cultivar el amor fraternal.

Arpas colgadas

Junto a los ríos de Babilonia, allí nos sentábamos, y aun llorábamos, acordándonos de Sión. En los sauces que hay en medio de ella colgamos nuestras arpas.

SALMOS 137:1-2

Los judíos fueron llevados cautivos a Babilonia y estaban desolados. Se sentaban a la orilla de los ríos de Babilonia sin tener un plan de acción, sino para llorar. Por no reconocer sus pecados, sino querer venganza contra sus opresores; no para cantar al Señor, sino para colgar sus arpas. Estaban llenos de tristeza y nostalgia. Vivían de la nostalgia. Vivían de los recuerdos. Perdieron el entusiasmo por la vida. El cautiverio no fue un accidente sino una disciplina. Dios advirtió al pueblo para abandonar sus pecados y volverse a él. Sin embargo, toda la nación no se inclinó ante Dios. Porque no escuchó la voz de la gracia, recibió el azote de la disciplina. Ahora ellos están bajo el yugo de la esclavitud. Es donde usted no quiere ser, hacer lo que no les gustaría hacer, escuchar lo que no les gustaría escuchar. El símbolo de este desánimo es que sus arpas, instrumentos de alabanza a Dios, ya no están en sus manos, sino están colgadas en los sauces. La alabanza cesó, surgió el lloriqueo. Se detuvieron los gritos de alegría y nacieron fuertes gemidos. El momento de alabar a Dios es ahora. Este es el momento de vivir en obediencia. Es mejor hacer caso a la voz de la Palabra de Dios para que nuestros cánticos sean espontáneos y no en medio del cautiverio.

4
de abril

¿Cuán grande es nuestro Dios?

Grande es Jehová, y digno de ser en gran manera alabado en la
ciudad de nuestro Dios, en su monte santo.

SALMOS 48:1

Un padre caminaba de la mano con su hijo cuando este le preguntó: "Papá,
¿cuál es el tamaño de Dios?". El padre miró al cielo y vio un avión en el
cielo y le preguntó a su hijo: "Hijo, ¿cuál es el tamaño de ese avión?". El hijo
respondió: "Pequeño, papá, muy pequeño". Entonces el padre lo llevó al aero-
puerto, le mostró un avión en el patio y le preguntó: "Hijo, ¿cuál es el tamaño de este avión?". El muchacho respondió: "Muy bien, papá, muy grande".
Entonces el padre le dijo: "Hijo mío, mientras más cerca de Dios estés, más
grande será para ti". David habló de la grandeza de nuestro Dios en el salmo
139. ¡Nuestro Dios es omnisciente, sabiendo todo sobre nuestros pensamientos, palabras, acciones y reacciones. Nuestro Dios es también omnipresente,
porque no podemos escapar de él ni en el cielo más alto, incluso en la tumba.
No se puede ocultar la tumba del que tiene ojos como llamas de fuego. Nuestro Dios es también omnipotente. Él nos formó una criatura admirable. Nos
hizo en el vientre de nuestra madre. Nos pone el código de la vida y escribe
nuestras características en cada una de los 60 billones de células de nuestro
cuerpo. Nuestro Dios es santo y no tiene placer en lo que es profano e impuro.
Por lo tanto, debemos orar constantemente: "Escudríñame, oh Dios, y conoce
mi corazón; pruébame y conoce mis pensamientos; y ve si hay en mí camino
de perversidad, y guíame en el camino eterno" (Salmos 139:23-24).

La vida del justo es como la luz de la aurora

Mas la senda de los justos es como la luz de la aurora, que va en aumento hasta llegar a pleno día.

PROVERBIOS 4:18

La tenue luz del amanecer empieza la invasión de la oscuridad de la noche con timidez. Gradualmente, sin embargo, el sol, elegante como un novio que sale de su cuarto, lava su cara en el rocío de la mañana y de la cima de las montañas va esparciendo su luz a través de los valles y laderas, hasta que toda la tierra sea llena de su brillantez y calor. Así es la vida del justo. "Es como la luz de la aurora, que va en aumento hasta llegar a pleno día". La vida del justo no es un zigzag, un viaje incierto a través de los caminos inciertos de la vida. La vida del justo no es un pesimismo lúgubre, sino una luz que brilla desde lo alto de la colina. La vida del justo no es luz parpadeante, como una lámpara sin combustible que se apaga. La vida del justo no es como las aguas estancadas de un pozo de agua. El alma de los justos es dinámica y victoriosa. El justo camina de fuerza en fuerza, de fe en fe, siendo transformados de gloria en gloria. Es como la luz del alba. Hoy en día más brillante que el de ayer; brillará mañana más que hoy. Hasta el día en que él estará en la gloria, en la ciudad cuya lámpara es el Cordero. Entonces todos los justos tendrán un cuerpo de gloria, similar al cuerpo de la gloria del Señor Jesús. Nuestro cuerpo brillará como las estrellas. Será el día perfecto. El día no tendrá fin. ¡El día no será sucedido por la noche, el día inaugurará la eternidad gloriosa!

6
de abril

La recompensa de la generosidad

A Jehová presta el que da al pobre, y el bien que ha hecho, se lo recompensará.

PROVERBIOS 19:17

La generosidad es la actitud de invertir en las vidas de los demás sin esperar recompensa. Se da con alegría, sin necesidad de ningún pago. Un hombre generoso prosperará, porque hay más alegría en dar que en recibir. Quien se apiada del pobre presta a Dios, y Dios no es mal pagador. Él es la fuente de todo bien. De Él viene toda buena dádiva. Él es el que nos da la vida, la salud, la prosperidad, la salvación y todo. Cuando se siembra en la vida de las personas, Dios siembra en nuestra vida. Cuando bendecimos a otros, Dios nos bendice. Cuando hacemos el bien a otros, Dios regresa esta misma bendición sobre nuestra cabeza. Este es un principio de Dios. Quien siembra recoge la misma semilla que se siembra, y más. El que siembra generosamente cosecha bondad, no solo de los hombres, pero sobre todo de Dios. No debemos hacer el bien esperando recompensa. No debemos hacer la caridad esperando una especie de corrección espiritual, esperando los intereses y dividendos de nuestras inversiones. Pero Dios nunca se pasa por alto en este asunto. Él prometió y es fiel para cumplir. Cuando nos compadecemos de los pobres, Él paga los beneficios que los pobres han recibido. Como Dios es infinitamente generoso, siempre recibimos más de lo que damos. Dios no solo multiplica la semilla, sino también nuestro terreno para seguir invirtiendo.

de abril

El valor de la mujer virtuosa

Mujer virtuosa, ¿quién la hallará? Porque su valía sobrepasa largamente a la de las piedras preciosas.

PROVERBIOS 31:10

Las mujeres siempre han estado a la vanguardia de los valores morales. En palabras de Peter Marshall, capellán del Senado de Estados Unidos, son las guardianas de las fuentes. Proverbios describe la mujer virtuosa, cuyo valor supera al de la joyería fina. Esta mujer tiene una relación sana con su marido. Le hace bien todos los días de su vida. Lo promueve profesionalmente. Es un bálsamo en su vida y le alivia el estrés. Como resultado, su marido la elogia públicamente alabando sus virtudes. Esta mujer también tiene una relación adecuada con los hijos, que los instruye con bondad y sabiduría. Los inspira con el ejemplo. El resultado es un reconocimiento pleno de los hijos que proclaman su felicidad desbordante. La mujer virtuosa se ocupa de su casa, de los negocios fuera del hogar, y aun así le queda tiempo para ayudar a los necesitados a su puerta. Al mismo tiempo, tiene el buen gusto en la ropa y el cuidado del cuerpo para mantenerse en forma, mostrando un corazón generoso y manos dadivosas. Lo más destacado, sin embargo, en la biografía de esta mujer extraordinaria, es su relación con Dios. Si bien es una mujer hermosa y rica, no pone su confianza en la fugacidad de la belleza física, sino que el temor de Dios es el ancla de la esperanza. Usted, mujer, puede imitar a la que se llamaba la mujer virtuosa que fue elogiado por su marido, los hijos y por sus obras.

8
de abril

Pobres ricos y ricos pobres

Hay quienes pretenden ser ricos, y no tienen nada; y hay quienes pretenden ser pobres, y tienen muchas riquezas.

PROVERBIOS 13:7

El hombre es un ser fascinado por el dinero. Le encanta el dinero con todas las fuerzas del alma, a punto de vivir y morir por él. Hacerse rico es un ardiente deseo de muchos. Ellos están dispuestos a pagar cualquier precio para llegar a la cima de la pirámide social. Sin embargo, muchos heridos llegan a esta altura. El apóstol Pablo dice que los que quieren enriquecerse caen en muchas tentaciones, trampas y atormentan su alma con muchos flagelos. El amor al dinero es la raíz de todos los males. Por este amor, muchos son corruptos y corrompen, se casan y se divorcian, matan y mueren. ¿Qué sabor hay que vivir en el lujo y tener un corazón inquieto? ¿Qué ventajas tiene vivir en una mansión y tener un alma atrapada en un emotivo barrio de esclavos? La Biblia dice que hay ricos pobres y pobres ricos. La felicidad no está en la cantidad de bienes que posee, sino en la persona que es. El dinero no le puede dar las cosas más importantes en la vida. Le puede dar una cama, pero no dormir; libros, pero no la inteligencia; comida, pero no el apetito; adornos, pero no la belleza; una casa, pero no un hogar; medicinas, pero no la salud; ropa cara, pero no la comodidad espiritual; un rico funeral, pero no la vida eterna. Hay gente pobre que, a pesar de carecer de los tesoros de la tierra, se deleitan en los tesoros del cielo. A pesar de no tener nada, lo tienen todo.

9
de abril

El mañana le pertenece a Dios

No te jactes del día de mañana; porque no sabes qué dará de sí el día.

PROVERBIOS 27:1

Usted y yo somos personas totalmente vulnerables y dependientes. No podemos hacer planes para el futuro tejidos en nuestras propias fuerzas. No podemos administrar el futuro o preservar nuestra propia vida. El mañana le pertenece a Dios. No podemos decir que compraremos mañana, venderemos o saldremos de viaje. Mañana quizá no sobrevivamos. No podemos hinchar el pecho con arrogancia y decir que lo que hacemos son grandes proyectos, construir grandes monumentos y granjearemos robustas fortunas. Nuestra vida es frágil como la hierba y veloz como el viento. Con un soplo de su boca, Dios nos puede arrancar de raíz. No podemos permanecer anclados en la confianza personal, ensimismados. Dios conoce nuestra condición y sabe que somos polvo. Cualquier señal de orgullo en nuestro corazón es llena de locura. Cualquier jactancia con respecto al mañana es vanidad inconsecuente. No sabemos lo que el mañana traerá a la luz. No sabemos si vamos a estar en pie o postrados en la cama, si beberemos de las copas de los placeres o cosecharemos los frutos amargos de dolor, si celebraremos la vida o fruncimos el ceño, o lloraremos ante la muerte. Nuestra posición debe estar llena de humildad ante la vida y los retos del futuro y debemos tener dependencia total de Dios en el presente. En cuanto a nosotros, solo podemos descansar en la providencia de gracia del Padre y en sus amables promesas.

10
de abril

Cuidado con el alcohol

El vino es petulante; el licor, alborotador; y cualquiera que por ellos yerra no es sabio.

PROVERBIOS 20:1

El alcoholismo es una tragedia nacional. Es una terrible adicción que esclaviza, humilla y mata a sus prisioneros. El alcohol es un cerebro ladrón. Representa más del cincuenta por ciento de los accidentes de tráfico y los crímenes pasionales. Las cárceles están llenas de sus héroes, y los cementerios se llenan por sus víctimas. El alcohol destruye la mente, el cuerpo, destruye y contamina el alma. Un borracho se convierte en un saco de boxeo y una herramienta peligrosa en el lugar donde vive. El autor sagrado se pregunta: "¿Para quién será el ay? ¿Para quién el dolor? ¿Para quién las rencillas? ¿Para quién las quejas? ¿Para quién las heridas sin razón? ¿Para quién los ojos turbios? Para los que se detienen mucho en el vino, para los que van buscando las mezclas alcohólicas" (Proverbios 23:29-30). El alcohol es atractivo y atrayente. Sin embargo, hace una publicidad falsa. Se compromete a pagar con la alegría a la tristeza; promete libertad y esclaviza; promete alivio y roba; promete vida y mata. El alcohol es como una víbora; su veneno es mortal. El alcohol produce trastorno mental, trastorno emocional y confusión moral. Una persona ebria ve cosas extrañas, y de su boca sale un torrente de palabras necias. Un borracho simplemente disfruta del dolor de la soledad y se enfrenta al rechazo de la sociedad. Tropezando se tambalea para recibir los golpes de los que lo invitaron a este banquete de mentiras. Pero cuando se despierta de la pesadilla, vuelve a la bebida, porque es esclavo de este vicio maldito.

Cosas mejores que el dinero

Mejor es un bocado seco, y en paz, que la casa de contiendas llena de provisiones.

PROVERBIOS 17:1

El dinero es bueno; lo malo es amarlo. El dinero es necesario; lo malo es volverse dependiente de él. El dinero es un buen siervo; lo malo es tenerlo como jefe. El dinero es una bendición cuando lo tenemos; lo malo es cuando él nos tiene a nosotros. El dinero es un canal de bendición cuando lo usamos para bendecir a la gente; lo malo es cuando nos esclaviza a vivir en el calabozo de la avaricia. La Biblia dice que hay cosas mejores que el dinero. El buen nombre es mejor que las riquezas. Es mejor ser pobre y caminar con la cabeza levantada que vivir nadando en dinero y no tener carácter. Mejor es un plato de legumbres donde hay paz que los banquetes exquisitos dominados por las intrigas. Mejor es la mujer virtuosa que la joyería fina. Es mejor ser pobre que rico pobre. Es mejor buscar primero el reino de Dios, que esparce su bendita luz en la oscuridad de la gente, que vivir como un esclavo en el reino de las tinieblas. Dios es mejor que el dinero. El donante es mejor que sus dones. El que bendice es mejor que sus bendiciones. Un buen nombre, un buen matrimonio y la paz de la mente son mejores que las riquezas. John Rockefeller, el primer multimillonario del mundo, dijo que el hombre más pobre que conocía era el que solo tenía dinero. El apóstol Pablo dice que la piedad acompañada de contentamiento es gran ganancia. Dios es mejor que sus regalos. ¡Regocijaos en Él!

12
de abril

El sentido de la vida

La conclusión de todo el discurso oído es esta: Teme a Dios, y
guarda sus mandamientos, porque esto es el todo del hombre.

ECLESIASTÉS 12:13

Salomón vivió de manera extravagante. Tenía de todo en exceso. Era muy
rico, muy culto, muy famoso, muy galanteador. En el segundo capítulo
del libro de Eclesiastés, Salomón se dedicó por completo a la búsqueda de
la felicidad. En primer lugar, buscó la felicidad en la bebida. Pensando que
el propósito de la vida estaba en el fondo de una botella, puso su corazón en
los licores e inundó su alma con copas de vino dulce, pero cuanto más bebía,
más vacía estaban su vida y su alma. En segundo lugar, buscó la felicidad en
la riqueza. Se convirtió en opulento. Tuvo una riqueza colosal. Se construyó
un imperio financiero. Era el hombre más rico de su tiempo. Aun así, el brillo de la riqueza no le dio satisfacción a sus ojos. El glamur de la fortuna no
satisfacía su alma. Toda su riqueza era una burbuja de jabón, sin consistencia.
En tercer lugar, buscó la felicidad en aventuras sexuales. Tenía mil mujeres,
setecientas princesas y trescientas concubinas. Se convirtió en un donjuán, un
mujeriego, un romántico empedernido, un aventurero del amor. El resultado
fue una decepción. Entre estas miles, no encontró ni siquiera a una mujer
como esperaba (Eclesiastés 7:28). Finalmente, buscó la felicidad en la fama.
No le negó a su corazón ningún placer. Llegó a la cima de la pirámide. Vestía
con esplendor. Su conocimiento, su riqueza y su gloria eran proverbiales entre
todos los reinos. Todo, sin embargo, no era más que vanidad. Solo al final de
la vida reconoció que el sentido de la vida es temer a Dios y hacer su voluntad.

Joven, conmemora la vida

> Alégrate, mozo, en tu mocedad y pásalo bien en los días de tu juventud; y anda en los caminos de tu corazón y en la vista de tus ojos...
>
> ECLESIASTÉS 11:9

La juventud es una maravillosa etapa de la vida. Tiempo de vigor, belleza, emoción, oportunidades y desafíos. La juventud es un símbolo de la alegría. Por lo tanto, la orden de la Palabra de Dios a los jóvenes es: "Alégrate, mozo, [...] y anda en los caminos de tu corazón". La vida es un banquete de la providencia divina. Vivir es algo maravilloso. Dios hizo todas las cosas para que las disfrutemos. Él nos dio la vida, la salud, la inteligencia y la creatividad. Vivimos con mucho gusto, recreando nuestros corazones en esta fase de primavera de la vida. Sin embargo, esa celebración no puede ser fútil y mundana. La misma palabra que ordena la alegría también insta a los jóvenes a recordar al Creador en los días de su juventud (Eclesiastés 12:1). Mucha gente piensa que disfrutar de la vida es vivir sin reflexión, dando rienda suelta a la pasión. El que siembra la locura en la juventud, en la vejez va a cosechar una vida de culpa y dolor. Quien siembra vientos cosechará tempestades. Quien siembra para la carne, de la carne segará corrupción. La juventud es una semilla, una inversión. Quien vive plena y abundantemente, celebrando la vida con entusiasmo y alegría, tomando la leche de la piedad y creciendo en santidad, se sentará a la mesa en el banquete perpetuo de la verdadera felicidad, ¡porque solo en la presencia de Dios hay plenitud de gozo, y solo en su diestra hay delicias para siempre!

14
de abril

Cómo tener un matrimonio feliz

Huerto cerrado eres, hermana mía, esposa mía; fuente cerrada, fuente sellada.

CANTARES 4:12

El matrimonio es una fuente de felicidad o la causa de un gran dolor de cabeza. Muchas personas que comienzan llenas de romanticismo llegan al final del matrimonio con lágrimas y decepción. Pero este no es el plan de Dios para el matrimonio. En el libro del Cantares, Salomón habla de algunos de los principios que allanan el camino para un matrimonio feliz. El primero de ellos es el complemento (Cantares 4:7). Debemos ser generosos en los elogios y cautelosos en la crítica. El segundo principio es el romanticismo (Cantares 4:9). Nuestras palabras y acciones tienen que estar llenas de nobleza. Cuanto más sembramos en la vida de la esposa, más cosechamos en el matrimonio. El tercer principio es la expresión del amor (Cantares 4:10). El amor puede ser mostrado en las palabras, los actos de servicio, el tiempo de calidad, el contacto físico y la generosidad. El cuarto principio es la comunicación sana (Cantares 4:11). La vida o la muerte de las relaciones pasan por la comunicación. Podemos dar vida o matar la relación marital en función de la forma en que nos comunicamos. El quinto principio es la amistad (Cantares 4:12). Muchas parejas duermen en la misma cama, pero no son amigos o confidentes. Por último, el principio de lealtad (Cantares 4:12). Ningún matrimonio es saludable si los cónyuges no se respetan ni son fieles. Una pareja feliz es la única que puede decir: "Yo soy de mi amado y mi amado es mío" (Cantares 6:3).

15
de abril

Las marcas del amor

Las muchas aguas no podrán apagar el amor, ni lo ahogarán los ríos. Si diese el hombre todos los bienes de su casa por este amor, de cierto lo menospreciarían.

CANTARES 8:7

E l amor es la mayor de las virtudes cristianas. Es la síntesis de la ley, la evidencia de la conversión, la defensa final. ¿Cuáles son los atributos del amor conyugal? En el Cantares 8:6-7, Salomón habla de cuatro atributos del amor. El primero es la inviolabilidad. El amor es como un sello puesto en el corazón y en el brazo. El sello se refiere a la calidad, la pureza y la legitimidad. Un sello no puede ser violado. Así es el amor conyugal. El segundo atributo es su carácter sacrificial. El amor es más fuerte que la muerte; le encanta dar, entrega, se sacrifica por el amado. Jesús amó a la iglesia y se entregó a sí mismo por ella. El esposo que ama a su esposa se ama a sí mismo. El amor debe llevar al marido a dar su vida por su esposa. El tercer atributo del amor es su indestructibilidad. Las muchas aguas no podrán apagar el amor, ni lo ahogarán los ríos. El amor conyugal es guerrero, luchador, perseverante. No es amor hasta la primera crisis. No es amor hasta la primera enfermedad. El amor es galvanizado en el yunque del sufrimiento. Las luchas de la vida, en lugar de debilitar el amor, lo hacen aún más sólido y profundo. Por último, el amor es incorruptible. Aunque el hombre diese todos los bienes de su casa por este amor, en todo lo menospreciarían. El amor no es un artículo que usted compra en el mercado. No es un producto que se expone en la vitrina. El amor es incorruptible. Es saludable. No se rinde a los beneficios inmediatos ni se deja seducir por los favores.

16
de abril

Más blanco que la nieve

> Venid luego, dice Jehová, y estemos a cuenta: aunque vuestros pecados sean como la grana, como la nieve serán emblanquecidos; aunque sean rojos como el carmesí, vendrán a ser como blanca lana.
>
> Isaías 1:18

Prácticamente todos los años, en enero o febrero, visito Canadá, en América del Norte, para predicar la Palabra de Dios. En ese momento, por lo general, gran parte del país está cubierto de nieve. El paisaje parece una sábana blanca que cubre las montañas y los valles. El blanco de la nieve es tan intenso que cuando los rayos del sol besan la superficie, nuestros ojos quedan deslumbrados. El profeta Isaías dice que al igual que la nieve es blanca, Dios hace que nuestros pecados sean "emblanquecidos como la nieve"; incluso si fueren rojos como el carmesí o escarlata, Dios los hace en forma de nieve y de "blanca lana". Nosotros no nos podemos librar de nuestros pecados. No podemos purificar nuestro corazón de la mancha del pecado. No podemos borrar la suciedad de nuestros pecados, como un etíope no puede cambiar su piel, y el leopardo no puede eliminar sus manchas. Ningún rito religioso puede cancelar nuestros pecados. Ningún sacrificio personal puede aliviar nuestra conciencia. Ninguna iglesia puede declarar que usted o yo somos perdonados. Solo Dios perdona los pecados; solo la sangre de Jesús, el Hijo de Dios, nos limpia de todo pecado y nos limpia de toda maldad. Dios perdona nuestros pecados y no se acuerda más de ellos. Dios rompe nuestros pecados, como la niebla. Dios arroja nuestros pecados a las profundidades del mar y luego pone una placa: ¡Está prohibido pescar aquí!

17
de abril

Los lamentos del alma

Entonces dije: "¡Ay de mí!, que estoy muerto; porque siendo hombre inmundo de labios, y habitando en medio de un pueblo de labios inmundos, han visto mis ojos al Rey, Jehová de los ejércitos".

ISAÍAS 6:5

Israel estaba de luto. El gran rey Uzías había muerto. El trono estaba vacío y la nación, en vilo. En este momento de crisis nacional, el profeta tuvo una visión gloriosa: el Dios santo y todopoderoso estaba en el trono. Los tronos de la tierra se pueden dejar vacíos, pero en el trono del universo Dios reina soberanamente. Cuando Isaías vio a Dios en su majestad, dejó escapar un gemido del alma, diciendo: "¡Ay de mí!". Isaías había distribuido seis "ay" al pueblo rebelde de Israel. Ay de los codiciosos (Isaías 5:8), Ay de los borrachos (Isaías 5:11), Ay de los impíos (Isaías 5:18), Ay de los que invierten los valores morales (Isaías 5:20), Ay de los soberbios (Isaías 5:21), Ay de los juerguistas injustos (Isaías 5:22). Pero cuando Isaías contempló a Dios en su santidad, en lugar de mirar hacia fuera, el profeta miró dentro de su propio corazón y dijo: "¡Ay de mí!". Solo somos conscientes de nuestros pecados cuando nos enfrentamos a la santidad de Dios. Solo reconocemos que nuestros labios son impuros cuando nos damos cuenta de que delante de Dios hasta los serafines cubren sus rostros. Apenas nos damos cuenta de lo mucho que la sociedad se corrompe cuando colocamos esa corrupción en nuestro propio pecho. Al ser confrontado con la realidad de su pecado, Isaías recibe inmediatamente el perdón de Dios y luego el reto de ir a las naciones en el nombre de Dios, llevando su Palabra. Todos aquellos que son perdonados por Dios también son comisionados para proclamar su gracia a los demás.

18
de abril

Leyes injustas, leyes de opresión

¡Ay de los que dictan leyes injustas, y decretan vejaciones!

ISAÍAS 10:1

La injusticia tiene una cara muy fea. Sus manos son violentas; sus pies aplastan; sus dientes están afilados como dientes de león. La violencia no viene a menudo de los antros de la delincuencia ni de las calles contaminadas por las drogas, sino de las casas de las leyes, de los que se sientan en tronos, de los que gobiernan la nación. Los inadaptados sociales y las injusticias flagrantes que atacan a la sociedad contemporánea existían en los días de Isaías. Isaías denuncia el problema económico, de los ricos que oprimen a los pobres (Isaías 5:8); denuncia la decadencia religiosa, declarando que la nación estaba enferma espiritualmente (Isaías 1:4-6); denuncia el trato brutal del pueblo, hasta el punto de que los animales irracionales son más sensibles (Isaías 1:2-3). Ahora, el profeta levanta la voz para denunciar la intención criminal de los legisladores que crearon leyes para protegerse, mientras que oprimen a los débiles. Dios no toma por inocente a aquellos que se valen de privilegios de su posición para darse un capricho mientras arrebatan el derecho de los inocentes. Dios está contra todo tipo de opresión. Dios es justo y no acepta la opresión. Dios es santo y no puede tolerar el mal contra el prójimo. Dios dirige un "ay" a los que crean las leyes injustas y las leyes opresivas que escriben. Que oigan esta advertencia todos los que están investidos de autoridad.

19

Cama corta y manta estrecha

La cama será corta para poder estirarse y la manta, estrecha para poder envolverse.

ISAÍAS 28:20

El profeta Isaías alza la voz para denunciar los excesos de un liderazgo que vive excesivamente dominado por la codicia y la borrachera, la inmoralidad y la apostasía, haciendo alianzas con la muerte y, sintiéndose inexpugnables. Estos líderes pensaron que nunca podrían ser sacudidos. Estaban protegidos por la riqueza y el poder. Pero justo cuando se sentían tan valientes y fuertes, Dios habla de una piedra que se colocará en Sión. Esta piedra es Cristo. Los que confían en Él estarán a salvo, pero los que tropiezan en Él se reducirán a polvo. La situación para los impenitentes será bastante incómoda. El profeta no pudo encontrar una figura más adecuada: es como un individuo que en una fría noche de invierno se acuesta en una cama corta con una manta estrecha. La cama no ofrece espacio para que la persona se estire. Con las piernas encogidas, no se puede descansar. Como si eso no fuera suficiente, la manta es estrecha, no cubre todo el cuerpo. Así como esta situación no ofrece ningún descanso ni alivio para aquellos que se acuestan en esa cama, tampoco habrá descanso para aquellos que insisten en confiar en sus alianzas peligrosas y en permanecer en sus pecados. No hay descanso en el pecado. Solo en Jesús encontramos refugio para nuestro corazón y descanso para nuestras almas.

20
de abril

¿Estás listo para morir?

En aquellos días Ezequías enfermó de muerte. Y vino a él el
profeta Isaías, hijo de Amoz, y le dijo: "Jehová dice así: 'Ordena
tu casa, porque morirás, y no vivirás'".

ISAÍAS 38:1

La muerte nos llega a todos sin excepción. Es el signo de igualdad en la
ecuación de la vida. La muerte entra democráticamente en cabañas y también en palacios. El profeta Isaías fue enviado por Dios a palacio para dar un
mensaje urgente al rey Ezequías: "Pon tu casa en orden, porque morirás y no
vivirás". Ezequías estaba enfermo. Su dinero y su poder político no podían
protegerlo de la enfermedad de su vida. El rey tenía un pie en la tumba, pero
aún tenía asuntos pendientes en la vida. Había cosas en su casa que debía
poner en orden. Dios le da la oportunidad de prepararse para morir. Sin embargo, con lágrimas el rey clama a Dios por una cura. Dios oye su clamor y
le da quince años más de vida. No es apto para vivir el que no está preparado
para morir. La muerte viene a menudo de forma inesperada. No podemos
dejar esa preparación para el último momento. El tiempo de preparación es
hoy. Mañana puede ser demasiado tarde. ¿Cómo prepararse para la muerte?
No solo es el cuidado para el cuerpo sino también para el alma. De nada sirve
el cuidado del cuerpo, si no se cuidan los abscesos del alma. De nada sirve tomar todas las precauciones y el cuidado con las cosas de esta vida, sin hacer
inversiones en la vida eterna. La única manera de estar preparado para morir
es poner en orden nuestra vida y nuestro hogar, recibir a Jesús, el Hijo de
Dios, como nuestro Señor.

¿Cuál es el tamaño de su dios?

"¿A quién, pues, me haréis semejante o me compararéis?", dice el Santo.

ISAÍAS 40:25

Dios no puede ser contenido por ninguna definición. Él es autoexistente, infinito, inmenso, eterno, inmutable, omnipotente, omnisciente, omnipresente y trascendente. El profeta Isaías dice que midió las aguas del océano en la palma de su mano, el polvo pesado en una balanza de precisión y los cielos con las manos. Dios esparció las estrellas en el firmamento, y por ser fuerte y grande en poder, cuando él las llama, ninguna falta. Si le preguntan a un astrónomo sobre el tamaño del universo, dice que el universo tiene un diámetro de alrededor de 92.000 millones de años luz. Esto significa que si pudiéramos viajar a la velocidad de la luz, 300.000 kilómetros por segundo, se necesitarían más de 92 millones de años para ir de un extremo al otro del universo. Porque Dios es más grande que el universo. Él es trascendente. Está más allá de la creación, y es inmanente en la creación. Marshall Nirenberg, Premio Nobel de Biología, descubrió que somos seres programados genéticamente. Sin embargo, hemos encontrado alrededor de 60 billones de células vivas, y cada una tiene 1,70 centímetros de hilo de ADN, donde se registran todas las informaciones de nuestros datos genéticos: el color de nuestros ojos y nuestra piel y nuestro temperamento. Si pudiéramos estirar la cadena de ADN de nuestro cuerpo, tendríamos 102.000.000.000.000 metros, o 102.000 millones de kilómetros de cadena de ADN. Porque Dios creó todo esto, y la obra de la creación revela su gloria y majestad. ¡Qué grande es nuestro Dios!

22
de abril

No tenga miedo

> … no temas, porque yo estoy contigo; no desmayes, porque yo soy tu Dios; yo te doy vigor; sí, yo te ayudaré, y siempre te sostendré con la diestra de mi justicia.
>
> ISAÍAS 41:10

El miedo es el sentimiento más común de los seres humanos. Lo primero que nuestros padres sentían después de haber pecado fue miedo. El mandamiento más repetido en toda la Biblia es: No temas. El miedo es más que un sentimiento, es un espíritu. Pablo habla sobre el espíritu de temor (2 Timoteo 1:7). Hay personas que tienen miedo de la oscuridad y otros, de la luz; hay quienes tienen miedo de lugares cerrados, y otros, de lugares públicos; hay quienes tienen miedo de contraer matrimonio, y otros, de quedarse solos; algunos tienen miedo de vivir y otros, de morir. El profeta Isaías nos da el remedio divino para vencer el miedo. En primer lugar, hace cinco declaraciones sobre nosotros: Dios nos creó, nos formó, nos llamó, nos redimió y nos hizo su exclusiva propiedad (Isaías 43:1). No somos fruto de la casualidad. No procedemos de una ameba. Hemos sido creados a imagen y semejanza de Dios. Tenemos la digital del Dios todopoderoso en nuestra vida. Fuimos amados por Dios desde la eternidad. Dios nos ha llamado con un llamamiento santo. Hemos sido redimidos por la sangre de Jesús. Ahora pertenecemos a Dios; somos miembros de su familia. En segundo lugar, Isaías dice que mientras Dios no nos salva de las difíciles circunstancias, camina con nosotros en medio de las luchas (Isaías 43:2). La vida no es sin dolor. Aquí nos enfrentamos a las furiosas olas, ríos y hornos ardientes. Pero en todas estas circunstancias, Dios camina con nosotros, nos lleva en sus brazos y nos da liberación.

23
de abril

Derramamiento del Espíritu

Porque yo derramaré aguas sobre el sequedal, y ríos sobre la
tierra árida; derramaré mi Espíritu sobre tu descendencia, y mi
bendición sobre cuanto nazca de ti.

ISAÍAS 44:3

He viajado por muchos países en Asia, Europa, África y América y siempre encuentro que la mayor necesidad de la iglesia contemporánea es un renacimiento espiritual. Hay signos de apatía espiritual en todas partes. Falta fervor, entusiasmo y compromiso. Tres verdades sublimes son presentadas por Isaías en este texto. En primer lugar, el avivamiento es una promesa de Dios. La promesa del derramamiento del Espíritu no está hecha por un consejo eclesiástico, sino por Dios mismo. Él no es un hombre para mentir. Cuando habla, cumple; cuando hace, nadie puede detener su mano para actuar. Esta promesa también es segura y abundante, ya que el texto no habla de gotas, sino de un derramamiento. En segundo lugar, el renacimiento es la necesidad de la iglesia. Dios escogió utilizar el agua como símbolo del Espíritu. El agua es absolutamente necesaria para la vida. Tenemos las mejores tierras, las mejores semillas y los mejores insumos, pero sin agua, la semilla se marchita, muere en el vientre de la tierra. Tenemos las mejores estructuras en la iglesia, pero sin el Espíritu Santo no hay vida. Por último, el reavivamiento debe ser buscado por la iglesia. Como la tierra seca tiene urgencia de la lluvia y así como un sediento anhela por el agua, debemos clamar por los torrentes del Espíritu de Dios. El avivamiento no es la sed de las bendiciones, es la sed del bendecidor. No es la sed de las cosas, sino del creador.

24
de abril

Dios nos lleva en los brazos

Escuchadme, oh casa de Jacob, y todo el resto de la casa de Israel, los que sois traídos por mí desde el vientre, los que sois llevados desde la matriz.

ISAÍAS 46:3

Hay muchos dioses en el mundo, pero solo uno es verdadero. Los dioses de los pueblos son ídolos creados por la imaginación del hombre. Los dioses son inventados por la fantasía humana o fabricados por manos humanas. Estos dioses deben ser servidos y son cargados. Tienen ojos, pero no ven; tienen orejas, y no oyen; tienen manos, pero no palpan; tienen pies, mas no andan; tienen garganta, pero ningún sonido sale de sus bocas. El verdadero Dios, sin embargo, no es una proyección de la mente humana; es autoexistente. No es un dios creado; es el creador de todas las cosas. No es un dios que se originó en el tiempo; es el padre de la eternidad. Dios se reveló a nosotros por medio de la creación, providencia y redención. El universo, con su complejidad, es evidencia de su existencia. La Biblia es la Palabra escrita, y Jesús, el Verbo hecho carne, es la imagen misma de su ser. Este Dios Trino, Padre, Hijo y Espíritu Santo, se vistió de gloria y poder, para ser servido y adorado por los seres angelicales. A pesar de ser entronizado sobre los querubines, Dios tiene cuidado de nosotros. Él es el Dios que nos lleva en sus brazos. Él es el Dios que levanta sus brazos y firma las rodillas vacilantes. Este Dios no es una imagen tallada que usted necesita llevar; es él quien lo lleva a usted. ¡Es tu vida, tu aliento, tu protección y tu salvación!

25
de abril

Invitación de la gracia

A todos los sedientos: venid a las aguas; y a los que no tienen dinero: venid, comprad y comed. Sí, venid, comprad sin dinero y sin precio, vino y leche.

ISAÍAS 55:1

La gracia de Dios es su favor a los que no la merecen, pero la necesitan. Un maestro de escuela dominical, constreñido por el amor, compró ropa y juguetes para un alumno recién llegado a la iglesia y que estaba necesitado. El maestro estaba subiendo la empinada escalera hacia su choza cuando fue golpeado por una piedra y cayó sangrando, mientras le robaban los regalos. Él no se rindió. Regresó a la tienda y compró nuevos regalos y partió hacia la casa del estudiante. Cuando llamó a la puerta, el padre del muchacho abrió. El profesor entonces dijo: "Estoy aquí porque su hijo es mi alumno, y con mucho amor, le traigo estos regalos". El padre, sin dudarlo, respondió: "Fue mi hijo quien te lastimó con esa piedra. Mi hijo no se merecía estos regalos". El maestro respondió: "Tu hijo no se lo merece, pero lo necesita". ¡Eso es gracia! No merecemos la salvación. Pero Dios la dio de forma gratuita. Ahora nos invita a todos: "venid, comprad sin dinero y sin precio, vino y leche...". La oferta se dirige a todo el mundo. El precio ya ha sido pagado. La salvación no se gana por méritos, sino por la gracia recibida. No es el resultado de lo que hacemos por Dios, sino lo que Dios ha hecho por nosotros. No es el fruto de nuestro sacrificio, sino del sacrificio vicario de Cristo en la cruz por nosotros. Si tienes sed, busca a Jesús. Él es el agua de la vida. Si usted cree en él, como dice la Escritura, ¡de su interior correrán ríos de agua viva!

26
de abril

El verdadero ayuno

¿No es más bien el ayuno que yo escogí, desatar las cadenas de maldad, soltar las coyundas del yugo, y dejar ir libres a los quebrantados, y que rompáis todo yugo?

ISAÍAS 58:6

El ayuno es una práctica devocional olvidada en esta generación, cuyo dios es el vientre. Nos deleitamos tanto con el sabor del pan de la tierra que no tenemos apetito por el pan del cielo. Ayuno es buscar primero las cosas de arriba. El apóstol Pablo dice: "Así pues, ya sea que comáis, que bebáis, o que hagáis cualquier otra cosa, hacedlo todo para la gloria de Dios" (1 Corintios 10:31). Ahora, si comemos para la gloria de Dios y ayunamos para la gloria de Dios, ¿cuál es la diferencia entre comer y ayuno? Es que cuando comemos, nos alimentamos del pan de la tierra, símbolo del pan del cielo, pero cuando ayunamos, no nos alimentamos del símbolo, sino de Jesús, el pan de la vida misma. El ayuno consiste en abstenerse de aquello que es bueno para buscar lo que es mejor. El ayuno no es solo abstenerse de los alimentos, y no es una dieta para bajar de peso. El ayuno no es un sacrificio, porque Dios quiere la obediencia. El ayuno tiene hambre de Dios, anhelando el cielo. Muchas personas, sin embargo, ayunan para mostrar su espiritualidad. Este ayuno hipócrita no tiene ningún valor a los ojos de Dios. El ayuno debe ser discreto cuando se trata de la adoración personal y profética, cuando se trata de un retorno colectivo a Dios por el quebrantamiento o la búsqueda de su rescate. El profeta Isaías habló sobre el ayuno que lleva en acciones prácticas para la justicia y la misericordia en la sociedad; y despedazar el yugo de la opresión; es abandonar la acusación frívola; es que partas tu pan con el hambriento y dar la bienvenida a los desabrigados. Este es el ayuno que agrada a Dios.

Un clamor por avivamiento

¡Oh, si rasgases los cielos, y descendieras, y a tu presencia se
derritiesen los montes!

ISAÍAS 64:1

El avivamiento es una poderosa manifestación de Dios en medio de su
pueblo. Es la presencia manifiesta de Dios en la iglesia. El profeta Isaías
hizo una de las oraciones más audaces cuando exclamó: "¡Oh! Si los cielos se
abrieran y bajasen!". Nuestro pecado es la separación entre nosotros y Dios.
El pecado es un muro que nos separa de Dios. A causa del pecado, la gloria de
Dios se aparta de la iglesia. El avivamiento es cuando Dios rasga los cielos y
desciende. Reavivamiento sucede cuando Dios, en su ira, se acuerda de tener
misericordia. Sucede cuando Dios da la cara a la iglesia, en lugar de expresar
su juicio sobre él. La presencia manifiesta de Dios en la vida de la iglesia produce inmensa agitación. Es como un fuego crepitante. En este momento, los
corazones más duros se funden. La iglesia se dobla en arrepentimiento y adoración, y los incrédulos heridos con la convicción de sus pecados, lloran y lloran por su estado, por la misericordia divina. En ese momento, los creyentes
se llenan con el Espíritu y buscan el rostro de Dios con fervor y ansiedad. En
ese momento, el pecado es odiado y abandonado, y la santidad de Dios es más
deseada que el oro. En ese momento, la iglesia pierde su apatía y timidez y sale
con valor intrépido, testimonio del evangelio de la gracia. En ese momento, la
iglesia crece espiritual y numéricamente, y la gloria de Dios se manifiesta en
la Iglesia a través de la iglesia.

28
de abril

Pastores según el corazón de Dios

> Y os daré pastores según mi corazón, que os apacienten con conocimiento y con inteligencia.
>
> JEREMÍAS 3:15

A los pastores y a los lobos les gustan las mismas cosas. A ambos les gustan las ovejas. A los pastores, les gustan las ovejas porque les dan de comer; a los lobos para devorarlas. Peor que el lobo es el lobo disfrazado de pastor. Esto es más sutil: su voz es tranquila, pero sus dientes están afilados. Se infiltra en medio de la manada como un protector, pero en realidad es un explorador. Busca la lana y la carne del ovino. No sirve a las ovejas, las utiliza. Es en este contexto que el profeta Jeremías anuncia que Dios da sus pastores a las personas. Aquí deben observarse algunas verdades. En primer lugar, el sacerdocio es una vocación. Un llamado divino, una elección hecha no por los hombres, sino por Dios. El pastoreado no debe ejercerse a menos que haya una llamada clara e irresistible de Dios. En segundo lugar, la necesidad pastoral de la aprobación divina. Dios da no solo pastores, sino pastores según su corazón. Un pastor que ama a Dios en primer lugar, por lo tanto ama al rebaño de Dios. Su principal compromiso es con el dueño de las ovejas. Su conducta se rige por las leyes del cielo. En tercer lugar, el pastoreado requiere esfuerzo. El texto habla de la alimentación, lo que significa el cuidado, la protección, la alimentación, la disciplina, la fortaleza. Es un pastor que lucha por el rebaño o da su vida por las ovejas. Por último, el pastoreado requiere preparación. El pastor alimenta al rebaño con el conocimiento y la inteligencia. Son las personas sinceras y sensibles.

29
de abril

La vasija del alfarero

Levántate y vete a casa del alfarero, y allí te haré oír mis palabras.

JEREMÍAS 18:2

Dios no desiste de usted. Él no desestima hacer un milagro en su vida. Sus errores y pecados no descartan la acción de Dios en su favor. Donde abundó el pecado, la gracia de Dios superabundó. Ha llegado al fondo del pozo, pero Dios estaba allí para levantarlo. Se escondió en cuevas oscuras, pero Dios estaba allí para iluminar sus días. El profeta Jeremías recibió la orden de ir a la casa del alfarero, no para predicar, sino para recibir el mensaje. El alfarero tenía las manos en la masa, cuando un vaso se le quebró en las manos. En lugar de tirar la arcilla y abandonar el buque, el alfarero siguió trabajando en otro vaso, según le pareció mejor para él. El propósito de Dios en su vida es perfecta y no puede ser frustrado. Sus caídas y fracasos no frustraron este plan. Dios no le descartó como un montón de chatarra oxidada ni le sacó porque encontró "grietas" morales y espirituales en su vida. El propósito de Dios es que usted sea un vaso de honra, un vaso lleno del Espíritu, un vaso útil para toda buena obra. Tal vez usted ha pensado en renunciar a todo. Tal vez personas más cercanas a usted ya han mostrado signos de desánimo en relación con su rendimiento. Tal vez sus sentimientos y circunstancias conspiran en su contra. Pero recuerde: ¡Dios no desiste de usted!

30
de abril

Promesa de restauración

Y me buscaréis y me hallaréis, cuando me busquéis de todo
vuestro corazón.

JEREMÍAS 29:13

El pecado no recompensa, parece inofensivo, pero es malo; promete placer, pero produce asco; promete libertad, pero esclaviza; promete la vida, pero mata. El pueblo de Judá no oye a los profetas de Dios para arrepentirse de sus pecados. Fueron tras otros dioses moralmente corruptos. El resultado fue la amarga cautividad babilónica. Las personas que fueron arrancadas de sus tierras, perdieron sus bienes, su libertad, su patria y sus familias. Se convirtieron en esclavos en tierra pagana. Aunque la disciplina dirigida a su restauración fue muy severa, no fueron destruidos. El cautiverio duró setenta años. Después vino la restauración. Dios abrió la puerta a los cautivos y los portales de la gracia. La restauración sería por la oración y quebrantamiento. A aquellas personas que buscan a Dios con todo su corazón, Dios las escuchará y cambiará su suerte. No hay Dios como el nuestro, que tiene compasión de su pueblo. Él disciplina a su pueblo no para destruirlo, sino para restaurarlo. La disciplina es amarga, pero su fruto es dulce. La disciplina no es cruel, es el amor responsable. Cuando el pueblo se volvió a Dios, Dios se dirigió al pueblo y lo llevó de regreso a su tierra. Él es el Dios de la restauración. No importa cuán profunda sea su caída o lo lejos que esté de Dios, Él puede restaurar su suerte, ponerle de nuevo en pie y le llevará en triunfo.

1
de mayo

Dios escucha su clamor

Clama a mí, y yo te responderé, y te enseñaré cosas grandes y ocultas que tú no conoces.

JEREMÍAS 33:3

La oración es la fuerza más grande en la tierra. Orar es unirse a Dios Todopoderoso. Es conectar el altar con el trono. Es hablar con la persona que tiene las riendas de la historia. Podemos tocar el mundo a través de la oración. Todo lo que Dios puede, puede la oración, porque la oración es hablar con Dios, que todo lo puede. Dios no solo responde a las oraciones, sino que también se complace en hacerlo. Nos insta a que lo invoquemos. Sus manos no están encogidas. Sus oídos no son sordos. Él está listo para bendecir su vida. Tres verdades se destacan en este texto. En primer lugar, el propósito de la oración. Oramos porque Dios ordena que lo invoquemos. Debemos orar porque no hay otro que nos pueda ayudar. Debemos orar porque la oración es el medio que Dios mismo nos ha dado para recibir sus dádivas. En segundo lugar, la promesa de la oración. Dios no solo escucha nuestras oraciones, sino que también responde. Conoce nuestros pedidos y nuestras súplicas. Jesucristo enseñó: "Pedid, y se os dará" (Mateo 7:7). Santiago enseñó: "No tenéis nada, porque no pedís" (Santiago 4:2). La falta de oración nos priva de las bendiciones divinas. En tercer lugar, la recompensa de la oración. Cuando oramos, Dios abre las cortinas del cielo y revela las cosas grandes y ocultas. La oración se extiende a nuestras mentes y amplía nuestras fronteras. Un creyente de rodillas ve más lejos que un filósofo en la punta de los pies.

2

de mayo

El valle de los huesos secos

Y me dijo: "Hijo de hombre, ¿pueden revivir estos huesos?".
Y respondí: "Señor Jehová, tú lo sabes".

EZEQUIEL 37:3

El pueblo de Israel en el cautiverio en Babilonia, en tierra pagana, parecía un cementerio lleno de huesos secos. Nadie creía en su restauración espiritual. Fue entonces que Ezequiel tuvo una visión y fue transportado por el Espíritu del Señor a un valle lleno de huesos secos. Dios le hizo caminar por el valle, y los huesos eran muy secos. Entonces el Señor le preguntó si podía volver a vivir esos huesos. El profeta, en un arranque de fe, dijo: "Señor Jehová, tú lo sabes". No hay fuerza en la tierra que pudiera hacer ese milagro. Ninguna religión puede traer la vida al valle de la muerte. Ninguna ceremonia sagrada podría revertir esa situación desesperada. Pero cuando Dios lo quiere lo hace, nada es imposible. Entonces Dios mandó al profeta a profetizar a los huesos. La Palabra fue predicada, y entró espíritu en ellos; en los huesos crecieron tendones, carne, piel, y revivieron. Oh, esto es a menudo la imagen de la iglesia. La miramos y no vemos señales de vida. Una apatía crónica que azota su vida. Una tibieza repugnante se asienta en su medio. De todas partes viene la misma pregunta: ¿Pueden estos huesos vivir? ¿La iglesia se levantará de entre las cenizas? ¿Un poderoso viento del Espíritu puede soplar sobre él, encendiendo de nuevo las llamas? ¡Oh, sí, si Dios quiere, el valle de los huesos secos puede convertirse en un poderoso ejército!

3
de mayo

El río de la vida

Midió otros mil, y era ya un río que yo no podía pasar, porque
las aguas habían crecido de manera que el río no se podía pasar
sino a nado.

EZEQUIEL 47:5

E n una visión Ezequiel ve las aguas que fluyen desde el templo, de debajo
del altar. Estas aguas se miden al inicio y al llegar a los tobillos; después a
las rodillas y a los lomos; luego es un río que ya no se puede cruzar y finalmente las aguas se vuelven profundas y caudalosas. Cuando este río se va, lleva a la
vida. Este río habla del Espíritu Santo en nosotros. Hay cuatro etapas en esta
obra. La primera es el discipulado. El agua llegó a los tobillos. Esto se refiere
a la vida cristiana, los primeros pasos del discipulado. La segunda se refiere a
la vida de oración. Nuestro caminar debe terminar en las rodillas dobladas
en la oración. El Espíritu Santo nos guía a la Palabra y nos obliga a orar. Él es
el Espíritu de súplica. Un creyente lleno del Espíritu anhela Dios. Se inclina
ante Dios. Se deleita en la oración. En la tercera etapa, las aguas alcanzan sus
lomos, y se refiere a la reproducción. Los que caminan con Dios y buscan el
rostro del Señor también dan fruto en el reino de Dios. En la última etapa,
el río llega a ser tan voluminoso que ya no es posible cruzar a pie. ¡Tienes
que nadar! Tienes que ser transportado por las corrientes. Esta etapa revela la
plenitud del Espíritu. Nos guiamos por el Espíritu. No más por debajo o por
fuerza, sino que es con el Espíritu que avanzamos. ¡No controlamos más el
curso de nuestra vida, somos guiados por el Espíritu!

4

de mayo

Valor para ser diferente

> Y Daniel propuso en su corazón no contaminarse con la
> porción de la comida del rey, ni con el vino que él bebía;
> pidió, por tanto, al jefe de los eunucos que no se le obligase
> a contaminarse.
>
> DANIEL 1:8

Jerusalén había sido atacada sin descanso por Nabucodonosor. La capacidad de resistencia se había agotado. La ciudad de David había caído en manos del enemigo, y la matanza del enemigo era difícilmente indescriptible. Los niños fueron pisoteados por las botas de los soldados. Los ancianos fueron masacrados sin piedad. Las jóvenes fueron forzadas, y nadie las ayudó. En esta barbarie Daniel fue sacado a servir como esclavo en Babilonia. Por ser noble, el joven hebreo recibió un boleto ganador. En lugar del trabajo forzado, tendría estudios y comida gratis, y todavía gozaba del privilegio de comer y beber de las delicias de la mesa del rey. En medio de tantas bendiciones, sin embargo, había un riesgo. Daniel tendría que abandonar sus escrúpulos religiosos. Tendría que comer y beber lo sacrificado a los ídolos. Esto era contrario a la ley de Dios e hirió su conciencia. Daniel tuvo el coraje de ser diferente. Firmemente decidido a no contaminarse. Daniel juntó valentía y humildad, y Dios lo honró. El joven se convirtió en un prodigio entre sus pares y fue exaltado a la posición de honor del líder de líderes, tanto en Babilonia como en el Imperio medo-persa. Dios honra a aquellos que le honran. No influenciamos al mundo imitando al mundo, sino teniendo el valor de ser diferentes.

El triunfo del reino de Cristo

> … el Dios del cielo levantará un reino que no será jamás destrui-
> do, ni será el reino dejado a otro pueblo; desmenuzará y con-
> sumirá a todos estos reinos, pero él permanecerá para siempre.
>
> DANIEL 2:44

Los grandes imperios del pasado han perdido su gloria. Sus monumentos están en ruinas. Sus príncipes, con toda la pompa y la gloria, fueron arrancados de raíz. ¿Dónde está la gran gloria del antiguo Egipto y sus pirámides? ¿Dónde está el poder de Asiria y sus ejércitos expansionistas? ¿Y la megalomanía de Babilonia? ¿Dónde está la fuerza de la conquista del Imperio medo-persa? ¿Dónde están la fuerza y la destreza del Imperio griego? ¿Y la fuerza y la magnificencia del Imperio romano? ¿Dónde están los grandes faraones, los grandes monarcas que amasaron poder y riqueza? Todo pasó. Los reinos de este mundo son como la niebla: se evaporan y desaparecen. Pero hay un reino que nunca terminará. Es el reino de Cristo. El profeta Daniel tuvo una visión de ese reino victorioso, triunfante sobre los reinos del mundo. El reino de Cristo es como una piedra demoledora y reduce a polvo todos los reinos del mundo y llena toda la tierra. El reino de la gracia culminará en el reino de gloria. Así que Jesús, el Rey de reyes, pisotee a todos sus enemigos; su reino se enseñoreará sobre todos los reinos, y todos ellos serán del Señor y de su Cristo. El reino que hoy es espiritual e invisible será glorioso y notorio. Ahora, el reino de Cristo está presente, pero todavía no en su plenitud y esplendor. Jesús vendrá en gloria. Se sentará en su trono para juzgar a las naciones. Sus enemigos serán arrojados al lago de fuego y, junto a su pueblo, Cristo reinará por los siglos de los siglos.

6
de mayo

Listo para morir, no para pecar

He aquí que nuestro Dios a quien servimos puede librarnos del horno de fuego encendido; y de tu mano, oh rey, nos librará.

DANIEL 3:17

Los delirios de grandeza de un hombre no tienen límites. Nabucodonosor no se contentó con ser el rey de reyes; quería ser el Rey de reyes. Él quería ser adorado como Dios. En su megalomanía enloquecida golpeó la fidelidad de tres jóvenes hebreos. Guiados por su conciencia a la Palabra de Dios, los tres se resistieron a la orden del rey, incluso conscientes de que se enfrentarían a la inevitable pena de muerte por este comportamiento. El rey se enfureció al enterarse de que su orden había sido desobedecida por tres extranjeros, y los confrontó personalmente. Los amenazaron con rigores excesivos y les advirtió que ningún dios podía librarlos de las manos. El joven hebreo, sereno y valientemente, respondió que servía a Dios no por lo que recibieron de Él, sino por su carácter. Estaban dispuestos a morir, pero para no pecar contra Dios. Ardiendo de ira, el rey tuvo que mandar a los tres jóvenes al horno. El devastador incendio quemó solo las cadenas que los ataban, sino que no les chamuscó un solo pelo. Dios envió al cuarto hombre para librarlos en el fuego, no del fuego. Nabucodonosor tuvo que rendirse ante el hecho innegable de que no había más que un Dios poderoso para salvar. Los jóvenes fueron sacados del horno y su Dios fue glorificado en toda Babilonia. Dios también puede librarlo de las probaciones más duras, de las tribulaciones más pesadas. No tema a las amenazas. Esté listo para morir, no para pecar.

7
de mayo

Dios no nos salva de los problemas, sino en los problemas

> Entonces Nabucodonosor exclamó: "¡Bendito sea el Dios de Sadrac, Mesac y Abed-negó, que envió a su ángel y libró a sus siervos [...]!".
>
> DANIEL 3:28

La vida cristiana no es una sala vip. Caminar con Dios no es un paseo por un jardín de flores de guirnaldas. No estamos protegidos de los problemas. Dios nunca nos prometió ausencia de aflicción; nos prometió su consoladora presencia. Dios no siempre nos salva de la angustia; Él nos "guarda" en el problema. Dios no siempre nos libra de las furiosas aguas; nos "guarda" en el torbellino de la tormenta. Dios no siempre nos salva de la quema de horno, pero llega a estar con nosotros en el núcleo de esta prueba. Es cierto que algunos glorifican a Dios en la liberación; otros glorifican a Dios en la muerte. El mismo Dios que permitió que Santiago pasase por la espada envió al ángel para salvar a Pedro de la prisión. Unos, por la fe, se salvaron del fuego y de la boca de los leones; otros, por la fe, fueron asesinados, quemados vivos o cortados en pedazos. De hecho, a algunos Dios libra "de la" muerte; a otros, Dios libra "en la" muerte. El apóstol Pablo era viejo y estaba lleno de cicatrices, estaba atrapado en un calabozo romano. Sabía que el momento de su partida había llegado. Fue condenado a muerte, en la antesala del martirio. Pero entendió que no iba al patíbulo, sino a la gloria, para recibir la corona de justicia. Dios lo libraría de toda obra maligna, y lo llevaría a salvo a su reino celestial. Pablo sabía que si vivimos, para el Señor vivimos; y si morimos, morimos para el Señor. Vivimos o morimos, somos del Señor. Sea en los valles y en las colinas, sea con salud o enfermos, ya sea en la vida o en la muerte, Dios es nuestro refugio. Él nunca nos abandonará. Él nos toma de la mano derecha, nos guía con su eterno consejo, y después nos recibe en la gloria.

8
de mayo

El hombre que se convirtió en animal

... y de entre los hombres te arrojarán, y con las bestias del campo será tu habitación, y como a los bueyes te apacentarán [...], hasta que reconozcas que el Altísimo tiene el dominio sobre la realeza de los hombres, y la da a quien Él quiere.

DANIEL 4:32

El orgullo es la locura más loca, la locura consumada, es la garantía de la caída. El orgullo es la sala de entrada del fracaso, es el primer paso que va rumbo al abismo. Dios resiste a los soberbios. Declara la guerra a aquellos cuyos corazones están elevados. Esto le sucedió a Nabucodonosor, rey de Babilonia. Dios habló a este hombre de muchas maneras en diversas circunstancias. El rey, sin embargo, confío en su poder, su riqueza y su fuerza. Él quería ser Dios, exigía la adoración, se exaltó en gran manera. Pero Dios no comparte su gloria con nadie. Dios no puede ser burlado. Nabucodonosor fue exhortado muchas veces pero no bajó la cabeza, Dios lo quebrantó de repente. Nabucodonosor fue expulsado de su trono y lanzado al campo para vivir entre los animales, como un animal. Su cuerpo se mojaba con el rocío del cielo. Sus pelos crecieron como los de los animales. Sus uñas se convirtieron en cascos. El hombre más poderoso de la tierra estaba comiendo hierba. Su locura, sin embargo, fue mejor que su megalomanía. Cuando estaba por los suelos, es decir, vivía en el campo como un animal entre los animales, reconoció su pecado, se humilló a sí mismo bajo la poderosa mano de Dios, y se convirtió al Señor en arrepentimiento. Dios, por su misericordia, le devolvió la salud, regresó su sabiduría, volvió su corazón y lo restauró en el trono. Jesús advirtió: "¿Qué aprovechará al hombre si ganare todo el mundo, y perdiere su alma?". Cuidado con el corazón obstinado. ¡Hoy es un tiempo de gracia!

9
de mayo

La fiesta de la muerte

Aquella misma noche fue muerto Belsasar, rey de los caldeos.

DANIEL 5:30

Fiesta es un lugar de alegría y celebración. Fiesta es un banquete preparado para los invitados. No todo es fiesta, sin embargo, la vida pulsa y la alegría transborda. Hay fiestas que terminan en tragedia. En enero de 2013, el mundo se estremecía con el fuego en el club nocturno Kiss en la ciudad de Santa María, Rio Grande do Sul, Brasil. Más de dos centenares de jóvenes murieron intoxicados por los gases mortales. La fiesta que había sido preparada para celebrar el logro de los estudiantes universitarios terminó en lágrimas, desespero y muerte. La Biblia relata una fiesta organizada por Belsasar, rey de Babilonia. Este joven rey hizo un banquete e invitó a un millar de personas a dedo para celebrar con él. Para dar color a la fiesta, mandó que trajesen los floreros del templo de Jerusalén, jarras y vasos que habían sido saqueados; los invitados bebieron en estos recipientes sagrados mientras honraban a sus dioses de oro y piedra. Justo en ese momento apareció una escritura de una mano misteriosa en la pared de la sala de banquetes con una sentencia de muerte para el rey y la caída de su imperio. Esa noche, mientras el rey celebraba, la ciudad de Babilonia, aparentemente inexpugnable, estaba siendo tomada por Darío. Esa misma noche él estaba feliz con sus invitados, el rey había muerto y su reino fue tomado. Esa fue la fiesta de la muerte. La verdadera alegría está en el banquete de Dios, y no en la fiesta del pecado.

10
de mayo

Un político íntegro

> Pero Daniel mismo era superior a estos sátrapas y ministros, porque había en él un espíritu superior; y el rey pensó en ponerlo sobre todo el reino.
>
> DANIEL 6:3

Estamos cada día más desencantados con la política y con los no creyentes. Las promesas de las plataformas ya no encienden una luz de esperanza en las almas del pueblo. Cambian los partidos en el poder, pero no cambia la vergonzosa práctica de la corrupción. Pagamos impuestos pesados, pero vemos que este dinero ganado duramente alimenta los sistemas de malversación de fondos. Algunos ya no creen en la integridad de los políticos. Puedo afirmar sin temor a equivocarme que el poder corrompe. Pero ¿es el poder que corrompe o el poder revela a los corruptos? ¿La corrupción está en el poder o en el corazón humano? Daniel era un político de principios. Su influencia reverberó en Babilonia y luego en el Imperio medo-persa. Sus pares investigaron su vida, su pasado y abrieron todos los archivos en su historia, en busca de una forma de incriminarlo. No es que ellos estuvieran interesados en la limpieza de un gobierno moral; más bien la integridad de Daniel era un obstáculo para sus intereses sin escrúpulos. Un político de principios que no vende su conciencia, que no se deja seducir por el soborno, que no es atrapado en la telaraña mortal de la avaricia insaciable, es una piedra de tropiezo en el camino de los corruptos. Como no encontraron brechas en la vida de Daniel, conspiraron contra él y lo llevaron al foso de los leones. Pero el mal que hicieron se volvió contra ellos. Dios sacó a Daniel del foso y lo honró aún más; pero sus enemigos perecieron en la trampa preparada.

11
de mayo

Brillando como el firmamento

Los entendidos resplandecerán como el resplandor del firmamento; y los que enseñaron a muchos a la justicia, como las estrellas, a perpetua eternidad.

DANIEL 12:3

Los griegos creían en la inmortalidad del alma, pero no en la resurrección del cuerpo, asumiendo que el espíritu es esencialmente bueno y que la materia es esencialmente mala. Con esto, no creían en la doctrina de la creación, la encarnación y la resurrección. Para los griegos, el cuerpo era una prisión del alma. Cuando una persona muere, el alma se libera de esa prisión. Por lo tanto, hablar de la resurrección fue un revés, no una glorificación. A contramano del pensamiento griego, la Palabra de Dios enseña la verdad gloriosa de la resurrección de los muertos. Nuestro destino final no es una tumba fría o la extinción. Cuando Jesús regrese en su majestad y gloria, los muertos oirán su voz y saldrán de las tumbas para la resurrección de la vida y otros para la resurrección de condenación (Juan 5:28-29). Unos resucitarán para la vida eterna, y otros para vergüenza y confusión perpetua (Daniel 12:2). ¿Cómo será el cuerpo resucitado? El apóstol Pablo dice que la resurrección es como la cosecha de un cultivo: se siembra un cuerpo corruptible, resucita incorruptible. Se siembra en deshonra, resucitará en gloria. Se siembra en debilidad, resucitará en poder. Se siembra un cuerpo natural, resucitará un cuerpo espiritual. Nuestro cuerpo celestial será similar al cuerpo de la gloria de Cristo. Daniel dice que nuestros cuerpos resucitados brillarán como el resplandor del firmamento y como las estrellas siempre eternamente. ¡Qué glorioso será!

12
de mayo

El romance de la reconciliación

En aquel tiempo, dice Jehová: "me llamarás Ishí, y nunca más me llamarás Baalí".

OSEAS 2:16

Dios ha hablado por boca de los profetas, pero hubo un día en el que Dios decidió hablar por la vida del profeta. Esto sucedió en el ministerio de Oseas. En el momento de mayor prosperidad del reino del norte, bajo el gobierno de Jeroboam II, el pueblo de Israel se olvidó de Dios y empezó a adorar los ídolos paganos. Dios envió muchos profetas, pero nadie quería escuchar su voz. Así que Dios, movido por la compasión, decidió mostrar al pueblo su amor sacrificial. Mandó al profeta para casarse con Gomer. Esta mujer se prostituyó y abandonó al profeta después de tener tres hijos. Estaba sirviendo a dioses paganos como prostituta en las ceremonias de la promiscuidad enloquecida. A pesar de esta actitud despectiva, Oseas siguió amando a su esposa, pero ella seguía mostrando más desprecio por él. Hasta el día en que Gomer, ya desgastada por el pecado, se colocó en un mercado de esclavos para ser subastados. Oseas entró, ofreció la puja más alta y compró a Gomer. En vez de lavar su honor y humillarla, o llevarla a la muerte, el profeta la tomó en sus brazos y dedicó su amor sin límites a perdonar sus pecados y restaurar su matrimonio. Oseas entonces explicó a la nación infiel que era la clase de amor que Dios dedica. El pueblo fue tras otros dioses, se prostituía moral y espiritualmente, pero Dios nunca se dio por vencido de amarlo y atraerlo para sí. Incluso cuando estamos rendidos al pecado, Dios paga un alto precio por nosotros y nos conquista con su amor, nos reconcilió con Él mismo por medio Cristo.

13
de mayo

Dios es como el rocío

Yo seré a Israel como rocío; él florecerá como lirio, y extenderá sus raíces como el Líbano.

Oseas 14:5

Dios es el mejor regalo para su pueblo. Mejor que todas las bendiciones de Dios es el Dios de la bendición. Dios es presentado como el rocío para Israel para hacerlo florecer y afirmarlo. ¿Qué es lo que esta figura nos enseña sobre Dios? En primer lugar, el rocío es la fuente de vida de una región desértica. Dios es la fuente de todas las cosas buenas para su pueblo. En segundo lugar, el rocío cae toda la noche. La presencia de Dios con su pueblo es constante. Al igual que las gotas de rocío en las noches oscuras, también la presencia de Dios se siente en su pueblo en las más amargas horas de vida. En tercer lugar, el rocío cae sin fanfarria. La lluvia está precedida por truenos y relámpagos, pero el rocío cae ligeramente. También lo es la presencia de Dios en nuestras vidas. Viene y se presenta a sí mismo en las cosas ordinarias de la vida cotidiana. Vemos la presencia de Dios en la sonrisa de un niño, en el abrazo de un padre, en el amor de una madre. En cuarto lugar, el rocío trae la renovación después de un día de calor sofocante. La presencia de Dios restaura el alma, renueva las fuerzas, renueva el corazón, da fuerza para caminar. Cuando Dios se manifiesta en su vida, le hace florecer como un lirio. El lirio florece en el estanque y adorna con su blancura el medio ambiente lleno de barro. No es el ambiente que hace el lirio; es el lirio que adorna el ambiente. No es solo la belleza, sino también la estabilidad. Cuando Dios viene sobre nosotros, ganamos raíces profundas y llegamos a volvernos firmes como los cedros del Líbano.

14
de mayo

Preparación para el avivamiento

... convertíos a mí con todo vuestro corazón, con ayuno, llanto y lamento.

JOEL 2:12

Una abrumadora crisis golpeó al pueblo de Israel. Los enemigos acechaban fuera, y la sequía severa, junto con el fuego devastador, destruían todo lo que estaba dentro de las fronteras. En este escenario gris el profeta Joel levanta la voz, diciendo: "Por eso pues, ahora, dice Jehová, convertíos a mí...". La crisis puede ser la puerta de entrada a un gran avivamiento espiritual. Dios se especializa en convertir los desiertos en huertas; los valles de huesos secos en poderosos ejércitos. Dios es el que levanta la iglesia de las cenizas para coronarla con la gracia y la misericordia. La iglesia no promueve el avivamiento, pero prepara el camino para su llegada. El regreso a Dios debe ser profundo, es decir, de todo corazón; diligente, o sea, con ayuno; humilde, esto es, con llanto y lamento sincero, que rasga el corazón y no los vestidos; llamando a los ancianos, los jóvenes y los niños. ¿Cuál es el resultado de esta búsqueda? "Y después de esto derramaré mi Espíritu sobre toda carne, y profetizarán vuestros hijos y vuestras hijas; vuestros ancianos soñarán sueños, y vuestros jóvenes verán visiones. Y también sobre los siervos y sobre las siervas derramaré mi Espíritu en aquellos días" (Joel 2:28-29). El avivamiento rompe las barreras de género, pues hijos e hijas son llenos del Espíritu; rompe barreras de edad, porque viejos y jóvenes son llenos del Espíritu; derriba las barreras sociales, porque siervos y siervas también son llenos del Espíritu. ¡Es el momento de preparar el camino del avivamiento!

15
de mayo

Cuidado con sus alianzas

¿Andarán dos juntos, si antes no se han puesto de acuerdo?

AMÓS 3:3

La vida es una caminata. Podemos ir a través de ella gimiendo y llorando o celebrando con entusiasmo. La vida está llena de decisiones. Debemos tomar ciertas decisiones, a veces decisiones difíciles. Si nuestras decisiones son necias, castigaremos nuestra alma con el látigo de la culpa; si nuestras decisiones son sabias, cosecharemos los dulces frutos de esta semilla bendita. El profeta Amós habla de estas opciones cuando pregunta: "¿Andarán dos juntos, si antes no se han puesto de acuerdo?". Muchos jóvenes no prestan atención a este consejo en la fase de noviazgo. Entran en relaciones turbulentas y consideran que un pésimo noviazgo se puede convertir en un matrimonio feliz. ¡Tremendo error! Muchos matrimonios están destrozados porque en la etapa de noviazgo los jóvenes no oyeron el tono de alarma. Muchos empresarios sufren amargamente, se apresuran a hacer sociedades con personas deshonestas y por eso pagan un precio muy alto. Un día, Josué hizo un pacto con los gabaonitas sin consultar al Señor. Firmada la alianza, no podía deshacerla. Pagamos un alto precio por las precipitaciones. Aunque sea prudente, no haga alianzas peligrosas. ¡Escape del yugo desigual! La Palabra de Dios nos advierte: "No os unáis en yugo desigual con los incrédulos; porque ¿qué asociación tiene la justicia con la injusticia?, ¿qué comunión tiene la luz con las tinieblas?, ¿qué armonía tiene Cristo con Belial?, o ¿qué parte tiene el creyente con el incrédulo? ¿Y qué concordia entre el santuario de Dios y los ídolos? Porque vosotros sois el santuario del Dios viviente…" (2 Corintios 6:14-16).

16
de mayo

Un nido en las estrellas

Aunque hagas tu nido tan alto como el águila, y aunque lo coloques entre las estrellas, de allí te derribaré, dice Jehová.

ABDÍAS 4

El orgullo es la puerta de entrada al fracaso, la sala de espera de la caída, la sala de la tragedia. Los que se enaltecen serán humillados; los que se ponen en el pedestal, llenos de arrogancia, sufren una caída repentina. La historia de Edom demuestra esta verdad. Los edomitas descendientes de Esaú fueron hostiles con Israel en los últimos años. Cuando Babilonia invadió Jerusalén, matando a sus ciudadanos a la espada y arrasando la ciudad hasta sus cimientos, los edomitas aplaudieron esta crueldad y se regocijaron con la desgracia de Jerusalén. Hicieron más: se pusieron en una encrucijada y mataron a los judíos que trataban de escapar de la furia de los invasores. Entonces, Edom se jactaba de su posición geográfica. Incrustada en la parte superior de la montaña escarpada, con sus altos muros, era inexpugnable. Pensó que ningún enemigo podía derrumbarla. Había puesto su nido entre las estrellas. Edom se llenó de orgullo, se cubrió de vanidad y de altivez. Mientras tanto, Dios levantó la voz y dijo: "Aunque hagas tu nido tan alto como el águila, y aunque lo coloques entre las estrellas, de allí te derribaré, dice Jehová". Edom fue atacado, sus muros fueron rotos, su ciudad fue arrasada y el pueblo fue dominado por los enemigos. El orgullo afectó a la ciudad, el orgullo los venció, la arrogancia destruyó su invencibilidad. Así como Edom hizo un viaje a la cima de la pirámide, cayó en picado y se cubrió de vergüenza y oprobio. El orgullo es una tontería. ¡Dios exalta a los humildes!

17
de mayo

Razones para confiar en Dios

Jehová es bueno, fortaleza en el día de la angustia; y conoce a
los que en él confían.

NAHUM 1:7

El carácter de Dios es la base de nuestra confianza en él. El profeta Nahum destaca tres preciosas verdades acerca de Dios. Primero, Dios es esencialmente bueno. Es bueno en su ser, en sus decretos, en sus palabras y en sus obras. Dios es la fuente de todo bien. De Él procede toda buena dádiva. Incluso cuando las circunstancias se muestran desfavorables, podemos ver bondadosa providencia sonriendo para nosotros. En segundo lugar, Dios es un refugio seguro en los días de angustia. La vida no se desarrolla en un invernadero espiritual; no estamos protegidos de las devastadoras tormentas que azotan el mundo; no vivimos en una vitrina. Dios nunca nos prometió ausencia de luchas. Pero cuando el dolor late en nuestro pecho, cuando la angustia lanza sus tentáculos sobre nosotros, cuando el enemigo está al acecho para que nos maten, podemos acudir a Dios y encontrar refugio y paz en él. Tercero, Dios conoce a los que en él confían. ¿Qué quiere decir esto? Dios ama a los que corren a sus brazos. No los ve como extraños; no los trata como enemigos. Los acoge como hijos amados. Perdona sus pecados, dándoles el abrazo y el beso de la reconciliación y el perdón. En Dios encontramos verdadero refugio para el tiempo y la eternidad. Bajo las alas del Altísimo estamos a salvo. En Dios podemos confiar.

18
de mayo

Dios está entre nosotros

Jehová está en medio de ti, como poderoso salvador; se gozará sobre ti con alegría, callará de amor, se regocijará sobre ti con cánticos.

SOFONÍAS 3:17

El universo tiene más de 92.000 millones de años luz de diámetro y, a pesar de esta inmensidad insondable, Dios es más grande que el universo. Él es trascendente. Pero Dios también es inmanente. Está presente en la creación e interviene. El profeta Sofonías nos da tres verdades acerca de Dios en el texto de arriba. En primer lugar, Dios está presente en medio de su pueblo. Él no es una divinidad pagana forjada por la mente humana pervertida. No está lejos de nosotros como enseñan los deístas. Dios está aquí; está entre nosotros; habita con su pueblo. Dios es Emmanuel, que llevaba la piel humana y puso su habitación entre nosotros. En segundo lugar, Dios es el salvador de su pueblo. Dios es poderoso para salvar. Él nos salva del pecado, no en el pecado. Nos salva de la corrupción de este mundo, del diablo y de las pasiones de la carne. Nos salva del juicio venidero. Nos salva, no por obras que hacemos para él, sino por la obra que su Hijo hizo por nosotros. Nos salva, no por nuestros méritos, sino a pesar de nuestros deméritos. Nos salva, no por obras, sino por gracia mediante la fe. En tercer lugar, Dios ama a su pueblo. Dios no solo nos salvó, sino que nos hizo un pueblo cuidadoso de buenas obras, para celebrar sus alabanzas. Fuimos creados para glorificar a Dios y gozar de Él para siempre. Somos la herencia de Dios, la morada de Dios, la niña de los ojos de Dios, el deleite de Dios, en quien él tiene todo su gozo.

19
de mayo

Huir de Dios no es seguro

Pero Jonás se levantó para huir de la presencia de Jehová a Tarsis.

JONÁS 1:3

De Dios nadie escapa. Es imposible trazar una ruta de escape para ocultarse de Él. No hay cueva oscura del universo que pueda mantenernos lejos de sus ojos. Un día, el profeta Jonás quería escapar de Dios. Su celo nacionalista lo llevó a ignorar una orden divina. Dios lo envió a Nínive, a Oriente, y él tomó un barco a Tarsis, a Occidente. Tratando de cubrir sus oídos a la voz de Dios, se refugió en el sótano de la nave. Como no quería ser molestado por la voz de la conciencia, cayó en un sueño profundo. Entonces Dios envió una tormenta que sacudió la nave: los vientos de tormenta levantaron oleadas gigantescas; el barco fue arrastrado por la furia de un mar salvaje. Tuvieron que aliviar la carga del barco. La muerte parecía inevitable. Todo el mundo estaba entrando en pánico ante la tragedia. Incluso los paganos invocaron a sus dioses, mientras el profeta de Dios dormía el sueño de la fuga. Lo despertaron y echaron suertes para identificar la causa de la tormenta. La flecha divina dio en el blanco. Jonás fue desenmascarado. La culpa cayó sobre su cabeza. Él fue la causa de la tormenta. La bodega del barco, en el mar, no fue suficiente para esconderlo del que tiene sus ojos como llama de fuego. No huya de Dios; corra hacia Él. No endurezca su corazón; humíllese bajo su mano poderosa. No ponga sus pies en el camino de la calle de la fuga; ¡tome el camino de la reconciliación!

20
de mayo

No ame más las cosas que a las personas

... Tú has tenido lástima de la calabacera, en la cual no trabajaste, ni tú la hiciste crecer; [...] ¿Y no tendré yo piedad de Nínive [...]?

JONÁS 4:10-11

El profeta Jonás era el único predicador que estaba triste por su éxito. Incluso predicando en contra de su voluntad, en una ciudad en la que no le gustaba estar, a un pueblo al que no quería ver salvo, y hasta proclamaba el mensaje sin una sola gota de esperanza, fue testigo de la conversión en masa de toda la ciudad de Nínive. Jonás se disgustó con la bondad de Dios. Estaba enojado porque Dios había mostrado su misericordia. Incluso después de ver los giros inusuales de Dios en la ciudad más corrupta de esa época, Jonás esperó que Dios revertiera la situación mediante el envío de juicio en lugar de gracia para los habitantes de Nínive. Jonás estaba enojado porque Dios había perdonado a sus enemigos. Jonás quería la condenación de sus oyentes, y no su salvación. Jonás pidió para morir porque una planta que le hacía sombra en su cabeza fue cortada, pero no derramó una lágrima de compasión por una gran ciudad que no tenía el discernimiento espiritual. Jonás dio más valor a las cosas que a las personas. Incluso hoy en día, muchas personas valoran más las cosas que las relaciones. Lloran cuando se les priva de lo que les da la comodidad, pero son insensibles a la dramática realidad de los que perecen a su alrededor. Tenemos que aprender a glorificar a Dios, amar a la gente y usar las cosas en vez de desobedecer a Dios, amar las cosas y usar a la gente.

21

de mayo

¡Violencia, violencia!

¿Por qué me haces ver iniquidad, y toleras la vista de la aflicción? Destrucción y violencia hay delante de mí, y se levantan pleitos y contiendas.

HABACUC 1:3

La violencia es el plato del día en la agenda de la historia. Nuestros periódicos están empapados de la sangre de las víctimas de la violencia. Nuestras ciudades se han convertido en espacios de la muerte. Las hordas criminales atacan a plena luz del día. Vivimos diariamente sobresaltados de miedo por las balas perdidas, por secuestros, asaltos y robos. El tráfico de drogas se opone abiertamente a la ley. La invasión de las drogas desafía al gobierno, la policía y la familia. Estamos rendidos ante esta criminalidad que crece asustadoramente. Nos trancamos en interiores, mientras que los delincuentes andan libres. Incluso el hogar no ha escapado a la furia de la violencia. Vemos con horror como los maridos matan a las esposas, las esposas que matan a los maridos, los hijos que matan a los padres, los padres que matan a sus hijos. La violencia está en las calles, en las escuelas, en el tráfico, en los pasillos del poder. La violencia es entronizada en el corazón humano. El profeta Habacuc estaba alarmado por la violencia imperante en su época. Los ricos trituraban a los pobres; los jueces condenaban al justo por dinero; los reyes habían construido sus palacios con sangre; los delincuentes cometieron sus locuras y escaparon de la ley. La justicia fue hollada como lodo de las calles y la violencia desfilaba con la frente levantada, esparciendo horror en toda la nación. Para superar la violencia, no es suficiente construir más cárceles o simplemente disparar el brazo de la justicia, con la represión de la ley. Es necesario cambiar el corazón. Usted necesita conocer a Jesús, el Príncipe de la Paz.

22
de mayo

Avivamiento urgente

… aviva tu obra en medio de los tiempos, en medio de los tiempos hazla conocer; en la ira acuérdate de la compasión.

HABACUC 3:2

La crisis se había instalado en la nación de Judá. El ambiente era de apostasía religiosa, agitación social, inestabilidad económica y decadencia política. En este escenario gris el profeta, en vez de rendirse al pesimismo incorregible, levantó los ojos al cielo y oró a Dios por un avivamiento. La crisis no es impedimento para el movimiento de Dios. Él es especialista en la transformación de los desiertos en manantiales. Tres verdades se destacan aquí. En primer lugar, Habacuc clama por la intervención sobrenatural de Dios en la historia. Las victorias del pasado ya no se ajustan para llevarnos en triunfo. Las recetas de pan del pasado no nos dan de comer hoy. Los avivamientos del pasado no calientan el corazón de la iglesia de hoy. Las medidas más desbordantes del pasado deben ser lo mínimo de lo que debemos esperar de Dios hoy. En segundo lugar, Habacuc es plenamente consciente de que el avivamiento es la obra de Dios desde el cielo, y no se puede producir en la tierra por el esfuerzo humano. Reavivamiento es una obra soberana del Espíritu Santo de Dios que trae un nuevo aliento a la iglesia, de modo que se levanta de las cenizas para convertirse en una corona de gloria al Señor. En tercer lugar, el reavivamiento ocurre cuando Dios se voltea con misericordia para el pueblo que merece su ira. El avivamiento es la presencia manifiesta de Dios en medio de la iglesia, inundándolo de gracia y misericordia, y volviendo eso evidente para el mundo.

23
de mayo

La casa de Dios desamparada

¿Es para vosotros tiempo de habitar en vuestras casas artesonadas mientras esta casa está en ruinas?

HAGEO 1:4

El pueblo de Judá volvió de la cautividad en Babilonia hasta su tierra, pero no construyeron el templo del Señor. La oposición de los enemigos, vinculada a la escasez de recursos y el embargo del rey medo-persa hizo que el trabajo parara. Los judíos dejaron la casa de Dios en ruinas y regresaron a sus intereses. Invirtieron en sus propios hogares. Construyeron edificios lujosos, verdaderos palacios, en comparación con las casas de los nobles, mientras que el templo, la casa de Dios, estaba bajo los escombros. Muchos aún dedican todos sus recursos para su propia comodidad y placer, pero encogen sus manos cuando se trata de invertir en la obra de Dios. He visitado todos los estados de nuestra federación [Brasil], predicando en más de mil iglesias, y veo muchos templos en ruinas. No es poco común que la casa de los creyentes sea decente, bien cuidada y limpia, y la casa de Dios permanece en ruinas. No podemos tratar las cosas de Dios con esta actitud. Dios odia a los que hacen su trabajo relajado. Abandonar su casa dejándola en ruinas no es un testimonio coherente de los que sirven al dueño del oro y la plata. Dios no es Dios de las sobras. Requiere primicias. Debemos buscar primeramente el reino de Dios y su justicia. Debemos honrarlo con las primicias de todos nuestros ingresos. Debemos sembrar con abundancia en la obra de Dios, sabiendo que él multiplica nuestra siembra.

24
de mayo

Dios es una pared de fuego

Yo seré para ella, dice Jehová, muro de fuego en derredor, y
para gloria estaré en medio de ella.

ZACARÍAS 2:5

Dios es nuestro protector y nuestro deleite. Nuestro escudo y nuestro mayor placer. De Él viene nuestra protección y nuestra alegría. El profeta Zacarías profetizó después de la cautividad babilónica. El pueblo había regresado a su tierra. La ciudad de Jerusalén seguía vacía y rodeada de enemigos. El desánimo se había apoderado de la gente. Es en este contexto que el profeta anunció que la ciudad iba a ser habitada y que Dios sería a su alrededor como pared de fuego y en medio de ella su gloria. Dos verdades se destacan aquí. La primera es que Dios es el protector de su pueblo. Un muro de fuego es una cerca infranqueable, un muro impenetrable. Nadie puede destruir o condenar al pueblo de Dios cuando Dios es su defensor. El apóstol Pablo pregunta: "¿Quién acusará a los escogidos de Dios? Dios es el que justifica. ¿Quién es el que condena? Cristo es el que murió; más aún, el que también resucitó, el que además está a la diestra de Dios, el que también intercede por nosotros" (Romanos 8:33-34). La segunda verdad es que Dios es el deleite de su pueblo. La gloria de Jerusalén no sería en sus magníficos palacios, sus altas torres, su majestuoso templo, sino la presencia de Dios en medio de ellos. Dios es la herencia de su pueblo, su recompensa, su placer, su gloria. En la presencia de Dios hay plenitud de gozo. En la diestra de Dios hay delicias para siempre. Dios es mejor que sus bendiciones. Él es nuestra gloria.

de mayo

Dios odia el divorcio

Porque Jehová, Dios de Israel, ha dicho que él aborrece el repudio…

MALAQUÍAS 2:16

El divorcio es la apostasía del amor, el rompimiento del pacto del matrimonio, la negación del compromiso asumido ante Dios y ante los hombres. Dios instituyó el matrimonio, no el divorcio. El matrimonio es la ordenanza de Dios; el divorcio es tan solo un permiso. El matrimonio es el fruto del amor; el divorcio, de la dureza del corazón. Dios ama el matrimonio y odia el divorcio. Hoy en día el divorcio está en aumento porque el matrimonio está en baja. Se habla mucho del divorcio, pero poco se sabe acerca de lo que significa el matrimonio. Cuando los fariseos le preguntaron a Jesús si le era lícito al hombre divorciarse de su esposa por cualquier motivo, Jesús los llevó de vuelta a las Escrituras para recordar los preceptos divinos de la creación: "Por tanto, dejará el hombre a su padre y a su madre, y se unirá a su mujer, y se harán una sola carne" (Génesis 2:24). Jesús dijo además, "por tanto, lo que Dios juntó, no lo separe el hombre" (Mateo 19:6). El matrimonio es heterosexual, monógamo e indisoluble. Solo hay dos cláusulas de excepción para el divorcio: la infidelidad conyugal (Mateo 19:9) y el abandono implacable (1 Corintios 7:15). El divorcio, aunque se permite en estas dos situaciones, no es obligatorio. Quienes pagan el precio más alto son los hijos de padres divorciados. El dolor de la separación de los padres puede convertirse en una herida incurable en los corazones de los hijos, dejando consecuencias irreparables para postreras generaciones.

26
de mayo

Fidelidad en los diezmos

> ¿Robará el hombre a Dios? Pues vosotros me robáis. Y decís:
> ¿En qué te robamos? En vuestros diezmos y ofrendas.
>
> **MALAQUÍAS 3:8**

Hay muchas exageraciones y distorsiones actuales en relación con la contribución cristiana. Algunas iglesias se han convertido en corporaciones y algunos pastores se enriquecen a costa de la ignorancia del pueblo. Pero no podemos negar que la doctrina del diezmo es bíblica. Somos mayordomos de Dios, y Él nos exige fidelidad. Destacamos algunas verdades acerca del diezmo, de acuerdo con las enseñanzas de Malaquías. En primer lugar, no podemos subestimar el diezmo (Malaquías 3:8). Cuando Dios le preguntó al pueblo: "¿Robará el hombre a Dios?". El pueblo preguntó: "¿En qué te robamos?". Dios respondió: "En vuestros diezmos y ofrendas". Es como si el pueblo estuviese prestando poca atención a esta verdad divina. En segundo lugar, no podemos escapar de los diezmos. El mandamiento de Dios es: "Traed todos los diezmos…" (Malaquías 3:10). La palabra "diezmo" significa: 'de diez, uno'. No podemos retener una parte de los diezmos. Entregamos todos los diezmos con alegría y fidelidad. Conservar más de lo que es justo es pura pérdida. Es apropiación indebida. Es infidelidad. En tercer lugar, no podemos administrar el diezmo. El mandato de Dios es claro: "Traed todos los diezmos al alfolí" (Malaquías 3:10). Nuestro papel es el de devolver lo que es de Dios y no administrarlo. Dios no nos nombró administradores o los jueces de los diezmos. Debemos llevarlos en su totalidad a la iglesia de la que participamos plenamente, para que haya mantenimiento en la casa de Dios. La fidelidad en los diezmos desemboca en la prosperidad. Dios promete abrir las ventanas de los cielos, y derramar bendiciones sin medida.

27
de mayo

La sal de la tierra

Vosotros sois la sal de la tierra; pero si la sal se vuelve insípida, ¿con qué será salada? No sirve ya para nada, sino para ser echada fuera y hollada por los hombres.

MATEO 5:13

Jesús fue el más grande maestro de todos, y eso por la sublimidad de su doctrina, por la singularidad de sus métodos y la riqueza de sus enseñanzas. Jesús no era un sastre de lo efímero, sino un escultor de lo eterno. Usó con incomparable profundidad y claridad sin igual figuras diáfanas y símbolos. Un símbolo comunica más que mil palabras. Por eso cuando Jesús habló de la influencia de la iglesia no hizo un largo y pesado discurso, sino solo dijo: "Vosotros sois la sal de la tierra". Así Jesús nos enseña algunas verdades importantes. En primer lugar, la iglesia inhibe la corrupción rampante en el mundo. Así como la sal es un antiséptico, la presencia de la iglesia en la sociedad inhibe la corrupción. Como la sal previene la descomposición de los alimentos, la iglesia, con su testimonio, refrena el mal. En segundo lugar, la presencia de la iglesia en el mundo le da sabor a la vida. Una función importante de la sal es el sabor. El alimento insípido es intragable. Por lo tanto, la influencia benéfica de la iglesia y la santificación asegura la calidad de vida en donde se encuentra. En tercer lugar, la iglesia genera en el corazón que mendiga el conocer a Dios. Como la sal provoca sed, el testimonio de los fieles invita a las personas a conocer a Cristo. Es importante destacar que Jesús dijo que somos la sal de la tierra, y no el salero. La iglesia de Cristo no se aísla, sino que hace parte. Ella no es el mundo, pero está en el mundo, para testimonio de Dios.

28
de mayo

La felicidad de los hijos de Dios

Viendo la multitud, subió al monte; y sentándose, se acercaron
a él sus discípulos. Y abriendo su boca les enseñaba, diciendo...

MATEO 5:1-2

Las bienaventuranzas se refieren a la plataforma del reino de Dios. Antes
de hablar de los principios que gobiernan el reino de Dios, Jesús habló de
los ciudadanos del reino. ¿Cuáles son las marcas de los súbditos del reino? En
primer lugar, son muy felices. Jesús los llamó "makários", bendecidos, muy felices. La felicidad es el sello distintivo de los hijos de Dios. Contamos con un
gozo inefable y lleno de gloria. En segundo lugar, tienen una buena relación
con Dios. Bienaventurados los pobres en espíritu, no los altivos y orgullosos.
Felices los que se acercan a Dios como mendigos espirituales, y no aquellos
que usan la trompeta para anunciar sus supuestas virtudes. Bienaventurados
los que tienen hambre y sed de justicia, y no los que utilizan medios ilegítimos
para arrebatar el derecho de los inocentes. Bienaventurados los limpios de
corazón, y no los que viven bebiendo tazas de todos los placeres del mundo
en los banquetes. En tercer lugar, tienen una relación apropiada con los otros.
Los hijos del reino son mansos, es decir, no luchan por sus derechos. Son pa-
cíficos, esto es, construyen puentes en lugar de cavar abismos. En cuarto lugar,
tienen una buena relación con ellos mismos, lloran por sus pecados, en vez de
ostentar una alegría carnal. Por último, los hijos de Dios tienen una relación
adecuada con el mundo. Incluso siendo perseguidos por causa de la justicia,
no amargan el alma ni claman por venganza, sino que se alegran en el Señor.

29
de mayo

El Cristo vencedor

Entonces Jesús fue llevado por el Espíritu al desierto, para ser tentado por el diablo.

MATEO 4:1

Jesús, lleno del Espíritu Santo, fue llevado al desierto para ser tentado por el diablo. Jesús oró y ayunó cuarenta días y en aquel tiempo, el diablo lo tentó. El lugar era hostil, porque era un desierto. La compañía fue hostil, porque había animales en el desierto. La situación era hostil, porque tanto en el calor del día, como en el frío de la noche, Jesús fue privado del pan de la tierra para saborear el pan del cielo. El enemigo era hostil, porque el diablo no daba tregua al Hijo de Dios. El diablo tentó a Jesús en tres áreas diferentes. En primer lugar, el área física: "Si eres Hijo de Dios, di que estas piedras se conviertan en panes" (v. 3). Mientras que el hambre es una realidad dramática, Jesús respondió: "No solo de pan vivirá el hombre, sino de toda palabra que sale de la boca de Dios" (v. 4). En segundo lugar, la zona emocional. El diablo trató de producir una falsa confianza en Jesús. Lo llevó al pináculo del templo y le dijo: "Si eres Hijo de Dios, échate abajo; porque escrito está: 'A sus ángeles les encargará acerca de ti'" (v. 6). El diablo es un pobre exégeta. Utiliza la Biblia para probar. Distorsiona su significado y pervierte su aplicación. Jesús lo rechaza, diciendo: "No tentarás al Señor tu Dios" (v. 7). En tercer lugar, el área espiritual. El diablo le mostró a Jesús todos los reinos del mundo, diciendo: "Todo esto te daré, si postrado me adoras" (v. 9). El diablo tiene sus disfraces y exige adoración, pero Jesús ataca con la espada del Espíritu, diciendo: "Al Señor tu Dios adorarás, y a él solo servirás" (v. 10).

30
de mayo

Dos caminos, dos destinos

... porque es estrecha la puerta, y angosto el camino que lleva a la vida, y son pocos los que lo hallan.

MATEO 7:14

Hay caminos y "descaminos". Hay caminos correctos que conducen a la vida y caminos equivocados que conducen a la muerte. Hay caminos llenos de atractivo, sinuosos, resbaladizos y difíciles, pero seguros y correctos. Jesús habló de dos caminos: uno amplio y espacioso, fácil, lleno de atractivo, seguido de una gran multitud. El otro, estrecho, apretado, empinado, seguido de unas pocas personas. El camino ancho no requiere nada. Todo el mundo puede caminar por él sin restricción o requisito. Cada uno lo sigue de la manera que desee. No hay prohibiciones o restricciones. Todo está permitido; nada está prohibido. Este camino ofrece diversiones y placeres. En el camino, la gente celebra sus placeres y disfruta de la vida sin negar ningún placer. Este camino es codiciado; sin embargo, lleva a la destrucción. Su final es trágico. Desemboca en el infierno, allí será el lloro y el crujir de dientes. El camino estrecho pasa a través de la renuncia y requiere arrepentimiento. Nadie entra por él sin tener que pasar por la puerta del nuevo nacimiento. Todos están advertidos de que, sin la ayuda de Dios, nadie puede recorrer este camino. A lo largo de esta estrecha carretera hay varios tableros, tales como: "Sin santidad nadie verá al Señor" y "Solo los puros de corazón verán a Dios". En el camino hay muchos peligros, muchas amenazas y terribles enemigos. Muchas voces tratan de distraer a los transeúntes. Pero los que perseveren hasta el fin serán salvos y entrarán en el paraíso, la Nueva Jerusalén, en la eterna bienaventuranza.

31
de mayo

Revestimiento de poder

> … el Espíritu Santo en forma corporal, como una paloma…
>
> LUCAS 3:22

Jesús, el Hijo de Dios, que es coigual con el Padre, no abrió la mano del poder del Espíritu Santo para llevar a cabo su ministerio. A los 30 años, salió de Nazaret y se fue al Jordán, donde fue bautizado por Juan el Bautista. Allí, mientras oraba, el cielo se abrió y el Espíritu descendió sobre él, revistiéndolo con poder. Entonces Jesús, lleno del Espíritu Santo, fue llevado por el Espíritu al desierto, para ser tentado por el diablo. Cubierto con la fuerza del Espíritu, fortalecido por la oración y el ayuno y empuñando la espada del Espíritu, triunfó sobre el diablo. En el poder del Espíritu, volvió a Galilea, fue a la sinagoga de Nazaret, tomó el libro de Isaías y leyó: "El Espíritu del Señor está sobre mí, por lo cual me ungió para predicar el evangelio a los pobres […]; proclamar liberación a los cautivos, y recuperación de la vista a los ciegos; a poner en libertad a los oprimidos, a proclamar un año favorable del Señor". (Lucas 4:18-19). De hecho, Dios ungió con el Espíritu Santo y con poder a Jesús de Nazaret, que anda por todas partes haciendo el bien y sanando a todos los oprimidos por el diablo, porque Dios está con él (Hechos 10:38). Si Jesús, siendo perfecto, no abdicó el poder en el Espíritu Santo, ¡cuánto más no lo vamos a hacer nosotros! No podemos vivir victoriosamente sin el poder del Espíritu. No podemos hacer la obra de Dios confiados en nuestra propia fuerza y sabiduría. Necesitamos el Espíritu; dependemos del Espíritu; no podemos caminar altaneramente sin el poder que viene de lo alto, sin el recubrimiento del Espíritu Santo.

1
de junio

Los dos fundamentos

> Todo aquel, pues, que me oye estas palabras, y las pone por obra, le comparé a un hombre prudente, que edificó su casa sobre la roca.
>
> MATEO 7:24

Jesús fue el más grande de todos los predicadores y el más excelente de todos los maestros. Es el más excelente de los mensajeros y también es el más alto contenido del mensaje. Frente al mar de Galilea, en un campo al aire libre, dio el más conocido de todos los sermones de la historia, llamado "El sermón de la montaña". Jesús concluyó esta famosa enseñanza con una aplicación poderosa. Dijo que los que escuchan sus palabras y las ponen en práctica son como un perito arquitecto que construye su casa sobre roca. Pero los que las oyen, pero no las ponen en práctica son comparados con un constructor insensato, que edifica su casa sobre arena. En la próxima lluvia, el viento soplará y golpeará la casa, y esta se caerá, trayendo gran ruina. Hay dos tipos de oyentes: uno que escucha y no obedece, y el que escucha y pone en práctica. Hay dos tipos de bases: las sólidas y firmes, y otras débiles y vacilantes. La tormenta revela la naturaleza de cada base. Sobre ambas casas vienen las mismas circunstancias: la lluvia cae sobre el techo, los vientos soplan las paredes y los ríos golpean los cimientos. Una casa cae; la otra permanece de pie. Hay dos tipos de creyentes: uno que profesa con la boca que conoce a Dios, pero vive en la práctica de la iniquidad; y otro que muestra con la vida la fe que profesa con los labios. Este es como un perito arquitecto que construye su casa sobre la roca; el otro es como un hombre insensato que construye sobre la arena.

¡No dude, crea!

Pero Jesús, no haciendo caso de lo que se hablaba, le dice al dirigente de la sinagoga: "No temas, cree solamente".

MARCOS 5:36

La duda es enemiga de la fe. Porque el que duda es como las olas incons-tantes. "La fe es la firme seguridad de las realidades que se esperan, la prueba convincente de lo que no se ve" (Hebreos 11:1). La fe ve lo invisible, toca lo intangible y es dueña de lo imposible. "Todo es posible para el que cree" (Marcos 9:23). La incredulidad agranda los problemas y menosprecia a Dios. La incredulidad atrae la derrota y aleja la victoria. ¡Por la fe, sin embargo, vencemos al mundo! El pecador es salvo por la fe; el justo vivirá por la fe, camina de fe en fe y la fe gana. Jesús preguntó a los discípulos aturdidos por la causa de la tormenta en el mar de Galilea: "¿Por qué sois tan miedosos? ¿Cómo es que no tenéis fe?" (Marcos 4:40). Jesús le dijo a Marta: "... si crees, verás la gloria de Dios" (Juan 11:40). Jesús consoló a Jairo, el jefe de la sinagoga, que acababa de recibir la noticia de la muerte de su única hija, diciendo: "No temas, cree solamente" (Marcos 5:36). Cuando Jesús está con nosotros, no tenemos que alarmarnos ante las grandes tragedias de la vida. Cuando Jesús camina con nosotros, el terreno de la resurrección calla el coro de la muerte. Cuando Jesús interviene en nuestra vida, la muerte ya no tiene la última palabra. No estamos llamados a dudar, sino a creer. La duda lleva en sí castigo; la fe proporciona descanso. La pregunta perturba el alma; la fe trae bonanza. La duda nos empuja a la zanja de la incredulidad; la fe nos eleva a las alturas de la confianza. La duda nos deja a merced de las tormentas; la fe nos lleva al puerto seguro de la salvación.

3
de junio

El bautismo de Jesús, el comienzo de su ministerio

> Aconteció que, cuando todo el pueblo era bautizado, también
> Jesús fue bautizado; y mientras oraba, se abrió el cielo.
>
> LUCAS 3:21

Jesús comenzó su ministerio a los 30 años, después de ser bautizado en el río Jordán. ¿Por qué Jesús, siendo inmaculado, fue bautizado, si el bautismo de Juan era un bautismo de arrepentimiento? Por lo menos, por tres razones. En primer lugar, para identificación. Jesús no tenía pecado para arrepentirse. Nadie podría acusarlo del pecado. No hubo engaño en su boca. Jesús fue bautizado para identificarse con nosotros. El Salvador del mundo no solo vino a estar de nuestro lado, sino en nuestro lugar. Él era nuestro representante, fiador o reemplazo. Se hizo pecado por nosotros. Llevó nuestros pecados en el madero. En segundo lugar, por capacitación. Al ser bautizado, Jesús oró, y mientras oraba, el cielo se abrió y el Espíritu Santo descendió sobre él en forma corporal, como una paloma. Jesús se revistió con el Espíritu Santo antes de comenzar su ministerio. Jesús fue concebido por el Espíritu, vestido con el Espíritu, y después de su regreso al cielo, derramó el Espíritu Santo sobre la iglesia. ¡Si Jesús, que era perfecto, no desechó el poder y la virtud del Espíritu Santo en su ministerio, nosotros no lo vamos a hacer! Nosotros dependemos del Espíritu Santo. Ni una sola vida puede ser transformada sin la acción del Espíritu Santo. En tercer lugar, para su confirmación. Tan pronto como Jesús fue bautizado, y el Espíritu descendió sobre él, el Padre habló desde el cielo: "Este es mi Hijo, el amado, en quien he puesto mi complacencia" (Mateo 3:17). Jesús vino del Padre, fue el deleite del Padre y al Padre regresó. ¿Y usted? ¿Ya está lleno del Espíritu Santo? ¿Es dirigido por el Espíritu? ¿Está produciendo el fruto del Espíritu?

4
de junio

El atroz sufrimiento
de nuestro redentor

Mas él fue herido por nuestras transgresiones, molido por nuestros pecados…

ISAÍAS 53:5

El sufrimiento de Jesús era singular, único y exclusivo. Nadie ha sufrido como él. Por supuesto que no estoy hablando de los sufrimientos físicos, los azotes, los escupitajos y los clavos que lo sujetaban en la cruz. Yo no estoy hablando de la risa loca de la multitud o de la humillación que sufrió a manos de los judíos y gentiles. Estoy hablando del sufrimiento vicario de Cristo. Solo Jesús sufrió vicariamente. En la cruz, Dios ha puesto en Él el pecado de todos nosotros. Jesús fue herido por nuestras rebeliones, y molido por nuestras iniquidades. Agradó al Padre que quiso quebrantarlo. Aquel que es santo, santo, santo, se hizo pecado por nosotros. El que es bendito por los siglos, fue hecho maldición por nosotros. Él llevó en su cuerpo, para la cruz, nuestros pecados. Murió por nuestros pecados, para ser resucitado para nuestra justificación. Ese niño nacido en Belén era el "Cordero de Dios que quita el pecado del mundo". Este Cordero estaba destinado a la muerte desde la eternidad (Apocalipsis 13:8). Fue entregado antes de la fundación del mundo. La cruz no fue un accidente, sino una agenda de Dios. Jesús fue a la cruz, no porque Judas lo traicionó por la codicia, o porque los judíos lo entregaron por envidia, ni aun porque Pilato lo condenó por cobardía. ¡Jesús fue a la cruz, porque el Padre lo entregó por amor y porque él se presentó voluntariamente para ser nuestro redentor!

5
de junio

La muerte de Jesús, la fuente de nuestra vida

> ... Que Cristo murió por nuestros pecados, conforme a las Escrituras.
>
> 1 CORINTIOS 15:3

La muerte de Jesús no fue un accidente en la historia, ni su cruz, una sorpresa. Su muerte fue planeada en la eternidad. Su cruz estaba incrustada en el corazón del Padre, incluso antes de la fundación del mundo. Aunque la muerte de Cristo fue el mayor crimen en la historia, fue también el más grande acto de amor. Cristo fue a la cruz, porque el Padre lo dio por amor. Se dirigió al Gólgota, ya que de buena gana se entregó por nosotros mientras aún éramos débiles, impíos, pecadores y enemigos de Dios. El apóstol Pablo es categórico al afirmar que Cristo murió por nuestros pecados. Su muerte fue el precio pagado por nuestra redención. Por su muerte él nos redimió de la maldición de la ley, de la esclavitud del pecado y del poder de Satanás. Cristo en la cruz derribó principados y potestades. En la cruz, Jesús rompió el acta de los decretos que había contra nosotros, y nos dio el perdón total. En la cruz, Jesús nos abrió un camino nuevo y vivo para Dios. Con su muerte, fuimos reconciliados con Dios. Con su muerte, tenemos paz para con Dios. Con su muerte, recibimos el don de la vida eterna. La cruz de Cristo es el centro de la historia. No hay otro mensaje que proclamar al mundo, sino Cristo, y este crucificado. ¡No hay otra razón para gloriarnos en esta vida, sino en la cruz de Cristo!

La resurrección de Jesús, el grito del triunfo

> Que Cristo murió [...], fue sepultado, y que resucitó al tercer día conforme a las Escrituras.
>
> 1 CORINTIOS 15:3-4

La muerte de Cristo no fue casual, ni su resurrección, una sorpresa. Él murió y resucitó según las Escrituras. La muerte no pudo retener al autor de la vida. Jesús mató a la muerte con su propia muerte y triunfó sobre ella en su resurrección. Él abrió la tumba de adentro hacia afuera y se levantó de entre los muertos como primicias de los que duermen. Su resurrección es un hecho incontrovertible, de la cual hay pruebas en abundancia. Esta verdad auspiciosa es la piedra angular del cristianismo, pues si la muerte hubiera ganado, Cristo nunca podría ser el Salvador del mundo. Las mejores noticias que pudimos escuchar vinieron de la tumba vacía de Cristo. La tumba vacía de Cristo es la cuna de la iglesia. No adoramos al Cristo que estaba vivo y está muerto, sino que Cristo había muerto y está vivo para siempre. Puesto que Cristo vive, nosotros tenemos una esperanza viva. La muerte no tuvo éxito. La muerte ya no tiene la última palabra. La muerte ha sido devorada en la victoria de Cristo y, por lo tanto, se puede caminar con seguridad y confianza hacia la eternidad gloriosa. Puesto que Cristo ha resucitado, nosotros también recibiremos un cuerpo inmortal, incorruptible, poderoso, glorioso, como el cuerpo de su gloria. Oh, ahora podemos dar un grito de triunfo con todas las fuerzas de nuestra alma: "¿Dónde está, oh muerte, tu victoria? ¿Dónde está, oh sepulcro, tu aguijón?" (1 Corintios 15:55). "Sorbida es la muerte con victoria" (v. 54).

7
de junio

Jesús vino del cielo
y al cielo regresó

> Y habiendo dicho estas cosas, viéndolo ellos, fue alzado, y le
> tomó sobre sí una nube que le ocultó de sus ojos.
>
> HECHOS 1:9

Jesucristo vino del cielo y al cielo regresó. Bajó de la gloria y regresó a la misma gloria que Él tenía con el Padre antes de la fundación del mundo. La ascensión de Cristo es la prueba irrefutable de que su muerte en la cruz por nuestra redención fue realmente eficaz y que el Padre la aceptó como un sacrificio. Ahora, no hay necesidad de sacrificios que se ofrecen para expiar el pecado. Jesús ofreció un solo sacrificio por nuestros pecados. Además, con la ascensión de Cristo prueba que él deshizo el infierno, triunfó sobre los principados y potestades, y llevó cautiva la cautividad. Jesús se manifestó para deshacer las obras del diablo. Asimismo, la ascensión de Cristo es la evidencia de que la muerte no tiene la última palabra. La muerte ha perdido su aguijón, está quebrada y ahora tenemos una esperanza viva y gloriosa. La iglesia ahora puede levantar al cielo su grito triunfal: "¿Dónde está, oh muerte, tu victoria? ¿Dónde está, oh sepulcro, tu aguijón?" (1 Corintios 15:55). "Sorbida es la muerte con victoria" (v. 54). Por último, la ascensión de Cristo significa que Él está sentado a la diestra de Dios Padre, está con el libro de la historia en sus manos y gobierna la iglesia, la historia y el universo entero. Él está en el cielo como nuestro abogado, sumo sacerdote y cabeza de la iglesia. Está sentado en la sala de mando del universo, de la que rige los destinos de la humanidad.

8
de junio

El abogado incomparable

... y si alguno peca, abogado tenemos para con el Padre, a
Jesucristo el justo.

1 JUAN 2:1

Jesús terminó su obra redentora en la cruz cuando gritó: "Consumado está"
(Juan 19:30). Sin embargo, continúa su ministerio de intercesión en el
cielo. Él es nuestro abogado ante el Padre, es nuestro intercesor forense porque
vive para interceder por nosotros. No hay cargos que prosperen ante el tribunal de Dios en contra de los redimidos, porque Dios es quien los justifica y es
Cristo quien murió, y resucitó e intercede por ellos ante el Padre. Jesús es el
abogado por excelencia por tres razones. En primer lugar, debido a la singularidad de su carácter. Jesús es el justo, quien nunca pecó, ni hubo engaño en su
boca. Su carácter santo y su vida inmaculada le dan autoridad para ser nuestro
intercesor. En segundo lugar, por la sublimidad de sus métodos. Jesús no vino
para estar con nosotros, sino en nuestro lugar; no vino a hablar en nuestro
nombre, sino para ser nuestro sustituto; no vino a defender nuestra inocencia,
sino a morir por nuestros pecados. Jesús nunca tiene el horario tan ocupado
que no nos pueda satisfacer. Incluso siendo un abogado incomparable, no
cobra nada, porque ha pagado por todo. Jesús es el titular de las acciones y
no pide la sustitución de las solicitudes. En tercer lugar, debido a la realización
exitosa de su ministerio, Jesús nunca perdió una causa. Para él, no existe una
causa perdida. Él vino para buscar y salvar lo que estaba perdido. Todos los
que reconocen sus pecados y claman por su misericordia son agraciados por
su gracia y su perdón.

9

de junio

La segunda venida de Jesús, la apoteosis de nuestra redención

Este mismo Jesús, que ha sido tomado de vosotros al cielo, vendrá así, tal como le habéis visto ir al cielo.

HECHOS 1:11

Jesús vino del cielo en su encarnación, regresó al cielo después de su resurrección, y vendrá nuevamente del cielo en busca de su iglesia para establecer su reino de gloria en su parusía. Su segunda venida será la consumación de todas las cosas. Esta venida será visible, audible, repentina, inesperada, poderosa, gloriosa y triunfante. No vendrá cabalgando sobre un asno, sino cabalgando en las nubes. No vendrá para ser humillado por los hombres, sino a juzgar a los vivos y a los muertos. No llegará para ser nuestro abogado, sino para ser juez. Cuando la trompeta de Dios resuene y se escuche la voz de arcángel, luego Jesús descenderá del cielo con gran poder y gran gloria. Los muertos oirán su voz y saldrán de las tumbas hasta la resurrección de la vida y otros para la resurrección de la condenación. Los salvos que estén vivos serán transformados y arrebatados para recibir al Señor en el aire. Entonces Jesús se sentará en el trono de su gloria para juzgar a las naciones. Grandes y pequeños, ricos y pobres, religiosos y ateos, funcionarios y jefes, todos compareceremos ante él para ser juzgados según sus obras. Ese día, el Libro de la Vida también estará abierto, y el que no se encuentre en el Libro de la Vida del Cordero, este será lanzado al lago de fuego. ¿Está preparado para el regreso de Jesús? ¡Hoy es el día oportuno! Este es el momento de la salvación. Vuélvase para Él en arrepentimiento y reciba de Él la vida eterna.

Amor, ¡amor tan grande!

… Hijo de Dios, el cual me amó y se entregó a sí mismo por mí.

GÁLATAS 2:20

Jesús es el mejor regalo de Dios para la humanidad. Es el regalo supremo. Dios lo dio todo, entregó a su Hijo unigénito. Lo dio no porque lo merezcamos. Lo dio no para ser homenajeado por los hombres, sino para morir por los pecadores. Pero no fue solo el Padre que dio su vida por amor; Jesús incluso se entregó voluntariamente. Él no murió como un mártir o fue arrastrado hasta la cruz en contra de su voluntad. Él murió por nuestros pecados según las Escrituras. Su entrega en la cruz ya estaba decidida incluso antes de la creación del mundo. El amor del Salvador es eterno, un sacrificio de amor incondicional. La causa de su amor no está en nosotros sino en sí mismo. Su amor es deliberado y perseverante. Él nunca se rindió y nos atrae a sí mismo. Incluso cuando le damos la espalda, nos sigue llamando para sus brazos omnipotentes. Su amor no se puede describir con palabras. Como se dice: "Aunque el mar fuera tinta y las nubes papel; aunque los árboles fueran la pluma y todos los hombres, escritores; ni aun así se podría describir el amor del Salvador". Casi nadie se animaría a morir por un justo. "Mas Dios muestra su amor para con nosotros, en que siendo aún pecadores, Cristo murió por nosotros" (Romanos 5:8). La cruz no fue la causa del amor de Dios, sino su resultado. ¡Cristo fue a la cruz no para despertar el amor de Dios por nosotros; Él fue a la cruz para revelar el amor de Dios para nosotros!

11
de junio

Las lágrimas de nuestro Salvador

> Y Cristo, en los días de su carne, habiendo ofrecido ruegos y
> súplicas con gran clamor y lágrimas…
>
> **Hebreos 5:7**

Era de noche en Jerusalén. La fiesta de la Pascua estaba en marcha. Las multitudes se agitaban mientras Jesús se reunía con sus discípulos en el aposento alto. Después de lavar los pies de los discípulos, Jesús instituyó la cena, cantó un himno y se dirigió hacia el valle del Cedrón. Judas Iscariote, poseído por el demonio, había salido para traicionar al Hijo de Dios. Los discípulos entristecidos caminaron con él al lugar de su detención. A los pies del Monte de los Olivos, en el jardín del Getsemaní, Jesús tuvo una angustia mortal y pidió a sus discípulos para vigilar con él. En esta escena de horror, Jesús luchó la batalla más feroz de la humanidad. De rodillas con su rostro en tierra, el Hijo de Dios oró tres veces y sangró, orando al Padre, si es posible, aleja de mí esta copa. En ese lugar donde se prensaba el aceite, Jesús fue aplastado por el dolor incomparable para convertirse en pecado por nosotros. Allí se libró la batalla de la oración, la soledad y la agonía. Ofreció oraciones al Padre con gran clamor y lágrimas. Sin embargo, en ese escenario, Jesús fue confortado por el ángel de Dios y salió fortalecido para enfrentar la cruz. Si el primer Adán fue derrotado en un jardín, el segundo Adán triunfó sobre el diablo en otro. Allí el Hijo de Dios lloró para limpiar nuestras lágrimas; allí sufrió la más terrible agonía para darnos la paz más sublime; ¡allí bebió la copa de la ira de Dios para ofrecernos la fuente del agua de la vida!

12
de junio

El perdón, la absolución de la gracia

... Entonces le dijo Jesús: "Tampoco yo te condeno; vete, y no peques ya más".

JUAN 8:11

La noche se despidió calmamente, y las primeras luces del día ya se veían en el patio del templo de Jerusalén. Jesús se sentó enseñando al pueblo, los escribas y los fariseos le trajeron a una mujer sorprendida en adulterio; querían saber si él mandaría que la apedrearan, como lo requiere la ley de Moisés. La intención de estos fiscales de la vida ajena no era velar por la ley, sino colocar a Jesús contra Moisés o contra el pueblo. ¿Qué diría Jesús? El Hijo de Dios cambió el enfoque de los acusadores, inclinándose a escribir con el dedo en el suelo. Cuando siguieron preguntando, Jesús dijo: "El que de vosotros esté sin pecado, sea el primero en arrojar la piedra contra ella" (v. 7). Acusados por la conciencia, se retiraron del recinto. Jesús dijo a la mujer: "Mujer, ¿dónde están aquellos que te acusaban? ¿Ninguno te condenó?" (v. 10). Ella dijo: "Ninguno, Señor". Entonces le dijo Jesús: "Tampoco yo te condeno; vete, y no peques ya más" (v. 11). Jesús no se hace el desentendido con el pecado; perdona al pecador. Él no vino para condenar sino para salvar. En Él tenemos el perdón y la salvación. La mujer que ya había sido condenada por el tribunal de la conciencia, condenada por el tribunal de justicia y expuesta a la vergüenza pública por el tribunal religioso es absuelta en la corte de la gracia. En el juicio humano, incluso los inocentes son considerados culpables, pero en el tribunal de la gracia, incluso los pecadores que están en Cristo son justificados.

13
de junio

El poder purificador de la sangre de Jesús

> ... y la sangre de Jesucristo su Hijo nos limpia de todo pecado.
>
> I JUAN 1:7

La sangre es un hilo escarlata que recorre toda la Biblia. No hay perdón de los pecados sin derramamiento de sangre. La sangre de los animales no puede limpiarnos. Solo señalaba la sangre del Cordero de Dios que quita el pecado del mundo. Una vez, Lutero, el reformador del siglo XVI, tuvo un sueño en el que Satanás se le apareció con una lista de pecados y haciéndole terribles acusaciones. Admitió haber cometido todos esos pecados, pero agregó: "Estoy libre de condenación, porque la sangre de Jesucristo me limpia de todo pecado". La sangre de Jesús nos limpia no solo de algunos pecados, sino que limpia todo pecado. Ningún ritual religioso puede limpiarnos del pecado. Ninguna iglesia puede perdonar los pecados. No podemos deshacernos de la suciedad de nuestros pecados por nosotros mismos. No podemos borrar nuestras propias transgresiones. Así como un leopardo no puede quitar sus manchas o un etíope cambiar el color de su piel, tampoco podemos hacer el bien, si estamos habituados a hacer el mal. Nuestra naturaleza está inclinada al mal. Nuestro corazón es un laboratorio del mal. De él salen los malos designios. Solo la sangre de Jesús puede limpiarnos y lavarnos de todo pecado. Como los israelitas primogénitos fueron salvos por la sangre del cordero en Egipto, así somos salvos por la sangre de Jesús. Por medio de su sangre nos reconciliamos con Dios y somos limpios de todos los pecados y perdonados de toda injusticia.

14

La genealogía de Jesús, la evidencia de la gracia

Libro de la genealogía de Jesucristo, hijo de David, hijo de Abraham.

MATEO 1:1

Jesús no nació en una cuna de oro. En su genealogía, hay gente de dudosa reputación. Cuatro mujeres se mencionan en la genealogía: Tamar, Rahab, Rut y Betsabé. Tamar tuvo relación sexual con el suegro. Rahab era una prostituta. Rut era una moabita, y Betsabé traicionó a su marido y adulteró con el rey David. ¿Por qué estas personas se incluyen en la genealogía del Salvador del mundo? ¡Debido a que Él vino para identificarse con los pecadores! Él se hizo carne y habitó entre nosotros. Vistió nuestra piel y sintió nuestro dolor. Lloró lágrimas y cargó con nuestras enfermedades. Cargó con nuestros pecados y murió nuestra muerte para darnos vida eterna. Jesús no vino a representar a una élite, sino para ser el sustituto de los pecadores. Como médico, no vino por los que se consideran saludables; vino a los enfermos. Como el redentor, no vino para aquellos que se consideran justos; vino por los pecadores. Su genealogía es una prueba irrefutable de que no hay personas insignificantes o que no pueden recuperarse para Dios. La genealogía de Jesús es una evidencia innegable de la gracia. La gracia es un favor inmerecido. Es un regalo del rey a alguien que no tiene ningún mérito. Están incluidos en la familia de Dios, no por la nobleza de nuestro nacimiento, sino por su gracia excepcional. No importa lo que sea su familia, o lo que hayan sido sus antepasados. Usted puede ahora, en este preciso momento, dar su corazón a Jesús y ser parte de la familia de Dios.

15
de junio

Dele lo mejor de usted a Jesús

... postrándose, lo adoraron [...] le ofrecieron presentes: oro, incienso y mirra.

MATEO 2:11

Mientras que el rey Herodes, por miedo, es hostil a Jesús y los doctores de la ley, teniendo la palabra en sus manos, son indiferentes al Hijo de Dios, los hombres sabios de Oriente hacen un largo viaje, guiados por una estrella para adorar al niño nacido en Belén. Abren sus tesoros y los ofrecen a Jesús con oro, incienso y mirra, los regalos apropiados para el Salvador del mundo. En primer lugar, porque el oro destaca su reinado. Jesús es el rey de reyes y señor de señores, ante el cual toda rodilla se dobla en los cielos, en la tierra y debajo de la tierra. Jesús es el señor soberano del universo. Tiene el libro de la historia en sus manos. En segundo lugar, porque el incienso destaca su sacerdocio celestial. Jesús es el sacerdote y el sacrificio. Él murió en nuestro lugar y se ofreció como sacrificio por nuestros pecados. El sacrificio de Cristo fue completo, cabal, no repetible. Es completamente suficiente para nuestra salvación. En tercer lugar, porque la mirra destaca su ministerio profético. Jesús es el profeta y la profecía, el mensajero y el contenido del mensaje. "Dios habló muchas veces, de muchas maneras, a los padres por los profetas, pero ahora nos habla por medio de su Hijo". Él es la última palabra de Dios para usted. Él es el Amén, el Omega de Dios. Inclínese también a los pies de Jesús. Adórele como Dios en su vida. Reconozca que él es el rey, sacerdote y profeta, y el único que nos puede llevar a Dios.

16
de junio

El grito de triunfo del Salvador

Luego que Jesús tomó el vinagre, dijo: "Consumado está".
Y habiendo inclinado la cabeza, entregó el espíritu.

JUAN 19:30

Jesús pronunció siete palabras en la cruz. Esta fue la sexta palabra. Era su grito de triunfo. En el idioma griego, la locución "Consumado está" equivale a una sola palabra: *tetelestai*. Este término tiene tres significados. En primer lugar, se utiliza cuando el hijo llega a la conclusión de una tarea delegada por su padre. El hijo le dice a su padre: "Papá, *tetelestai*". Jesús completó la obra de nuestra redención en la cruz. Ahora estamos en paz con la ley de Dios y cumplió toda la justicia de Dios. En segundo lugar, se utiliza como un sello en el pagaré pagado. Cuando alguien saldaba una deuda, el agente de la banca ponía el sello en el pagaré con la palabra: *tetelestai*. En la cruz, Jesús rompió el acta de los decretos que había contra nosotros y pagó nuestra deuda. No hay condenación para los que están en Cristo Jesús. En tercer lugar, se emplea como un sello en un título de propiedad registrado después de la paga completa, que da al comprador el derecho pleno de posesión. Por el sacrificio de Cristo en nuestro favor, tenemos el cielo como una herencia. Recibimos la vida eterna. Somos herederos de Dios, y nuestra herencia es gloriosa e inmarcesible. La cruz no fue un fracaso y derrota para Jesús, sino la escena de su más espléndida victoria. Fue en la cruz que él nos abrió un camino nuevo y vivo para Dios. Fue en la cruz que nos compró para Dios. Él estaba en la cruz y nos redimió de nuestra vana manera de vivir para vivir en novedad de vida.

17
de junio

La preexistencia de Jesús, nuestro salvador

En el principio era el Verbo, y el Verbo estaba con Dios, y el Verbo era Dios.

JUAN 1:1

El apóstol Juan no habla sobre el nacimiento y la infancia de Jesús, ya que su objetivo es presentar a Jesús como Dios. Si Mateo destacó la realeza de Cristo, Marcos lo presentó como un siervo, y Lucas, como el hombre perfecto, Juan nos habla de su divinidad. En el primer verso de su evangelio, Juan el apóstol nos muestra tres verdades acerca de Jesús. En primer lugar, su eternidad: "En el principio era el Verbo". Antes de que todas las cosas se crearan y vinieran a la existencia, Jesús existió. De hecho, es antes del tiempo. Él es el Padre de la eternidad. Por medio de él todas las cosas fueron creadas en los cielos y en la tierra. Es anterior al universo y es su creador. "Todas las cosas por medio de él fueron hechas, y sin él nada de lo que ha sido hecho, fue hecho" (Juan 1:3). En segundo lugar, su personalidad y "el Verbo estaba con Dios". Esto significa que antes de que el mundo fuese, Jesús ya existía en la comunión plena y perfecta con el Padre, estaba cara a cara con el Padre. De hecho, él y el Padre son de la misma esencia y sustancia. Él y el Padre son uno. En tercer lugar, su divinidad, "y el Verbo era Dios". Jesús no es solo un maestro de moral o un espíritu iluminado. Es Dios que se hizo carne y habitó entre nosotros lleno de gracia y de verdad. Él es el camino para Dios, la puerta del cielo, el único mediador entre Dios y los hombres, por medio de quien tenemos libre acceso al trono de la gracia.

18
de junio

La toalla y el lavabo, la humildad que confronta

Vosotros me llamáis Maestro, y Señor; y decís bien, porque lo soy.

JUAN 13:13

En el reino de Dios, la pirámide está al revés. El más grande es el siervo de todos. Jesús, el soberano del universo, no vino para ser servido, sino para servir. Maestro y Señor, se ciñó con una toalla e hizo de un tazón un símbolo de la grandeza. En el mundo, quien es grande es servido por muchos; en el reino de Dios, para ser grande se debe servir a muchos. En el mundo, el grande se viste con fuerza y poder; en el reino de Dios, ser grande es vestirse con la toalla y lavar los pies de los demás. Jesús no es solo un maestro, entre otros; él es el maestro por excelencia, y esto, por la sublimidad de su mensaje, la variedad de sus métodos y la nobleza de su carácter. Jesús no es solo un hombre entre muchos; Él es el rey de reyes y señor de señores. Él gobierna los destinos de la historia, sostiene todas las cosas con la palabra de su poder y gobierna sobre todo y sobre todos, en el tiempo y en la eternidad. A pesar de su alma herida por el dolor, Jesús no vaciló en lavar los pies de los discípulos, lo que les dejó un poderoso ejemplo. La humildad de Jesús es una luz que nos guía en los caminos de la vida tan amenazada por el monstruo del orgullo. La humildad de Jesús nos confronta, nos desafía y nos muestra un nuevo símbolo de la vida cristiana: ¡la toalla y la taza!

19
de junio

La majestad de Jesús, nuestro salvador

> … y el principado sobre su hombro; y se llamará su nombre: Admirable, Consejero, Dios fuerte, Padre eterno, Príncipe de paz.
>
> ISAÍAS 9:6

Ningún gobernante de este mundo tuvo la gloria de Jesús, el Hijo de Dios. No solo era el más grande de todos los hombres, sino que era Dios mismo. Sí, el niño que nació en Belén, que fue envuelto en pañales y acostado en un pesebre, Él es el Hijo de Dios, el Señor de la historia, el Creador del universo, el Salvador del mundo. El profeta Isaías, 700 años antes de su nacimiento, habló de su majestad. Él es el consejero admirable. Solo Él tiene palabras de vida eterna. Es la esperanza de los desesperados, el abogado de las causas perdidas, el libertador de los cautivos, el consuelo de los tristes, el único que puede perdonar pecados. Es el Dios poderoso, omnipotente, para quien nada es imposible en todas sus promesas. Él creó todo de la nada: los mundos, las estrellas y las criaturas más diminutas. Él sostiene todas las cosas con su palabra poderosa. Él es el Padre eterno, el que no tiene principio ni nunca tendrá fin. Es trascendente e inmanente. Está fuera del tiempo e interviene en la historia. Es el príncipe de la paz, el único que puede reconciliarnos con Dios y calmar los vientos de nuestra alma. El glorioso Dios, vestido de majestad, se despojó a sí mismo de su gloria, bajó del cielo, se hizo carne, se puso en la piel humana, tomó la forma de siervo y murió en la cruz para redimirnos del pecado. Él venció a la muerte, triunfó sobre el diablo y sus huestes y regresó al cielo de donde volverá gloriosamente.

Un anuncio de gran alegría

... que os ha nacido hoy, en la ciudad de David, un Salvador, que es Cristo el Señor.

LUCAS 2:11

Los cielos festejaron con alegría efusiva el nacimiento de Jesús. Un ángel del Señor bajó a los llanos de Belén, donde estaban los pastores, y la gloria de Dios lo iluminó a su alrededor. El ángel proclamó: "Dejad de temer, porque os traigo buenas noticias de gran gozo, que lo será para todo el pueblo; que os ha nacido hoy, en la ciudad de David, un Salvador, que es Cristo el Señor" (vv. 10-11). El nacimiento de Jesús es una buena noticia en un mundo de malas noticias. Se trata de una noticia maravillosa, destinada no solo a una parte de la sociedad, sino a todo el pueblo. El contenido de esta buena noticia es Jesús mismo. Él es el regalo de Dios para nosotros. El centro de la Navidad no es Santa Claus, o la mesa abundante, y menos aún el intercambio de regalos. La esencia de la Navidad es Jesús. Tres verdades se destacan por medio del ángel: Primero, Jesús es el Salvador. No hay salvación en ningún otro nombre. Solo Él es el mediador entre Dios y los hombres. Solo Él es el camino hacia Dios, y la puerta del cielo. Solo Él puede perdonar nuestros pecados y darnos la vida eterna. En segundo lugar, Jesús es el Cristo, el Mesías prometido por Dios, anunciado por los patriarcas y por los profetas, el deseado de todas las naciones. En tercer lugar, Jesús es el Señor, rey del universo, el que está sentado en el trono y tiene las riendas de la historia en sus manos. Él gobierna soberano y pronto volverá en gloria para juzgar a las naciones. Ante Él usted debe inclinarse y confesar que Él es Señor, para la gloria de Dios Padre.

21
de junio

¿Usted qué hará de Jesús?

Y después de verlo, dieron a conocer lo que se les había dicho acerca de este niño.

LUCAS 2:17

La Navidad es una fiesta cristiana, y no pagana. Aunque no sabemos exactamente qué día nació Jesús, su nacimiento fue celebrado por los ángeles y los hombres, tanto en el cielo como en la tierra. Hubo, sin embargo, diferentes respuestas al nacimiento del Hijo de Dios. La primera fue la hostilidad. El rey Herodes quiso matarlo por celos. Se sintió amenazado por Jesús y trató de apartarlo de su camino. La segunda reacción fue de indiferencia. Los escribas, a pesar de que conocían los detalles de la profecía del Mesías, incluso llegaron a Belén para verlo; y más tarde se convirtieron en sus enemigos más acérrimos. El conocimiento sin la obediencia endurece el corazón. La tercera reacción fue la adoración. Los Reyes Magos de Oriente venían de lejos para ofrecerle sus tesoros de oro, incienso y mirra, confesándolo como rey, sacerdote y profeta. La cuarta reacción fue de proclamación. Al ver a Jesús, los pastores comenzaron a proclamar a los demás lo que habían oído hablar de él. ¿Cómo ha reaccionado usted ante Jesús, el Hijo de Dios? ¿Quién es Jesús para usted? ¿Qué significa en su vida? ¿Qué acciones ha tomado usted para conocerlo y darlo a conocer? Los apóstoles dieron sus vidas para proclamar a Jesús hasta los confines de la tierra. Los mártires derramaron la sangre para confesar ese nombre que es sobre todo nombre. Y usted, ¿qué hará de Jesús, llamado el Cristo?

Jesús puede darle sabor a su vida

Este principio de sus señales hizo Jesús en Caná de Galilea, y manifestó su gloria; y sus discípulos creyeron en él.

JUAN 2:11

Jesús nació en Belén, creció en Nazaret y realizó su primer milagro en Caná de Galilea. Fue en una fiesta de bodas. Faltó el vino de la alegría, y el vino es un símbolo de alegría. A veces, la alegría desaparece al comienzo del matrimonio. A veces, nuestras fiestas pierden la alegría. María, madre de Jesús, se dio cuenta de que la familia pasaría por una vergüenza seria. Entonces habló a Jesús sobre lo que sucedía. Él respondió que esperaba el momento oportuno para actuar. Jesús ordenó a los camareros llenar del agua utilizada para la purificación seis tinajas de piedra y que las llevaran al maestro de ceremonias. Cuando este las probó vio que no era agua, sino vino, y de mejor calidad. Ese día los discípulos de Jesús creyeron en él, y se manifestó la gloria de Dios. Hoy Jesús sigue realizando grandes transformaciones. Transforma la tristeza en alegría, el tormento en paz, la oscuridad en luz. Transforma los pecadores en santos, cautivos en libertos, esclavos del diablo en ciudadanos del cielo. Cuando Jesús está presente en la familia, lo mejor siempre viene después. Se puede añadir sabor a su vida. Puede devolver la alegría a su hogar. Puede liberarle de las principales limitaciones y frustraciones. Lleve su necesidad a Jesús en estos momentos. Él es especialista en la realización de milagros. Cuando el hogar se convierte en el lugar de las intervenciones gloriosas de Jesús, hay salvación en la tierra y gloria en el nombre de Dios en el cielo.

23
de junio

Una paz que coexiste con el dolor

La paz os dejo, mi paz os doy; yo no os la doy como el mundo la da...

JUAN 14:27

El mundo parece un barril de pólvora. La aparente paz entre las naciones esconde una constante tensión entre bastidores. La gente está angustiada, perturbada con los temores por dentro y las presiones externas. Busca la paz en los calmantes, en las drogas, en la meditación trascendental, pero no encuentra ningún alivio para el alma. Vuelva sus ojos al pasado e imagine la ciudad de Jerusalén en los tiempos de Jesús. Estaba alborotada. Los escribas y los sacerdotes estaban conspirando en la quietud de la noche la muerte de Jesús. En los pasillos del sanedrín, había una orquestación para arrestar a Jesús. Judas Iscariote ya había consentido en su corazón el propósito de traicionarlo por dinero. Pedro lo negaría por miedo. Los sacerdotes lo entregaban por envidia. Pilato lo sentenciaría a muerte por conveniencia. Es en este clima de tensión que Jesús dice a sus discípulos: "La paz os dejo, mi paz os doy". En un mundo cubierto de dolor, rabia, desesperación y sellado por la inquietud, Jesús da a su pueblo una paz real, una que sobrepasa todo entendimiento. No es una paz postiza, plástica y no concreta, sino una paz profunda, verdadera y gloriosa. La paz de Jesús no es la paz de los cementerios. No es la ausencia de problemas o la mera presencia de las cosas buenas. Esta paz convive con el dolor, se sazona con lágrimas y sobrevive ante las tormentas. La paz de Cristo es el ancla firme en la tempestad; es fundamento sólido en los sismos de la vida. La paz de Cristo es nuestro refugio en la tormenta. ¿Ustedes han experimentado esta paz?

24

La fiabilidad de la palabra de Dios

... y la Escritura no puede ser quebrantada.

JUAN 10:35

L a Biblia es el libro de los libros. Concebido en el cielo, nacido en la tierra, inspirado por Dios, escrito por hombres, predicado por la iglesia, odiado por el infierno, creído por los fieles. La Biblia es el libro más leído en el mundo y también el libro más perseguido. Es el libro que ha salido victorioso y con vistas a los fuegos de la intolerancia. Es yunque de Dios que ha roto todos los martillos de los críticos. Es el libro por excelencia. Infalible, sin error, suficiente. Jesús dijo que las Escrituras no pueden ser quebrantadas. Pasan los cielos y la tierra, pero la Palabra de Dios nunca pasará. La Palabra de Dios es poderosa. Manda llamas de fuego y hace temblar el desierto. Tiene vida en sí misma. Es el aliento del Dios Todopoderoso. Siempre vivo, siempre presente, siempre oportuno. Su verdad es establecida por su unidad en la diversidad. Hay más de cuarenta escritores de diferentes culturas e idiomas, en un período de más de mil quinientos años, sin ningún tipo de contradicción o conflicto. Sus cientos de profecías son específicas y concretas, y literalmente cumplidas; se cumplen y se cumplirán en el futuro, debido a que el autor de la Escritura es el Padre eterno, el que conoce el fin desde el principio. Dios llama a los pecadores a la salvación en Cristo a través de su Palabra. La fe viene por el oír la predicación de la Palabra. ¡Bendita palabra! ¡Eterna Palabra! ¡Por medio de ella, nacemos de nuevo y somos santificados!

25
de junio

La familia de Jesús, el Salvador

> ¿No es este el carpintero, el hijo de María y hermano de Jacobo, José, Judas y Simón? ¿Y no están sus hermanas aquí con nosotros? Y se escandalizaban…
>
> MARCOS 6:3

Jesús fue perfectamente hombre sin dejar de ser totalmente Dios. Fue semejante a nosotros en todo, menos en el pecado. Fue el hijo primogénito de María, y no su unigénito (Lucas 2:7). María se casó con José, y él no la conoció hasta que Jesús nació (Mateo 1:25). Más tarde, la pareja tuvo una relación normal entre marido y mujer. María tuvo otros hijos e hijas, y los hermanos de Jesús fueron llamados por su nombre: Jacobo, José, Judas y Simón (Marcos 6:3). Sus hermanos solamente creyeron en él después de su resurrección. Incluso viviendo con Jesús, no discernían su naturaleza divina. Una vez decidieron detenerlo porque pensaban que estaba loco. Después de que Jesús regresó al cielo, María y los hermanos de Jesús se unieron a los otros discípulos en el aposento alto, para buscar la promesa del Padre, el derramamiento del Espíritu Santo (Hechos 1:14). Entonces, en el día de Pentecostés, estaban todos llenos del Espíritu Santo y comenzaron a proclamar la grandeza de Dios. Santiago, el hermano de Jesús, se convirtió en el líder de la iglesia de Jerusalén y escribió la Epístola de Santiago. Judas, el hermano de Jesús, escribió la carta más pequeña del Nuevo Testamento. La última aparición de María en el Nuevo Testamento se encuentra en Hechos 1:14. Según la tradición, más tarde se trasladó a Éfeso, donde murió. Lo más importante es que si usted recibe a Cristo como su Salvador, usted será parte de la familia de Dios (Juan 1:12).

26
de junio

La autoridad suprema de Jesús

Y Jesús se acercó y les habló diciendo: "Toda autoridad me ha sido dada en el cielo y sobre la tierra".

MATEO 28:18

Jesús murió, resucitó y ascendió al cielo. Sin embargo, antes de ascender al cielo, dio la gran comisión a los discípulos, diciéndoles que había recibido toda autoridad en el cielo y en la tierra. Toda la creación y todas las criaturas están bajo la autoridad de Cristo. Jesús tiene poder y autoridad sobre las leyes de la naturaleza. El viento y el mar le obedecen. Él llama a cada estrella por su nombre, y por ser fuerte en fuerza y grande en poder, ninguna faltará. Jesús tiene autoridad sobre los demonios. Él tiene las llaves de la muerte y del infierno. Bajo el mando de Jesús, los demonios están en retirada. Jesús tiene autoridad sobre la enfermedad. Solo una palabra suya, y la enfermedad desaparece. Él limpió a los leprosos, resucitó a los cojos y dio vista a los ciegos. No hay una causa perdida para Jesús. No hay ningún problema irresoluble. La última palabra no es de la ciencia, sino de Jesús. Jesús tiene autoridad sobre la muerte misma. Él resucitó al hijo de la viuda de Naín, a la hija de Jairo y a su amigo Lázaro. Un día, todos los muertos oirán su voz y saldrán de sus tumbas para la resurrección de la vida, y otros para la resurrección de condenación. Jesús venció a la muerte. Él es la resurrección y la vida. Ante él, todo el universo se inclina. Él se sienta en el trono y gobierna la iglesia, la historia y las naciones. De hecho, Jesús tiene todo el poder y toda autoridad en el cielo y en la tierra.

27
de junio

¿La gran comisión
o la gran omisión?

Por tanto, id, y haced discípulos en todas las naciones, bautizándolos en el nombre del Padre, y del Hijo, y del Espíritu Santo.

MATEO 28:19

Jesús regresó al cielo, pero antes envió a sus discípulos al mundo. Como el Padre envió a Jesús, ahora Jesús envía a sus discípulos. Todo el que fue alcanzado por el evangelio debe ser un portador del evangelio. El propósito de Jesús es el evangelio a toda la iglesia, a toda criatura en el mundo. El método de Dios es la iglesia. Una iglesia que no evangeliza necesita ser evangelizada. La iglesia es un cuerpo misionero o un campo misionero. La tarea de la iglesia es ser desinstalada, en la dinámica de su caminar, hacer discípulos. Jesús no necesita admiradores y aficionados, no se impresionó con la multitud; Él quiere discípulos. Aquellos que creen, deben integrarse en la iglesia por el bautismo en el nombre del Padre, del Hijo y del Espíritu Santo. El bautismo no salva, pero es testimonio de la salvación. Los que son bautizados deben ser instruidos en la Palabra, y esta instrucción no es solo teórica, sino práctica. Está dirigida no únicamente a la cabeza sino también al corazón. No somos lo que conocemos y hablamos; somos lo que hacemos. El universo entero se inclina hacia la autoridad y el mandato de Jesús, pero muchos creyentes se resisten a su mandato y permanecen en silencio; otros se acobardan; todavía otros predican otro mensaje. ¡La gran comisión ha sido tratada por muchos como la gran omisión!

28

Jesús está entre nosotros

… y he aquí que yo estoy con vosotros todos los días, hasta el fin del mundo.

MATEO 28:20

Jesús regresó al cielo, pero la iglesia no quedó huérfana. Jesús está presente en su iglesia y anda en medio de ella. Está presente para instalarla, corregirla, consolarla. Jesús nunca nos prometió que no habría aflicciones, pero nos aseguró su presencia consoladora. A pesar de ser ovejas de Cristo, descenderemos a los valles de sombra de muerte. Sin embargo, teniendo el divino pastor, no debemos tener miedo. Pasaremos por los caudalosos ríos, por las olas agitadas y por los hornos de fuego, pero el Señor estará con nosotros. Él nunca abandona a los que esperan en él. Su promesa es fiel y su palabra es confiable: "yo estoy con vosotros todos los días, hasta el fin del mundo". Aunque la más cercana de las personas de parentesco nos abandone, como abandonaron a Pablo en la cárcel, el Señor nos ayudará y nos fortalecerá. Incluso si nuestro padre o nuestra madre nos abandonan, el Señor nunca nos abandonará. El redentor de la iglesia, su cabeza y Señor volvió al Padre, pero envió a la iglesia otro consolador, el Espíritu Santo. Él es el Dios en nosotros, intercede por nosotros ante Dios, que está encima de nosotros. Es la presencia de Jesús con nosotros, intercediendo por nosotros al Dios que está sobre nosotros. Cuando David Livingston, misionero en África, fue atacado por un león y tenía un brazo lacerado, alguien le preguntó: "¿Qué te motiva a continuar con el trabajo misionero?". Él respondió: "La promesa de Jesús: 'y he aquí que yo estoy con vosotros todos los días, hasta el fin del mundo'".

29

de junio

Capernaúm, la ciudad donde vivió Jesús

Descendió a Capernaúm, ciudad de Galilea...

LUCAS 4:31

Cuando se expulsó a Jesús de Nazaret, se trasladó a Capernaúm, una importante ciudad en las orillas del mar de Galilea. La ciudad fue la sede de Jesús durante sus tres años de ministerio. Allí fue a la sinagoga. Allí dio enseñanzas preciosas y realizó muchos milagros, como la liberación de un hombre poseído y la cura del hombre de la mano seca. Allí Jesús sanó al paralítico llevado entre cuatro amigos y también a la madre de Pedro. Este pueblo oyó los más bellos mensajes del cielo y vio los más espléndidos milagros en la tierra. Sin embargo, Capernaúm rechazó el mensaje y el mensajero, desperdiciando el tiempo de la visita divina. Por esta razón, Jesús dijo que el día del juicio habrá menos rigor para Sodoma y Gomorra que para Capernaúm, porque si en estas ciudades corrompidas por el pecado se hubiesen hecho los milagros realizados en Capernaúm, habría arrepentimiento en el polvo y la ceniza. Capernaúm es una advertencia para nosotros hoy. No podemos descuidar las oportunidades de Dios. Lo que hemos oído nos hace responsables. Capernaúm vio lo que muchos no han tenido el privilegio de ver; escuchó lo que muchos quieren oír. Recibió la luz, pero prefirió la oscuridad. Recibió gracia, pero optó por seguir en el pecado. Recibió misericordia, pero prefirió la dureza de corazón. Muchos todavía endurecen sus cuellos, tapan sus oídos a la voz del evangelio y se resisten al amor de Dios. ¡No desprecies el día de la visitación de Dios!

30
de junio

El primer milagro de Jesús

Y fue también invitado a las bodas Jesús con sus discípulos.

JUAN 2:2

Jesús está presente con nosotros en los días de fiesta y llora con nosotros durante nuestros dramas. Jesús fue invitado y asistió a una fiesta de bodas. Su primer milagro se realizó en esta fiesta de bodas en Caná de Galilea, un pequeño pueblo cerca de Nazaret. Fue en este contexto que los discípulos de Jesús creyeron en él, y la gloria de Dios se manifestó. Jesús celebra con nosotros nuestras alegrías y está presente cuando celebramos nuestras victorias. Tenemos que pedirle a Jesús que esté presente en nuestro hogar. La mayor necesidad de la familia no son viviendas de lujo, muebles finos, ropa de diseño y coches importados. La mayor necesidad de la familia es la presencia de Jesús. Pero incluso cuando está presente, nos enfrentamos a las luchas, y la tristeza muestra su cara. En la fiesta de la boda, el vino, símbolo de la alegría, se acabó. Jesús intervino y el agua se convirtió en vino de la mejor calidad. Cuando Jesús interviene en nuestras vidas, lo mejor siempre viene después. El Hijo de Dios aún convierte el agua en vino, la tristeza en alegría, lágrimas en júbilo y valles áridos manantiales.

1

de julio

El mar Rojo, la travesía milagrosa

Y tú alza tu vara, y extiende tu mano sobre el mar, y divídelo, y
entren los hijos de Israel por en medio del mar, en seco.

ÉXODO 14:16

El mar Rojo se encuentra al sur de Israel. Recibió ese nombre debido a las montañas rojizas de Edom que lo flanquean. Cuando los israelitas salieron de Egipto, fueron acorralados por el Faraón y su ejército entre las montañas y el mar. Era un callejón sin salida. En ese momento, Dios le ordenó a Moisés que tocase el agua con su vara, y el mar se abrió para que el pueblo pasara. El mismo Dios que rompió el yugo de la esclavitud abrió entonces un camino en el medio del mar. Lo que parecía ser la escena de la muerte se convirtió en el escenario de la liberación. Las mismas aguas turbulentas que amenazaban a la gente se convirtieron en muros de protección para las personas al cruzar. Cuando el Faraón y sus jinetes trataron de perseguir a Israel, fueron tragados por el mar y perecieron. El mar Rojo se convirtió en un lugar de la liberación para los judíos y los esclavos y de condena para los egipcios que los oprimían. Para algunos, era el camino de la salvación; para otros, el camino de la muerte. Dios todavía libra a su pueblo. Él todavía hace su camino en el torbellino. En medio de la tormenta aún nos abre una puerta de escape. Muchas veces, Dios permite que pasemos por apretones. Estamos atrincherados por el enemigo, atrapados por las circunstancias y abrumados por el miedo. Pero cuando todo parece perdido, del cielo, Dios nos abre un camino donde no había camino. Expresa su poder y lleva a cabo sus maravillas para dejar claro que, para él, nada es imposible ni las causas son perdidas cuando nos atrevemos esperar su ayuda.

2
de julio

El mar de Galilea, una etapa de milagros

Después de esto, Jesús se manifestó otra vez a sus discípulos
junto al mar de Tiberíades...

JUAN 21:1

El mar de Galilea es un lago de agua dulce, de 21 kilómetros de largo y 14 kilómetros de ancho. En torno a este mar, también llamado mar de Tiberíades, Jesús pasó la mayor parte de su ministerio y realizó la mayor parte de sus milagros. En este mar, trabajaban como pescadores Pedro y Andrés, Santiago y Juan. En este mar, estaba la pesca maravillosa, y fue entonces que Jesús le dijo a Pedro que le haría un pescador de hombres. Fue en un barco a la orilla de este mar que Jesús enseñó a una gran multitud las parábolas del reino. Fue cerca de ese mar que Jesús predicó el Sermón de la Montaña. Dos veces este Jesús calmó el mar cuando sus discípulos se llenaron de temor. En la primera ocasión, Jesús estaba con ellos, durmiendo en la popa del barco. La segunda vez, Jesús se acercó a ellos caminando sobre el mar. Fue también en la playa de este mar que Jesús restauró al apóstol Pedro después de su triple negación, dándole la oportunidad de comenzar su ministerio. El mismo Jesús que hizo milagros en las proximidades de este mar y lo calmó dos veces puede también calmar su alma. Tal vez usted está viviendo sus días más turbulentos. Tal vez su vida es como un barco destartalado, fustigado por la furia de los vientos y arrastrado por las crecientes olas del mar de la vida. Tal vez sus esperanzas ya se han agotado, todas sus estrategias se han utilizado sin éxito. Pero si ha llegado al final de sus recursos, entonces usted es un candidato ideal para un milagro de Jesús. Él puede calmar el mar tanto como a usted, así las circunstancias como sus sentimientos.

3

de julio

El mar Muerto, un lugar sin vida

… Estas aguas brotan hacia la región del oriente, y descenderán al Arabá, y entrarán en el mar; y cuando hayan entrado en el mar, en las aguas saladas, las aguas quedarán saneadas.

EZEQUIEL 47:8

Una de las experiencias más maravillosas que he experimentado en mis viajes a Israel fue tomar un baño en el mar Muerto. Por la alta concentración de sal, es imposible hundirse en aquel mar. Podemos leer un periódico mientras flotamos en sus aguas. Este es un hecho peculiar de ese misterioso mar. El mar Muerto se encuentra cerca de Jericó, la ciudad amurallada más antigua del mundo y también la ciudad más grande ubicada en la depresión del planeta, ya que está a más 400 metros bajo el nivel del mar. El mar Muerto, por lo tanto, es el hoyo más grande del planeta, porque es 410 metros más bajo que el nivel del mar. El mar Muerto recibe las aguas del río Jordán, pero no drena esas aguas para ninguna parte. Aun recibiendo agua dulce, tiene el agua más salada del mundo. No hay vida en el mar Muerto. Allí no hay flora o fauna, debido a la concentración de treinta y tres por ciento de sal en sus aguas. En esta región, quedaban las ciudades de Sodoma y Gomorra, destruidas por fuego y azufre. En esta región, la mujer de Lot se convirtió en estatua de sal. El mar Muerto se puede contrastar con el mar de Galilea, que recibe las aguas del río Jordán y las distribuye. Por lo tanto, allí reina la vida. Pero el que tiene las mismas aguas y las conserva se impregna con la muerte. El mar Muerto es un símbolo y un emblema. ¡Aquellos que solo reciben y no distribuyen nada mueren!

4
de julio

Confrontación espiritual

Invocad luego vosotros el nombre de vuestros dioses, y yo invocaré el nombre de Jehová; y el Dios que responda por medio de fuego, ese sea Dios. Y todo el pueblo respondió, diciendo: "Bien dicho".

1 REYES 18:24

El monte Carmelo, una cadena montañosa frente al mar Mediterráneo, fue el escenario de un gran conflicto espiritual. El profeta Elías, viniendo desde el monte Galaad, fue levantado por Dios en un tiempo de apostasía, durante el reinado del malvado rey Acab. Este profeta fue matriculado en la escuela del desierto y puesto por Dios en el horno de la aflicción, pero salió de la experiencia fortalecido para enfrentar: a) en el monte Carmelo, al rey Acab, que calificó de perturbador de Israel; b) al pueblo vacilante que estaba indeciso, con el corazón dividido entre el Señor y Baal; c) a los profetas de Baal, llamándolos para un desafío. En ese monte, Elías tuvo una resonante victoria sobre sus enemigos. El fuego cayó del cielo para quemar el holocausto en el altar, y el juicio divino cayó sobre los profetas paganos. En ese monte, el pueblo de Israel reconoció gritando que el Señor es Dios, inclinándose ante Su Majestad. En la cumbre del Carmelo, Elías dobló las rodillas y oró pidiendo a gritos el regreso de las lluvias, después de tres años y medio de sequía. Dios escuchó su clamor, y torrentes de restauración vinieron desde el cielo, trayendo un tiempo de esperanza para toda la nación. El Dios de Elías es el Dios de nuestros padres, es el Dios de nuestra vida y el Dios de nuestros hijos. ¡Él realiza maravillas hoy!

5
de julio

El lugar de la mejor oferta

Y le dijo: "Toma ahora tu hijo, tu único, Isaac, a quien amas, y vete a tierra de Moriah, y ofrécelo allí en holocausto…".

GÉNESIS 22:2

Dios llamó a Abraham de Ur de los caldeos, para hacer de él una gran nación. Le dio la promesa de un heredero. Después de 25 años, cumplió la promesa y nació Isaac. El Dios que trae a la existencia las cosas que no existen lleva a cabo este milagro en la vida de Abraham. Isaac ahora era un joven sorprendido cuando Dios le pidió a Abraham a su hijo en sacrificio. El monte Moriah era el lugar donde Dios ordenó a Abraham que sacrificara a su hijo Isaac. Fue en esta montaña donde Abraham construyó un altar y ofreció a su hijo al Señor. Abraham llamó al monte Moriah Jehová-Jireh, Jehová proveerá. En este monte, Dios proveyó un cordero sustituto para sacrificarlo en lugar de Isaac. En esa misma montaña, mil años más tarde, Salomón construyó el templo del Señor. Tanto la oferta de Isaac como el templo eran símbolos de Cristo. Jesús era el Cordero sustituto que murió por nosotros. Jesús es Dios vestido en la piel humana. Es Dios en medio de nosotros, en nosotros y a través de nosotros. Ahí reside toda la plenitud de la deidad. Es el centro de nuestra fe, el objetivo de nuestro amor y el núcleo de nuestra esperanza. Todo apuntaba para él, todas las ceremonias y los sacrificios del templo. Él es más grande que el templo. Es el cumplimiento de todas las esperanzas de su pueblo. Lo que era una sombra en el pasado se convirtió en realidad plena en Jesús. Cuando entramos en las puertas de la ciudad santa, la nueva Jerusalén, Jesús será nuestro santuario, porque vamos a vivir en él por los siglos de los siglos.

6
de julio

El Gólgota, el lugar donde Jesús murió por nosotros

Y cuando llegaron al lugar llamado de la Calavera, allí le crucificaron a él, y a los malhechores, uno a la derecha y otro a la izquierda.

LUCAS 23:33

Dios salvó a Isaac, hijo de Abraham, y había previsto un cordero sustituto. Entonces, hace dos mil años, cumpliendo un plan eterno, Dios irrumpió en la historia para revelar su amor más elocuente y su justicia más pura, entregando a Jesús, su Hijo amado, como el Cordero sustituto, el Cordero que quita el pecado del mundo, para morir en nuestro lugar. El Gólgota se llama el monte del calvario, pues allí, fuera de las puertas de la ciudad, eran crucificados los criminales. En la cima de esa montaña áspera, donde había una calavera grabada en la roca, Jesús, luego de ser escupido, humillado y golpeado por los soldados romanos, fue clavado en la cruz. Suspendido entre la tierra y los cielos, despreciado por los hombres y abandonado por Dios por causa de nuestros pecados, Jesús soportó un dolor insoportable y una vergüenza indecible, para morir por nuestros pecados. Él no murió porque Judas lo traicionó por la codicia, no porque los sacerdotes le entregaron por envidia. Él no murió porque Pilato lo condenó por cobardía, incluso porque los soldados lo golpearon cruelmente. Murió debido a que el Padre lo dio por el amor. La cruz es la máxima expresión del amor de Dios por los pecadores y la expresión más intensa de la ira de Dios contra el pecado. Fue en el Gólgota que Jesús pagó nuestra deuda y triunfó sobre el diablo. Fue allí que él nos abrió un camino nuevo y vivo para Dios.

7
de julio

No hay vida irrecuperable para Jesús

> Llegan adonde estaba Jesús, y se quedan contemplando al endemoniado, sentado, vestido, y en su sano juicio, al mismo que había tenido la legión, y les entró miedo.
>
> **MARCOS 5:15**

El hombre de Gadareno era un aborto vivo, un espectro humano, un monstruo social, un ser repulsivo despreciado por su familia, rechazado por la sociedad y destruido por los demonios. Prisionero de los demonios, vivió sin esperanza, sin ayuda. Mientras vivía, habitó entre los muertos. Aunque completamente abandonado por los hombres, se curó completamente, liberado y salvado por Jesús. El Hijo de Dios salió de un mar tempestuoso, una tormenta en el mar de Galilea, para encontrar a este hombre en la turbulenta región de Gadara, detrás de las montañas del Golán. El hombre vivía en los sepulcros, desnudo, sangrando, llorando día y noche, airadamente rechazado por la familia y la sociedad. Había en él una legión de demonios, es decir, seis mil de ellos. Jesús hizo un peligroso viaje por la noche a un lugar desierto, con el fin de liberar a este prisionero del diablo. Para Jesús, no hay una causa de vida irrecuperable o causa perdida. Ese hombre era solo un trapo de vida humana entre los muertos, pero Jesús lo valoriza, libera, transforma y hace que sea un misionero para su familia y para su ciudad. Ese prisionero de los demonios ahora es libre. Ese hombre desnudo está vestido. Aquel perturbado ahora se sienta a los pies de Jesús en su sano juicio. La obra de Jesús es completa. ¡Él cura, libera y salva!

Cuando se detienen las lágrimas

Cuando el Señor la vio, fue movido a compasión sobre ella, y le dijo: "No llores".

LUCAS 7:13

La muerte había puesto sus manos heladas sobre el hijo único de una viuda. El dolor insoportable metió sus tentáculos en el corazón de esa madre y copiosas lágrimas, como las inundaciones torrenciales salían de sus ojos. Una noche oscura cayó sobre su alma. Sufrió un golpe terrible. Había llegado al fin de la línea. Su causa estaba perdida. Fue entonces que un gran milagro sucedió en su historia. Naín era una pequeña ciudad de Galilea, cerca de Nazaret. Allí vivía una viuda cuyo único hijo había caído enfermo y murió. Una multitud tomada de tristeza y de dolor acompañaba a la madre desolada hacia el cementerio para enterrar a su hijo, su consuelo en la vida y la esperanza de su apoyo en la vejez. En el camino, la caravana de la muerte encontró la caravana de la vida dirigida por Jesús. El Señor vio a la afligida madre y le dijo: "¡No llores!". Las lágrimas que corrían por su rostro también inundaron el corazón con gran desesperación. Jesús mandó detener el cortejo fúnebre, tocó el ataúd y ordenó al joven muerto que se pusiera de pie. Aquel que es la resurrección y la vida tiene el poder de resucitar a los muertos, consolar a los afligidos y dar esperanza donde una vez reinó solo desesperanza. Jesús devolvió el joven a la madre, secándole las lágrimas y le puso en sus labios un canto de alegría. Incluso hoy en día, Jesús puede visitar su ciudad, su casa y su vida. Cuando él venga, la muerte no tiene la última palabra, ya que resulta en dolor refrescante, lloro en el baile, y trapos en vestidos de alabanza.

9
de julio

Un encuentro marcado con Jesús

Y tenía que pasar por Samaria.

JUAN 4:4

La provincia de Samaria estaba en el centro de Israel. Era un lugar de conflicto desde la cautividad del reino del norte en el año 722 a.C., pues cuando los judíos regresaron de Babilonia, los samaritanos eran sus mayores rivales en la reconstrucción del proyecto de Jerusalén. Los samaritanos, una raza mixta, fueron considerados enemigos de los judíos. Había incluso un rival para el templo de Jerusalén en Gerizim. Una vez, al salir de Judea a Galilea, Jesús decidió ir por Samaria. Eso era necesario como una agenda en el orden del día del cielo. La razón es que vivía una mujer cuya reputación fue arañada por cinco matrimonios y que entonces vivía con un hombre que no era su marido. Jesús entabló una conversación con esta mujer, rompiendo los paradigmas culturales, ya que no era común que un hombre hablase en público con una mujer. Jesús pidió agua para beber, pero le ofreció el agua de la vida. Los ojos de la mujer se abrieron para reconocer sus pecados y confesar a Jesús como el Mesías. Jesús necesitaba pasar por Samaria porque su propósito era salvarla a ella y hacerla una misión samaritana en su tierra. No hay ningún caso demasiado difícil para Jesús. También puede cambiar su corazón y le dará una nueva razón para vivir. ¡Es necesario que Jesús pase por su vida el día de hoy!

10
de julio

No se pierda la última oportunidad

Habiendo entrado Jesús en Jericó, iba pasando por la ciudad.

LUCAS 19:1

La vida nos ofrece muchas oportunidades. Aprovecharlas es un acto de sabiduría; desperdiciarlas es un acto de locura. Muchas personas pierden incluso la última oportunidad de la vida. No fue así con dos hombres de Jericó. Jesús pasaba por Jericó. Esa fue la última vez que el hijo de David cruzó la ciudad más antigua del mundo. Jericó era la ciudad de las palmeras, los baños de agua caliente, la residencia de invierno de los reyes. En la ruta de ascenso a Jerusalén, Jericó era también una ciudad de aduanas donde se asentaron los recaudadores de impuestos. Allí salvó a dos hombres, uno rico y el otro pobre, despreciada una familia y la otra, aborrecida por la sociedad. En Jericó, Jesús arrancó las entrañas de la oscuridad del mendigo ciego que yacía en la cuneta. Y entró en la casa de Zaqueo, el jefe recaudador de impuestos, para cambiar su vida y darle el regalo de la vida eterna. Tanto el mendigo ciego como Zaqueo tuvieron la última oportunidad. Muchos solo vieron a Jesús que pasaba por la ciudad, se trasladaron simplemente por la curiosidad. Pero los dos hombres tuvieron un encuentro personal y transformador con el Señor Jesús. La luz halló el ciego. Zaqueo dividió su riqueza mundana y ganó un tesoro celestial. Hoy puede ser el día de su salvación. No pierda esta oportunidad. Cristo ahora pasará a través de su Jericó. Hoy es el día de su oportunidad. ¡Mañana puede ser demasiado tarde!

11
de julio

Jesús, el amigo de los tiempos más difíciles

Enviaron, pues, las hermanas para decir a Jesús: "Señor, mira, el que amas está enfermo".

JUAN 11:3

Betania, cerca de Jerusalén, era el punto de llegada de Jesús cuando fue a Judea para participar de las festividades en el templo. Allí vivían los hermanos Lázaro, Marta y María, amigos de Jesús. En esta ciudad, Jesús llevó a cabo uno de sus milagros, uno de los más poderosos: la resurrección de Lázaro, que había sido sepultado hacía cuatro días. La realización de este prodigio desencadenó una acción rápida de los saduceos para arrestarlo y matarlo. El ambiente era muy tenso y la ida de Jesús a Jerusalén preanunciaba un resultado desolador. Pero Jesús no se dejó intimidar. Era el momento de derramar su alma hasta la muerte y ofrecerse a sí mismo como sacrificio por nuestros pecados. Aun a sabiendas de que las fuerzas del mal se unirían para arrestarlo y llevarlo a la cruz, Jesús entró en Betania, consoló a María, exhortó a Marta y resucitó a Lázaro. Marta se atrevió a criticar a Jesús por haber llegado demasiado tarde. Los judíos cuestionaron el amor de Jesús, al permitir que Lázaro muriera. Pero Jesús no llegó tarde. Él siempre viene en el momento justo de Dios. Él es el amigo que está con nosotros en las horas más oscuras. El mismo Jesús que ha hecho maravillas en el pasado puede hacer cosas extraordinarias hoy. No hay limitación en su poder ni en su misericordia. En este momento también puede intervenir en su vida y en su familia, llevando consuelo, alivio y salvación.

12
de julio

El médico de los médicos
en la casa de misericordia

Cuando Jesús lo vio tendido, y supo que llevaba ya mucho tiempo así, le dijo: "¿Quieres quedar sano?".

JUAN 5:6

Jesús había ido a Jerusalén para la fiesta de los judíos. Al llegar a la ciudad, fue al tanque de Betesda, que significa 'Casa de Misericordia'. Había una multitud de enfermos, ciegos, cojos y paralíticos, hacinados en cinco pabellones, impulsados por un hilo de esperanza, a la espera de una cura que parecía cada vez más lejana. En el dolor de este escenario, donde las personas se reunían trituradas emocionalmente, rechazadas por sus familias y con el cuerpo golpeado por la enfermedad, Jesús vio a un paralítico. Estaba allí, dejado de lado en una cama hacía 38 años. Diagnosticando no solo la gravedad de su enfermedad, sino también las heridas de su alma, Jesús le preguntó: "¿Quieres quedar sano?". Esa parecía ser una pregunta muy obvia. Sin embargo, el hombre respondió con una evasiva: "No tengo quien…" (v. 7). Más que el dolor de la enfermedad, el desprecio dolía más en su alma. Jesús le dio una orden directa: "Levántate, toma tu camilla, y anda" (v. 8). Aquella parecía ser una orden un poco extraña, ya que todo lo que aquel hombre siempre había querido era levantarse, y nunca lo había logrado. El mismo Jesús que da la orden, no obstante, otorga el poder de hacer que la orden se cumpla. El hombre fue sanado inmediatamente, y tomó su camilla y echó a andar. Jesús sigue sanando a los enfermos, levanta a los caídos y salva a los abatidos.

13

de julio

Jerusalén, palco de las grandes intervenciones de Dios

Jerusalén, que está edificada como una ciudad de un conjunto perfecto, y allá suben las tribus, las tribus de JAH, conforme al testimonio dado a Israel, para alabar el nombre de Jehová.

SALMOS 122:3-4

Jerusalén fue construida en la cima de las montañas. Allí están los montes de Sión, Moriah, y de los Olivos. Esta ciudad conquistada por el rey David se convirtió en capital y centro de culto judío de Israel y fue allí, en la cima de Moriah, que Salomón construyó el templo del Señor. Jerusalén fue destruida por Nabucodonosor en el año 586 a.C., y restaurada posteriormente por Nehemías al regreso de la cautividad babilónica. En tiempos de Jesús, esta magnífica ciudad estaba bajo el poder de los romanos. En el año 70 d.C., Tito Vespasiano destruyó el templo, saqueó la ciudad y esparció a los judíos. La dispersión duró 1.878 años, ya que la soberanía del Estado de Israel solo se restableció el 14 de mayo de 1948. En Jerusalén, Jesús realizó grandes milagros y dio enseñanzas solemnes. En Jerusalén, fue perseguido, encarcelado, escupido, golpeado, juzgado y condenado a muerte. En Jerusalén, el Hijo de Dios fue acusado de blasfemia y sedición, de haber pecado contra Dios y contra el César. En Jerusalén, Jesús cargó una pesada cruz bajo los abucheos de una multitud. En esta ciudad Jesús fue crucificado y enterrado. Pero también en esa ciudad, Él resucitó de entre los muertos y se apareció a sus discípulos, derramando sobre ellos en el momento oportuno su Espíritu.

14
de julio

La clase de despedida

Antes de la fiesta de la pascua, sabiendo Jesús que su hora había llegado para que pasase de este mundo al Padre, habiendo amado a los suyos que estaban en el mundo, los amó hasta el fin.

JUAN 13:1

El aposento alto era una habitación espaciosa, que estaba en el monte de Sion. Allí Jesús se reunió con sus discípulos y celebraron la Pascua e instituyó la Cena. Fue en el aposento alto que Jesús dio la clase de despedida e impartió sus últimas enseñanzas, mostrando la necesidad de su partida, pero prometió a los discípulos el envío del Espíritu Santo como otro consolador. Cuando estaba en el aposento alto Jesús desenmascaró a Judas Iscariote, le señaló como un traidor. También fue el lugar donde Jesús lavó los pies de los discípulos, dándoles una lección de humildad. En el aposento alto, Jesús abrió las cortinas del futuro y consoló a los discípulos, diciendo que iba a ir al Padre, pero volvió para ellos. Cuando estaba en el aposento alto Jesús llamó a sus discípulos amigos e intercedió por ellos ante el Padre, y les reveló su propósito de que fueran uno como él y el Padre son uno. En el aposento alto, estaban los 120 discípulos reunidos en oración unánime y perseverante, después de la ascensión de Jesús, esperando la promesa del Padre, la dotación de poder. Fue allí, en el aposento alto en Pentecostés, que el Espíritu Santo fue derramado sobre la iglesia. El aposento alto es más que un espacio físico, es un emblema. Allí, Dios cumplió su promesa, derramando su Espíritu. A partir de ahí, la iglesia de Cristo comenzó a crecer en todos los rincones de la tierra. ¡Hoy en día, somos parte de esta familia bendecida!

15
de julio

El jardín del Getsemaní, lágrimas y sangre

> Entonces marchó Jesús con ellos a un lugar que se llama Getsemaní, y dijo a sus discípulos: "Sentaos aquí, mientras voy a orar allá".
>
> MATEO 26:36

El jardín de Getsemaní, que significa 'prensa de aceite' se encuentra al pie del monte de los Olivos, separado de los montes Moriah y Sión por el valle del Cedrón. Este era un lugar que Jesús solía frecuentar. Fue a este jardín que Jesús fue con sus discípulos después de haber instituido la Cena en el aposento alto. Allí Jesús enfrentó una batalla de sudor de sangre. En esa etapa de la oscuridad, el alma de Jesús fue reducida a mortal angustia. Los horrores del infierno soplaron su corazón. Mientras Jesús clamaba con gran clamor y lágrimas, sangre y sudor, los discípulos de Jesús se durmieron. De rodillas con la cara en la tierra, sumergido en la batalla más épica de la historia, Jesús se inclinó ante la voluntad soberana del Padre confortado por un ángel del Señor, Jesús quedó fortalecido para enfrentar a sus enemigos y caminar victoriosamente a la cruz. Allí donde lloró sangre por nosotros, Jesús triunfó sobre el diablo, desbarató el infierno y no hizo caso de la ignominia de la cruz por causa de la alegría que estaba propuesta delante de él, la alegría de salvarnos por su sacrificio vicario. El primer Adán cayó en un jardín; Jesús, el segundo Adán, se puso de pie con valentía en otro jardín y caminó a la cruz como camina un rey para la coronación. La cruz no fue una derrota, sino el palco en el que aplastó la cabeza de la serpiente y compró redención eterna para nosotros.

El jardín donde Jesús venció a la muerte

> Y en el lugar donde había sido crucificado, había un huerto, y en el huerto un sepulcro nuevo, en el cual aún no había sido puesto ninguno.
>
> JUAN 19:41

José de Arimatea, hombre rico, bueno y justo, un miembro del sanedrín y seguidor secreto de Jesús, junto con Nicodemo, fue a Pilato, y pidió permiso para enterrar el cuerpo de Jesús. "Y en el lugar donde había sido crucificado, había un huerto, y en el huerto un sepulcro nuevo, en el cual aún no había sido puesto ninguno". Era un sepulcro nuevo que José de Arimatea había abierto en la roca. Después de preparar el cuerpo de Jesús con especias, lo puso en la tumba excavada en la roca, e hizo rodar una piedra a la entrada de la tumba. Sin embargo, en el primer día de la semana siguiente, se extendió la noticia por toda Jerusalén: la tumba de Jesús estaba abierta desde dentro hacia afuera, y Jesús no estaba entre los muertos. La tumba vacía se convirtió en la cuna de la iglesia, porque Jesús murió por nuestros pecados y resucitó para nuestra justificación. Su tumba vacía es el grito triunfal de su victoria sobre la muerte y la garantía firme de que la muerte es vencida. La resurrección de Cristo es la garantía de la resurrección y la prueba de que su sacrificio fue plenamente aceptado por el Padre. Un Cristo muerto no podría redimirnos del pecado. Si Cristo hubiera sido vencido por la muerte, nuestra fe sería en vano y nuestra predicación estaría vacía. Estaríamos rendidos a los pecados, seríamos los más miserables de los seres humanos. Pero Cristo ha resucitado como primicia de los que duermen.

17
de julio

La quiebra de los preconceptos

Volvió la voz a él la segunda vez: "Lo que Dios ha purificado, no lo llames tú común".

HECHOS 10:15

L a ciudad de Jope, a orillas del mar Mediterráneo, hoy es un antiguo barrio de la gran ciudad de Tel-Aviv. Fue a partir de esta ciudad que el profeta Jonás abordó un barco tratando de huir de Dios para Tarsis, exactamente cuando Dios lo había comisionado a predicar en Nínive. También fue en la ciudad de Jope que Pedro se quedó en la casa de Simón, el curtidor, tuvo una visión de un mantel atado de las cuatro puntas y lleno de animales impuros. La orden era que Pedro matara y comiera animales, pero el apóstol se negó a hacerlo. Luego, la voz instruyó a no considerar común lo que Dios había limpiado. Inmediatamente Pedro recibió mensajeros de Cornelio, rogándole que fuera a su casa a predicar las buenas nuevas del evangelio. En Jope, Jonás trató de huir de Dios, pero Dios envió una tormenta detrás de él. En Jope, Pedro trató de negarse a obedecer la orden de Dios, pero el Señor venció su preconcepto. Pedro fue a la casa del gentil Cornelio y toda su familia se salvó. Desde Jope, se abrieron las puertas para el evangelio a los gentiles. Muchas personas hoy en día superan los preconceptos. Quieren huir de Dios, como lo hizo Jonás, o desafiar al Señor, como lo hizo Pedro. Dios no hace acepción de personas. Dios se niega a despreciar a las personas que no apreciamos. Él ama a todos sin distinción de raza o cultura. Él compró con la sangre de su Hijo a los hombres de toda raza, lengua, pueblo y nación.

18
de julio

Salvación y juicio

Al día siguiente entraron en Cesarea. Y Cornelio los estaba esperando, habiendo convocado a sus parientes y amigos más íntimos.

HECHOS 10:24

La ciudad marítima de Cesarea, construida en las orillas del Mediterráneo, fue la sede de Roma, en Israel. Había un precioso palacio construido por Herodes el Grande. La ciudad había sido construida para ser un gran puerto de conexión entre Oriente y Occidente. En este pueblo vivía Cornelio, el centurión romano, convertido a Cristo a través del ministerio de Pedro. En esta ciudad vivía también el rey Herodes Agripa I, quien él mismo mandó asesinar a Santiago al filo de la espada, comido por los gusanos, por fulminante juicio divino. En esta ciudad, el apóstol Pablo fue encarcelado por dos años, siendo acusado por los judíos, bajo los auspicios de los gobernadores Félix y Festo. Y fue de allí que el veterano apóstol salió preso para Roma. En Cesarea, vemos tanto la presencia de la salvación como la manifestación del juicio. Para un devoto soldado, con hambre de oír la Palabra de Dios, la salvación había llegado, también para su casa, pero para el rey Herodes, untado de orgullo, hubo juicio severo e irreversible. La vida es acerca de elecciones. Elija la vida para que viva. Dios ha puesto delante de usted una puerta abierta y le invita a entrar. Jesús es la puerta. Dios le muestra el camino de la salvación. Jesús es el camino. Dios manda a huir la ira venidera y amablemente invita a recibir gratuitamente el agua de la vida. Si se arrepiente y cree, no habrá ningún juicio sobre su cabeza, y habrá pasado de la muerte a la vida.

19
de julio

El lugar donde hizo eco
la voz de Dios

... vino palabra de Dios sobre Juan el hijo de Zacarías, en el desierto. Y recorrió toda la comarca del Jordán, proclamando un bautismo de arrepentimiento para perdón de pecados.

LUCAS 3:2-3

Judea se encuentra al sur de Israel. Es una región montañosa y despoblada. Fue en este desierto que Juan el Bautista, el precursor del Mesías, predicó un bautismo de arrepentimiento para perdón de los pecados. Tras cuatro años de silencio profético, la voz de Dios vino a Juan en el desierto. La voz de Dios no estaba en el templo, con sus ceremonias llenas de pompa, no en los grandes centros urbanos, donde las multitudes pululaban. La voz de Dios vino a Juan en un escenario hostil, empinado y lleno de cortes. Dios escoge a las cosas extrañas para herir nuestro orgullo. Juan el Bautista fue vestido de forma extraña, tenía un menú extraño, predicó en un lugar extraño y anunció un extraño mensaje, porque en lugar de hacer frente a las multitudes que iban con urgencia para escucharlo con palabras corteses, llamó a sus oyentes "víboras". El resultado, sin embargo, fue extraordinario porque acudió a él toda la región de Judea y Jerusalén, confesaron sus pecados y fueron bautizados en el río Jordán. La voz de Dios hizo eco en el desierto y el mensaje de arrepentimiento se escuchó allí. No importa si es en un magnífico templo o en un campo abierto, donde la voz de Dios es fielmente proclamada y las personas se acercan a escuchar. ¡Lo que más importa no es el lugar, ni el mensajero, sino la voz de Dios, el mensaje divino!

20
de julio

Armagedón, la etapa final de la victoria

Pelearán contra el Cordero, y el Cordero los vencerá, porque él es Señor de señores y Rey de reyes...

APOCALIPSIS 17:14

Armagedón, o valle de Meguidó se encuentra en Galilea. Es el campo más amplio y más fértil del Estado de Israel. Fue el escenario de muchas batallas importantes. El Armagedón será la última batalla de los enemigos de Dios contra su pueblo, cuando se producirá el triunfo definitivo y rotundo de Cristo. Este hecho se registra en Apocalipsis 16:14-16. Armagedón es un símbolo, más que un lugar. Se refiere a la batalla y la victoria final, cuando Cristo vendrá en gloria y majestad. Cuando Satanás se dé cuenta de que su derrota es inevitable, se instará a las naciones en contra de Dios. Pero justo en ese momento Jesús se manifestará y aplastará a todos los enemigos debajo de sus pies. Es el fin. Es el Armagedón. Armagedón es cuando los hombres que han rechazado a Cristo lo verán en su gloria. Armagedón ocurrirá cuando Cristo aparezca en gloria para liberar a su pueblo. Es por esta razón que el Armagedón es la sexta copa de la ira de Dios. El séptimo es el día del juicio. Es de destacar que en esta batalla, la única arma utilizada es la espada aguda que sale de la boca del Señor, la palabra de su juicio. Ninguno escapará de la majestuosa presencia de Cristo en su venida. Los hombres desesperados buscarán la muerte, pero la muerte huirá de ellos. Ni la cueva más oscura puede ocultar su presencia de las personas cuyos ojos son como llama de fuego. Los impíos serán impotentes. Ese día será oscuridad para ellos, pero los redimidos del Señor se recrearán con él y vivirán con él por toda la eternidad.

21
de julio

El tormento del miedo

> Porque no nos ha dado Dios espíritu de cobardía, sino de poder, de amor y de cordura.
>
> 2 TIMOTEO 1:7

El miedo es el sentimiento más común de los seres humanos. Tenemos miedo de todo lo que no conocemos y no manejamos. Tenemos miedo de la gente y las circunstancias. Tenemos miedo de lo conocido y lo desconocido. Tenemos miedo del mundo real y del mundo de los sueños; de las cosas visibles e invisibles. Tenemos miedo de los demás e incluso de nosotros mismos. El primer síntoma de pecado en el mundo era el miedo. Después de que Adán pecara, empezó a temer a Dios en vez de deleitarse en él. Este temor lo llevó a esconderse de Dios y crear mecanismos de escape. El miedo es más que un sentimiento; es un espíritu que nos paraliza. El apóstol Pablo habla del espíritu de temor (2 Timoteo 1:7). En la familia, siempre nos tratamos con el miedo. Algunos tienen miedo a contraer matrimonio, y otros, de quedarse solos. Muchos tienen miedo de la enfermedad y la muerte. El miedo puede ser positivo o negativo. Puede salvarnos o hacernos perecer. Cuando el miedo es una señal de alerta ante un peligro, es positivo. Sin embargo, el miedo nos puede hacer encoger de dolor en las situaciones difíciles y quitar los ojos de Dios. Adán y Eva, después de que hubieran caído en pecado, en lugar de buscar refugio en Dios, temieron y huyeron de Dios. En vez de confesar su culpabilidad, crearon mecanismos de escape. En vez de reconocer su error, comenzaron a acusarse el uno al otro. Muchos, hoy en día, debido al miedo, están huyendo de Dios, cuando deberían estar corriendo hacia Dios.

22
de julio

Cuidado con la envidia

… Y miró Jehová con agrado a Abel y a su ofrenda; pero no miró con agrado a Caín y a la ofrenda suya. Y se ensañó Caín en gran manera, y decayó su semblante.

GÉNESIS 4:4-5

La envidia es un sentimiento mediocre. Ella es la hija de la ingratitud y madre de la infidelidad. La envidia, en lugar de regocijarse se entristece con lo que otros tienen. La envidia es un sentimiento hostil; porque no puede imitar a los demás conspira contra ellos para eliminarlos. La envidia corrompe como el cáncer. Es podredumbre a los huesos, el azote del alma, la picota en la que la mente es golpeada por el flagelo de la amargura velada. Esto sucedió en la familia de Adán y Eva. Sus hijos Caín y Abel recibieron las mismas instrucciones. Aprendieron a adorar a Dios. Caín era agricultor y Abel era pastor. Ambos se habían ofrecido al Señor. Caín ofreció productos de la tierra; y Abel, los primeros frutos de su rebaño. Dios se agradó de Abel y su ofrenda, pero no se agradó con Caín y su ofrenda. Antes de recibir la oferta, Dios debe recibir la persona que da la oferta. Antes de poner nuestra oferta en el altar, debemos someter nuestras vidas a Dios. Dios no se complace con Caín. Por lo tanto, no está satisfecho con su oferta. En lugar de Caín reconocer su pecado e imitar a su hermano Abel, lleno de celos decidió matarlo. Su odio velado se convirtió en el engaño criminal. Caín llamó a su hermano para una trampa y luego matarlo, incluso trató de hacer callar su conciencia, esquivándose de la responsabilidad. ¡Tenga cuidado con la envidia!

23
de julio

Afligido por el dolor

Me turban todos mis dolores.

JOB 9:28

El dolor castiga el cuerpo y el alma. Nos alcanza de forma aguda y crónica. Afecta a todos, pequeños y grandes, ricos y pobres, piadosos e impíos. La familia de Job pasó por el terrible drama del dolor. Job era un hombre rico y un padre ejemplar. Su vida estaba bien con Dios y con los hombres. Dios dio testimonio de su integridad, pero Satanás cuestionó sus motivos. Dios le permitió a Satanás que tocara sus bienes, su familia y su salud. Dios, entonces, constituyó a Job como su abogado, y Satanás le quitó, a Job, sus bienes, sus hijos y su salud. Job fue a la quiebra. Perdió a sus diez hijos en un solo accidente y todos ellos fueron enterrados en el mismo día. Lleno de indescriptible dolor, cayó al suelo, y temeroso de Dios, dijo: "Jehová me lo dio, y Jehová me lo quitó; sea bendito el nombre de Jehová" (Job 1:21). El sufrimiento de Job no se detuvo allí. También fue afectado por una terrible enfermedad, su cuerpo fue herido y su piel se desprendió sobre los huesos afilados. Él perdió el apoyo de la esposa y recibió acusaciones injustas de amigos. En este mar embravecido de dolor, Job no blasfemó contra Dios. Al final, el Señor restauró su suerte y le dio dos veces más que todo lo que poseía. El Dios de Job es también su Dios. Cuente con Él, y su restauración brotará con rapidez. El sol brillará de nuevo. La nube negra pasará. Un tiempo de refrigerio viene de Dios sobre su vida y su familia.

24
de julio

Los síntomas de los celos

Y viendo sus hermanos que su padre lo amaba más que a todos
sus hermanos, le aborrecían, y no podían hablarle pacíficamente.
GÉNESIS 37:4

Los celos son un pecado terrible y una enfermedad con tres síntomas: una
persona celosa ve lo que no está allí, aumenta lo que existe y lo que no
existe, y busca lo que no quiere encontrar. La persona celosa transforma una
fantasía en realidad; convierte una casa de termitas en una montaña inalcanza-
ble e investiga cuidadosamente lo que no quiere encontrar. La familia de Jacob
era un caldero hirviendo. Sus hijos no eran nada de lo que aparentaban ser.
José pasó momentos malos en las manos de sus hermanos, que estaban celosos
de él, porque él era el hijo favorito de su padre. Un día decidieron matarlo.
Pero por la intervención de Judá terminaron tomando una decisión menos
radical. Lo vendieron como esclavo a Egipto. Por la providencia divina, este
recurso fue finalmente usado por Dios para salvar a la familia de Jacob, sin
embargo, la soberanía de Dios no anula la responsabilidad humana. Muchas
familias siguen sufriendo a causa de los celos. Hay padres que todavía cometen el error de amar a un hijo más que al otro. Hay padres que todavía siem-
bran discordia entre los niños, mostrando el favoritismo a un hijo sobre los
demás. Hay hermanos que, en lugar de vivir como amigos, se comportan
como competidores. En lugar de regocijarse en el éxito del otro, hacen gran
esfuerzo para derrotarlo y destruirlo. Los celos son una actitud mezquina. Es
un pecado que ofende a Dios, atormentando el alma, enfermando la familia
y amenazando al prójimo.

25
de julio

El deseo no es amor

Y este le dijo: "Hijo del rey, ¿por qué de día en día vas enflaqueciendo así? ¿No me lo descubrirás a mí?". Y Amnón le respondió: "Yo amo a Tamar, la hermana de Absalón, mi hermano".

2 SAMUEL 13:4

Todos los días los titulares de los periódicos colocan en primera plana crímenes pasionales. Personas que matan en nombre del amor. Matan porque fueron traicionados. Matan porque fueron violadas. Matan por celos enfermizos. La familia de David también hizo frente a este drama. Amnón, el hijo mayor de David, se encontraba perdidamente enamorado de su hermana Tamar, a punto de que su semblante decayó. El sentimiento que Amnón sintió por su hermana no era amor, sino pasión, el amor no tiene objetivos o intereses egoístas. El amor no es egoísta, sino que es centralizado en el otro. La pasión es abrumadora, egoísta, es un sentimiento arrollador. David, padre de Amnón, no vio nada, pero Jonadab, el primo de Amnón, muy inteligente, no solo le arrancó el secreto a Amnón, sino que también le dio pautas que lo empujaron a la muerte. Amnón lanzó una trampa a su hermana y la atrajo a su habitación como una presa indefensa; simplemente para violarla para después sentir náuseas de ella inmediatamente. Esto llevó Absalón, hermano de Tamar, a cultivar un odio velado por Amnón y a planear ejecutar su muerte dos años más tarde. Muchas personas todavía mueren a causa de la pasión malsana. Muchos jóvenes se quitan sus vidas por este sentimiento abrumador. La pasión no es amor. El amor es benigno y no es celoso, pero la pasión es la lava del volcán escupiendo fuego y lleva en sí castigo y muerte. Es una avalancha que arrastra su vida al abismo de la perdición. Tenga cuidado con la pasión. Ella es como una llamarada en una paja, en un instante, fulminante; en el otro, solo cenizas.

26
de julio

La embriaguez,
una tragedia social

Y Abigail volvió a Nabal, y he aquí que él tenía banquete en su
casa como banquete de rey; y el corazón de Nabal estaba alegre,
pues se hallaba completamente ebrio…

1 SAMUEL 25:36

El alcoholismo es uno de los graves problemas sociales de muchos países.
Más del diez por ciento de la población es dependiente del alcohol. Las
personas que comenzaron a beber socialmente después fueron dominadas y
esclavizadas por el alcohol. El alcoholismo es una puerta de entrada a drogas
más duras. El alcohol es el ladrón más grande en el cerebro del mundo, la
causa más grande de accidentes, crímenes pasionales, separaciones dolorosas
y familias destruidas. Los que actúan bajo su influencia se aglomeran en las
cárceles, y sus víctimas pueblan los cementerios. La Biblia cita a Nabal, un
hombre rico y, sin embargo, tonto (1 Samuel 25). Se entregó a la embriaguez,
hacía fiestas de rey sin ser rey. Movido por el alcohol, se hizo duro en el trato
e incomunicable. Embalado por la avaricia, se volvió tacaño. Su embriaguez
robó su lucidez y le costó la vida. Hay muchos hogares amargados y heridos
por los efectos nocivos del alcohol. Hay muchos matrimonios destruidos a
causa de la embriaguez. Hay muchos enojados y llenos de vergüenza porque
los hijos ven a sus padres presos a esta adicción degradante. Hay muchos jóvenes cautivos del alcohol, acortando sus días y moviendo su alma a un abismo
de dolor y angustia. En vez de estar llenos de alcohol, deben estar llenos del
Espíritu. La embriaguez produce la disolución y la muerte, pero la plenitud
del Espíritu produce la comunión, adoración y gratitud.

27

de julio

El perdón, una necesidad vital

... perdonándoos unos a otros si alguno tiene queja contra otro. De la manera que Cristo os perdonó, así también hacedlo vosotros.

COLOSENSES 3:13

El perdón es un acto de amor con el ofensor y también una expresión de amor propio. El dolor es la autofagia; es la autodestrucción. Guardar amargura es como beber una taza de veneno pensando que el otro es quien morirá. El perdón es una cuestión de sentido común. El que guarda amargura simplemente va a vivir con la persona que le cae mal las 24 horas del día. Quien no perdona vive prisionero de emociones, en la mazmorra del resentimiento. El perdón es vital. Hablar del perdón es fácil; lo difícil es perdonar. Pero el perdón no es una opción; es una necesidad. Quien no perdona no tiene paz. Las familias atormentadas por la falta de perdón viven en la mazmorra del dolor. Quien no perdona no puede orar, ofrecer o ser perdonado. El perdón es vital para tener una buena condición de salud física, emocional y espiritual. El perdón es la limpieza del alma, de la mente, la libertad del corazón. El perdón cura, libera y restaura. Construye puentes donde el dolor cavó fosas. No hay bodas o familias saludables sin el ejercicio del perdón. José de Egipto fue una víctima del odio completo de sus hermanos. Durante años, él sufrió las consecuencias del odio. Pero Dios lo restauró y honró. José optó por perdonar a sus hermanos en lugar de vengarse de ellos. Dio dos pruebas de esta actitud: Él llamó a su hijo primogénito Manasés, que significa 'Dios me ha hecho olvidar', y dio la mejor tierra de Egipto a los hermanos que lo maltrataron. El perdón es un acto de misericordia. Es una expresión de la gracia de Dios en nosotros y a través de nosotros.

La depresión, el sollozo del alma

... y deseando morirse, dijo: "Basta ya, oh Jehová, quítame la vida".

1 REYES 19:4

La depresión es como un parásito que roba nuestras esperanzas y nuestros sueños. Es el suspiro del alma, el gemido del corazón, el dolor no puede ser aliviado con analgésicos. Andrew Solomon dijo que la depresión se siente como el uso de ropa de madera y tragarse el propio funeral. La depresión es multifactorial, por lo que no siempre es fácil de identificar. Es la principal causa de suicidio y el origen de muchas otras enfermedades. Llega a más del diez por ciento de la población. Es una enfermedad que necesita ser diagnosticada correctamente y tratada adecuadamente. Muchas personas confunden la depresión con actividad demoníaca o incluso con algún pecado no confesado. Es preciso decir que una persona llena del Espíritu Santo puede estar deprimida, así como un fiel puede desarrollar cáncer. El profeta Elías se ocupó de este drama. Después de las victorias espirituales estupendas, entró en una cueva y quería morir. Vio la vida con los vidrios empañados y pensó que era el único creyente sobreviviente. Miró a la vida a través de la lente retrovisor y sintió que su ministerio había terminado. Así que pidió la muerte. Dios cuidó de Elías y lo restauró de su crisis depresiva. Él le devolvió la salud emocional y también el ministerio. Dios también puede tomar su alma de la cárcel y curar su depresión. No se desespere; espere en Dios. ¡El sol brillará otra vez!

29
de julio

La ansiedad,
el sufrimiento anticipado

> ... echando toda vuestra ansiedad sobre él, porque él tiene cuidado de vosotros.
>
> 1 Pedro 5:7

La ansiedad es la madre de las neurosis, la enfermedad del siglo, el pecado más democrático de nuestra generación. Está presente en todas las familias, afecta a los jóvenes y viejos, y a los analfabetos, los creyentes y los ateos. La ansiedad es inútil, porque a través de ella no podemos añadir un codo a nuestra existencia. La ansiedad es perjudicial porque nos roba el poder de lo que nos permite hacer frente a los problemas del futuro. La ansiedad es una señal de incredulidad, para aquellos que no conocen a Dios y no se preocupan por el mañana. Cuando buscamos el reino de Dios en primer lugar, se añaden todas las demás cosas. El apóstol Pablo habla de la cura de la ansiedad, dándonos tres consejos: orar correctamente (Filemón 4:6), pensar correctamente (Filemón 4:8) y actuar adecuadamente (Filemón 4:9). Cuando conocemos la grandeza de Dios y colocamos ante él nuestra ansiedad, cuando pensamos en las cosas de Dios y actuamos de manera coherente con nuestra fe, podemos superar la ansiedad y disfrutar de la paz de Dios, que sobrepasa todo entendimiento. La paz de Dios guarda nuestra mente y nuestro corazón. Esto se debe a que la ansiedad es un pensamiento erróneo y un sentimiento equivocado. Cuando adoramos a Dios, la ansiedad sale retirada, y la paz de Dios, como vigilante divino, viene a proteger nuestra razón y nuestras emociones. ¡No ande ansioso, disfrute de la paz de Dios!

La lucha,
el dolor más agudo del alma

... y dijo: "¿Dónde le habéis puesto?". Le dijeron: "Señor, ven y ve". Jesús lloró.

JUAN 11:34-35

La muerte es el dolor más agudo que puede afligir nuestras almas. Ninguna familia puede escapar de este drama. La muerte visita a todos, pequeños y grandes, ricos y pobres, viejos y jóvenes. No hay castillo seguro en que se pueda esconder de la muerte. No hay dinero que pueda evitarlo. No existe una posición social que pueda burlarla. La muerte es el signo de igualdad en la ecuación de la vida. Cuando llega la muerte, trae en el equipaje un gran sufrimiento. No es fácil ser privado del convivio de alguien a quien amamos. No es fácil enterrar a un ser querido o un amigo cercano. No es fácil lidiar con el duelo. Jesús lloró ante la tumba de Lázaro, y los siervos de Dios lloraban sus muertos. Sin embargo, no es un consuelo para los que lloran. Los que están en Cristo tienen una esperanza viva, porque saben que Jesús venció a la muerte. Mató a la muerte y le arrancó su aguijón. Ahora la muerte no tiene la última palabra. Jesús es la resurrección y la vida. Aquellos que creen en él no perecerán eternamente. Ahora, estamos de luto, tenemos el dolor de la nostalgia, pero no el sentimiento de pérdida. Perdimos a aquellos cuyo paradero es desconocido. Cuando enterramos a nuestros muertos, sabemos dónde están. Ellos están en el cielo con Jesús. Para los hijos de Dios, morir es dejar el cuerpo y vivir con el Señor. Es partir y estar con Cristo. Morir es ganancia, es felicidad, es algo precioso a los ojos de Dios. ¡No caminamos para una tumba helada, sino para la gloria celestial!

31
de julio

El divorcio, la negación del amor

Porque Jehová Dios de Israel ha dicho que él aborrece el repudio, y al que cubre de iniquidad su vestido…

MALAQUÍAS 2:16

El divorcio pone fin a la alianza matrimonial. Cierra las cortinas de la esperanza de un tiempo de cura y restauración. La sociedad contemporánea considera el divorcio como un logro y devalúa el matrimonio como una institución divina. Promueve la infidelidad y aplaude la separación. Para mantener las apariencias, las novias usan velos más largos, pero los matrimonios son cada vez más cortos. En algunos países, ya hay más divorcios que matrimonios. Se casan sin reflexión y suceden divorcios por cualquier razón. Muchos matrimonios que empezaron con promesas de amor y los sueños de felicidad terminan en un divorcio traumático. Más heridos que los cónyuges quedan los hijos. Los cónyuges se pueden separar el uno del otro, pero no hay un divorcio entre padres e hijos. Los hijos son las principales víctimas del divorcio. La Biblia dice que Dios odia el divorcio. El divorcio es la apostasía del amor, la ruptura del pacto, el fracaso del matrimonio. Dios instituyó el matrimonio, no el divorcio. Esto es permitido por Dios, y no ordenado por él. Solo se permite debido a la dureza del corazón, es decir, la incapacidad de perdonar. El perdón es mejor que el divorcio. No hay gente perfecta o matrimonios perfectos. Cada matrimonio requiere de inversión y de renuncia. Cada matrimonio requiere paciencia y perdón. La crisis se puede superar, y las limitaciones son superadas. ¡El amor lo conquista todo!

1
de agosto

La esclavitud de las drogas

Jesús les respondió: "De cierto, de cierto os digo, que todo aquel que hace pecado, es esclavo del pecado".

JUAN 8:34

En el siglo de la libertad, muchas personas ponen sus cuellos en el collar de la esclavitud. En el siglo de las oportunidades, muchos jóvenes cerraron las puertas del futuro y se entregaron a la esclavitud de las drogas. Las autoridades civiles y militares no tienen un plan eficaz para erradicar este mal que acaba con nuestra juventud. Más del 300 millones de personas en el mundo se ven afectadas por la abrumadora influencia de las drogas. En algunos países se ha liberado el uso de la marihuana y otros hacen campañas para defender la legalización de la marihuana, la puerta de entrada a drogas más duras. Millones de hogares están desesperados al ver a sus hijos que se han rendido a la esclavitud de las drogas. Hay millones de jóvenes que abortaron sus sueños y lanzaron su vida en el calabozo de la adicción. Estos jóvenes son el tormento de los padres. Muchos de ellos terminan muriendo antes de tiempo. Los traficantes armados hasta los dientes controlan grandes zonas de las ciudades y la muerte pasea por nuestras calles. Esquemas de corrupción, con intereses ocultos, dan cobertura a esta estructura de muerte. Estos agentes del mal seducen a los niños y adolescentes en las puertas de los colegios y ponen a muchos de ellos en su red mortal. Tenemos que encender la señal de advertencia y movilizarnos para parar esta ola de muerte. Familia, iglesia y estado deben unirse en esta cruzada por la familia. Hay esperanza para los adictos a las drogas. Jesucristo, el Hijo de Dios, liberó a los cautivos.

2

de agosto

El amor al dinero, una servidumbre peligrosa

… porque raíz de todos los males es el amor al dinero, el cual codiciando algunos, se extraviaron de la fe, y se traspasaron a sí mismos con muchos dolores.

1 TIMOTEO 6:10

El dinero es más que una moneda, es un ídolo. Es Mamón. En el altar de Mamón, muchos matan y mueren, se casan y se divorcian, corrompen y se corrompen a sí mismos. El dinero es uno de los puntos de controversia más grande dentro de la familia. Los cónyuges se pelean por dinero. Mucha gente busca el dinero con avidez, creyendo que es la fuente de la felicidad. Acumulan bienes y reúnen tesoros, pero descubren que el dinero no llena el vacío del alma. El apóstol Pablo dice que los que quieren enriquecerse caen en tentación y trampas, y atormentan su alma con muchas plagas, pues el amor al dinero es la raíz de todo mal. Nada hemos traído a este mundo y nada nos llevaremos de él. Nuestra felicidad no es el dinero, sino Dios. Debemos acumular tesoros en el cielo y no en la tierra. Cuando John Rockefeller, el primer multimillonario del mundo, murió, en su funeral un curioso le preguntó a su contador: "Y entonces, ¿cuánto dejó John Rockefeller?". El contador dijo: "Dejó todo, no tomó un centavo". No hay un trasteo en el entierro ni hay cajones en el ataúd. El dinero es un buen sirviente pero un mal patrón. El problema no es tener dinero, sino que el dinero nos tenga a nosotros. El problema no es poseer dinero, sino ser poseído por el dinero. El dinero es una bendición. Con él, podemos hacer frente a nuestras necesidades y ayudar a los afligidos. Sin embargo, el apego al dinero resulta en una servidumbre peligrosa.

3
de agosto

Hijos rebeldes, padres afligidos

El que engendra un insensato, para su tristeza lo engendra; y el padre de un necio no tendrá alegría.

PROVERBIOS 17:21

La sociedad está en crisis, y la crisis más aguda es la crisis de la familia. Hoy vivimos un conflicto de generaciones. Hay padres alienados de los hijos e hijos desobedientes a los padres. Hay padres que abandonan a sus hijos y los hijos matan a los padres. Los hijos son la mayor fuente de placer de los padres o la mayoría de los dolores de cabeza. Son el deleite del alma o la pesadilla del corazón. Hay hijos que no honran u obedecen a sus padres. Son ingratos y rebeldes, hieren durante la vida y después los dejan en la vejez. Hay hijos que nunca han tenido la educación o el ejemplo de los padres. Otros, sin embargo, a pesar de la buena educación y testimonio intachable de los padres, se burlan de esa herencia y se van por caminos peligrosos. Hijos rebeldes atraen la maldición. Están asociados con malas compañías, corriendo para hacer daño y acortar sus días en la tierra. Los hijos de Elí, Ofní y Fineés el sacerdote, aun siendo educados en la casa del Señor, fueron jóvenes irreverentes, profanos y adúlteros. Perdieron el temor del Señor y se taparon los oídos a la voz de alerta. Su vida era una pesadilla para el padre y una maldición a la nación. Los padres enseñan a sus hijos el camino que deben seguir, educándolos en la disciplina y amonestación del Señor. Corresponde a los hijos amar a Dios, servir a Cristo, obedecer a sus padres y caminar por sendas de justicia.

4

de agosto

Cuidado con las deudas

Pagad a todos lo que debéis: al que tributo, tributo; al que impuesto, impuesto; al que respeto, respeto; al que honor, honor.

ROMANOS 13:7

Un dicho popular dice que no hay que poner el sombrero donde nuestra mano no puede llegar. Mucha gente quiere hacer alarde de lo que no tiene y vivir un nivel de vida por encima de sus posibilidades. Para mantener las apariencias, algunos viven endeudados con la tarjeta de crédito, el pago de altas tasas de interés y apretando aún más el nudo que trae su asfixia financiera. Muchas familias viven perturbadas debido a las deudas. Gastan más de lo que ganan, compran más de lo que pueden y mantienen un estilo de vida por encima de sus posibilidades. Algunas personas no saben manejar sus recursos financieros o controlarse delante de las apelaciones seductoras del comercio. Muchos terminan enterrando sus finanzas a altas tasas de interés debido a que compran lo que no necesitan, con dinero que no tienen, para impresionar a la gente que no conocen. Necesitamos una ética de cómo ganar dinero y cómo invertirlo. No podemos gastar más de lo que ganamos ni todo lo que ganamos. Tenemos que hacer un ahorro de por lo menos el diez por ciento de lo que ganamos. No podemos comprar todo lo que nos atrae. Hay una gran diferencia entre el deseo y la necesidad. No es aconsejable comprar a plazo pagando altas tasas de interés. No es prudente pedir prestado, ya sea del banco o a personas para comprar lo que es superfluo. El que se enreda con deudas pierde sus bienes, su nombre y su paz. La Biblia dice que no debemos deber nada a nadie, excepto el amor.

5
de agosto

La calumnia, un hábito peligroso

Y esta es la palabra que por el evangelio os ha sido anunciada.
Desechando, pues, toda malicia, todo engaño, hipocresías,
envidias, y todas las detracciones.

1 PEDRO 2:1

La calumnia es hablar mal de los demás. Es denegrir la imagen de las personas. Es dirigir palabras acusatorias contra ellos y macular su honor. Es la forma más vil de autoexaltación. El calumniador tiene un placer morboso en la deconstrucción de la imagen de las personas. Tiene una atracción irresistible por herir al prójimo con la espada de la lengua. La calumnia es una maldita adicción y un hábito peligroso. Genera intriga y muerte. La lengua es la fuente de la vida o la cueva de la muerte. Es el árbol frutal que alimenta o el de espinas que hiere; es la medicina que cura o un veneno que mata. Es la fuente de la vida y el fuego destructor. Es como el timón de un barco, que se puede conducir con seguridad por los fuertes mares de la vida o lanzarlo sobre los acantilados de la intriga. La lengua es como una chispa que enciende un bosque entero. Hacer un comentario calumniador es como tirar una bolsa de plumas de la parte superior de una montaña; es imposible recogerlas todas. Los calumniadores esparcen contiendas entre los hermanos, y ese es el pecado que Dios aborrece más. Hay muchas personas prisioneras de una lengua suelta. Hay muchas relaciones rotas y muchos hogares heridos por causa de la calumnia. La Biblia habla de Doeg, el chismoso, el hombre que instó al rey Saúl para cometer una masacre en la ciudad de Nob. El que domina la lengua, también domina todo el cuerpo. Quien refrena la lengua abre amplias avenidas para una vida feliz. Nuestras palabras deben ser verdaderas, buenas y útiles, que transmiten gracia a los que escuchan. Nuestras palabras deben glorificar a Dios y edificar a los demás.

6
de agosto

Pornografía, la trivialización del sexo

Pues no nos ha llamado Dios a inmundicia, sino a santificación.

1 Tesalonicenses 4:7

La pornografía es la tergiversación y la banalización del sexo. El sexo es bueno, puro, santo y agradable. Fuimos creados con el deseo sexual y la capacidad de dar y recibir placer sexual. Pero el sexo es un privilegio que se puede disfrutar con seguridad, responsabilidad y placer en el matrimonio. Antes del matrimonio, la práctica del sexo es fornicación, y los que van por este camino están bajo la ira de Dios. Fuera del matrimonio, el sexo es la práctica de adulterio, y solo aquellos que se quieren destruir a sí mismos cometen semejante locura. Pero el sexo en el matrimonio es una ordenanza divina. Una relación sexual entre marido y mujer debe ser intachable. La santidad del sexo no es contraria a la plena vigencia, pero es su condición necesaria. Los que navegan los pantanos de sitios porno y alimentan la mente con la impureza, estos contaminan el lecho matrimonial, destruyen su propia alma y pierden inmediatamente la comunión con Dios. Los que buscan la satisfacción sexual propia enferman la mente y se convierten en prisioneros de un vicio degradante. Solo por el poder del Espíritu podemos tener una vida sexual pura y santa. Solo entonces podremos triunfar sobre la trampa de la pornografía. La misma Biblia que nos dice que debemos resistir al diablo también nos manda huir de las pasiones de la carne. Ser fuerte en esta área no es enfrentar, sino huir. La Palabra de Dios es muy clara: "Huid de la fornicación" (1 Corintios 6:18).

La vejez, la etapa otoñal de la vida

Y hasta vuestra vejez yo soy el mismo, y hasta las canas os soportaré yo; yo hice, yo llevaré, yo soportaré y libraré.

ISAÍAS 46:4

La vejez no es un mal, sino una recompensa. La medicina hace investigaciones científicas constantemente para aumentar nuestra esperanza de vida. La longevidad es un objetivo que se persigue. Pero muchas personas envejecen con dolor, mientras que otros alcanzaron la etapa del otoño de la vida en feliz vejez. El tiempo es implacable y esculpe arrugas en nuestra cara que no se pueden disfrazar. Cada cabello blanco que sale en nuestra cabeza es la muerte que nos llama a un duelo. Los años pesan sobre nosotros como el plomo, dejando las piernas temblorosas, nuestros brazos y nuestros ojos débiles y borrosos. La vejez es una realidad inevitable. Tarde o temprano, vamos a estar cara a cara con ella, a menos que una muerte temprana nos visite. Muchas personas se quejan de una dolorosa soledad en la vejez. Otros, sin embargo, se vuelven dulces y sabios, aprovechando esta etapa otoñal de la vida de los años dorados y la más extraordinaria caminata. Los ancianos pueden estar llenos del Espíritu y alimentar en el alma grandes sueños. Pueden mirar hacia delante y tener proyectos en lugar de celebrar solamente los logros del pasado. Pueden influir en la próxima generación, en vez de solo alabar el pasado. La vejez es un privilegio, una bendición, un regalo de Dios. Tenemos que desearla y recibirla con gratitud.

8
de agosto

Cuida tu autoestima

Y creó Dios al hombre a su imagen, a imagen de Dios lo creó;
varón y hembra los creó.

GÉNESIS 1:27

Tenemos que sentirnos bien delante del espejo. Eso no es narcisismo, sino autoestima positiva. Rechazar el proyecto es lo mismo que rechazar el diseñador. El que no se acepta a sí mismo acusa a Dios de tener el proyecto equivocado. Una autoestima saludable comienza con el entendimiento de que no somos fruto de la casualidad, sino que fuimos formados por Dios de una manera maravillosa. A pesar de este hecho auspicioso, millones de personas viven con una autoestima aplanada. Viven aplastados por un complejo de inferioridad. Se miran a sí mismos con desprecio. Se sienten inferiores a los demás. Son como los espías de Israel, que se veían a sí mismos como langostas delante de los gigantes de Canaán. Debemos entender que no somos lo que pensamos, incluso lo que la gente dice que somos. Somos lo que Dios dice que somos. Tenemos valor para Dios. Hemos sido creados a su imagen y semejanza. Pertenecemos a él por derecho de creación. Aquellos que creen en el Señor Jesús también le pertenecen por derecho de redención. Cuando nos sentimos un cero a la izquierda, estamos menospreciando al Creador. Cuando nos sentimos indignos, le estamos dando muy poca atención al redentor. La Biblia dice que somos hijos de Dios, herederos de Dios y habitación de Dios. Somos la herencia de Dios, la niña de sus ojos y el deleite de Dios, en quien él tiene todo su placer. No debe haber lugar para el orgullo ni para el desprecio en nuestros propios corazones.

9
de agosto

Cuando los dramas de la vida amargan el alma

Yo me fui llena, pero Jehová me ha vuelto con las manos vacías. […] ya que Jehová ha dado testimonio contra mí, y el Todopoderoso me ha afligido.

RUT 1:21

La vida no es un mar de rosas. No vivimos en un mundo perfecto blindado contra la adversidad. No vivimos en un invernadero, la vida no es un picnic ni un campamento de verano. Cruzamos desiertos abrasadores, profundos valles y caminos plagados de espinas. La Biblia habla de Noemí, cuyo nombre significa 'alegría'. Esta mujer vino de Belén, la "casa del pan" en una época de hambruna, y se fue a Moab. Allí perdió a su marido y sus dos hijos. Buscando la supervivencia, encontró la muerte. Terminó como una viuda pobre, vieja y extranjera. Cuando regresó a su tierra, su alma estaba empapada de amargura. Había cambiado su nombre. Ella se hacía llamar Mara, que significa 'amargo'. Noemí levantó un monumento permanente a su dolor. Atribuyó a Dios toda su desgracia. Noemí no sabía que en medio de todas esas circunstancias Dios estaba escribiendo uno de los mejores episodios de la historia. Noemí se convirtió en abuela del rey David y Rut, su nuera, en ancestrales del Mesías. No deje que su corazón se vuelva amargo por las circunstancias adversas. Cuando las circunstancias de la vida son tristes, recuerde que el capítulo final aún no está escrito. Dios está en control y Él es capaz de llevarlo en triunfo. Mire las circunstancias desde la perspectiva de la soberanía de Dios. No amargue su alma y descanse su corazón en la bondadosa providencia de Dios.

10
de agosto

Soledad, vacío en medio de la multitud

Procura venir pronto a verme, porque Demas me ha desamparado, amando este mundo, y se ha ido...

2 TIMOTEO 4:9-10

La población mundial superó el límite de los 7.000 millones de habitantes. Multitudes se exprimen en los grandes centros urbanos, pero la mayoría es una masa sin rostro e identidad. Los trenes subterráneos, autobuses, trenes, automóviles, vías obstruidas y calles transversales están llenas de personas cada día. Pero estas personas no tienen nombre o identidad. Los ascensores de rascacielos suben y bajan todos los días con rostros familiares de los extraños. La gente camina por la vida anónimamente, blindada por la soledad. Hay muchas personas solitarias dentro de las familias, e incluso dentro de las iglesias. Hay viudas de maridos vivos, que viven solas, sin afecto y sin compañía. Hay gente que disfruta del dolor de la viudez, sintiendo un anhelo doloroso por los difuntos. Hay muchos asilos con viejos abandonados disfrutando de una soledad amarga y muchos olvidados en las cárceles. El apóstol Pablo sentía en la piel el dolor de la soledad. En su segundo encarcelamiento en Roma, escribió una segunda carta a Timoteo y le pidió que fuera a verlo pronto. Incluso se estaba revistiendo de fuerzas por Dios para cumplir su ministerio y enfrentar su martirio, pero necesitaba un hombro a su lado en estos momentos de dolor. La gente necesita a Dios, pero también necesitamos a las personas. Nuestra familia debe ser un oasis en el desierto de la vida, el remedio divino para el drama de la soledad.

11
de agosto

El secularismo, una amenaza para la familia

No os adaptéis a las formas de este mundo, sino transformaos por medio de la renovación de vuestra mente, para que comprobéis cuál es la voluntad de Dios: lo bueno, lo que le agrada, y lo perfecto.

ROMANOS 12:2

El secularismo enseña que Dios ocupa una posición lateral en nuestras vidas y no interfiere en nuestra agenda. El secularismo empuja a Dios a los templos religiosos y lo convierte en un ser limitado y obsoleto. Distorsiona la teología y la ética se aplica de forma herética. Es una amenaza para la familia cristiana. Las conciencias están anestesiadas y la iglesia, mundanizada. El punto central de la laicidad es la idea de que Dios no interviene en todas las áreas de nuestra vida. El domingo, somos creyentes; durante la semana, vivimos la vida a nuestro modo y gusto. Lo que vemos, oímos, hacemos o dejamos de hacer ya no se rige por los preceptos de la Escritura. Dividimos la vida entre lo secular y lo sagrado. De este modo, los viajes de negocios, matrimonio, y ocio pertenecen al área secular, y estas áreas las amoldamos a los dictados del mundo, no a los preceptos de la Palabra. Nuestros encuentros, aunque precedidos por un culto a Dios, son cada vez más mundanos; en ellos abundan las bebidas alcohólicas, la música profana, los bailes sexis y todos los pertrechos de los clubes especializados en el placer mundano. El mundo está entrando en la iglesia, y la iglesia está dando forma al mundo. O le ponemos freno o la iglesia será la sal sin sabor y la luz que no alumbra. O nos volvemos a Dios, o la familia va a perder su vitalidad espiritual.

12
de agosto

El legalismo, un caldo mortal

Mas ¡ay de vosotros, escribas y fariseos, hipócritas!, porque cerráis el reino de los cielos delante de los hombres; pues ni entráis vosotros, ni dejáis entrar a los que están entrando.

MATEO 23:13

El legalismo es la idea de que la ley creada por el ser humano es más importante que las personas. Coloca el ritual religioso sobre la verdad, y la observancia de las reglas externas por encima de la justicia. Los legalistas son despiadados. Dañan a la gente en nombre de Dios. Aparentan la piedad, pero tienen el corazón lleno de odio. El legalismo es un caldo mortífero que enferma y vuelve neuróticas la familia y la iglesia en nombre de la verdad. A los legalistas no se les pasa ni un mosquito pero se tragan un camello. Luchan por lo que es secundario y son condescendientes con lo que es esencial. En nombre de celo espiritual, dañan a la gente, perturban la paz y rompen los vínculos de comunión. Los legalistas actúan como los fariseos que acusaron a Jesús de pecado por la cura que hizo en el sábado, pero no ven sus propios pecados al trazar la muerte de Jesús en el sábado. Los legalistas son los que consideran que su interpretación de las Escrituras es infalible y atacan como los escorpiones del desierto a los que no están de acuerdo con su punto de vista extremo, llamándolos herejes. El legalismo es el fruto del orgullo y la intolerancia. En nombre de la verdad, sacrifican la verdad misma y protestan contra el amor. El legalismo es reduccionista porque repudia a todos los que no ven la vida a través de su lente borrosa. El legalismo profesa una ortodoxia muerta, una ortodoxia sin amor y compasión. ¡Cuidémonos de este caldo mortal!

13
de agosto

La corrupción, la deshonestidad instalada en el poder

Pero los primeros gobernadores que fueron antes de mí abrumaron al pueblo, y tomaron de ellos por el pan y por el vino [...], y aun sus criados se enseñoreaban del pueblo; pero yo no hice así, a causa del temor de Dios.

NEHEMÍAS 5:15

La corrupción es un cáncer social desde el comienzo de la historia mundial. Dado que la humanidad después de la caída de Adán quiere tener más poder, muchos de los que llegan al poder de manera dudosa tratan de explorar reservas y desviar recursos para el enriquecimiento de algunos y la ampliación de la pobreza de muchos. Familias de todo el mundo se sienten explotados por la corrupción endémica y sistémica en los presentes poderes establecidos. Pagamos muchas tasas de impuestos (en algunos países son las más altas del mundo, como por ejemplo Brasil) y vemos poco a cambio. Nuestros recursos sudados caen en el desagüe de la corrupción. Los partidos políticos han perdido su ideología y sirven principalmente para subdividir el poder y facilitar el robo. Los gobiernos van y los gobiernos vienen, pero la pendiente de la corrupción criminal sigue siendo un parásito que devora recursos de las naciones destinados para la salud, la educación, la seguridad y el progreso. Nehemías, gobernador de Jerusalén, mostró que es posible ser un político honesto. Debido a su temor de Dios y su amor por la gente, no robó las arcas públicas ni permitió que la gente de su gobierno lo hiciera. Cuando los hombres codiciosos y corruptos suben al poder, el pueblo gime, las familias son robadas y la injusticia se generaliza. Dios aborrece la riqueza que fue mal adquirida. Dios aborrece la opresión. Debemos posicionarnos firmemente contra todo tipo de corrupción, ya sea en el gobierno, en la iglesia o en la familia.

14

de agosto

La malignidad del pecado

> Porque la paga del pecado es muerte, mas la dádiva de Dios es
> vida eterna en Cristo Jesús Señor nuestro.
>
> ROMANOS 6:23

La sociedad contemporánea se complace en el pecado y se burla de la virtud. Aplaude la adicción y se burla de la ética. Promueve el error y ataca a la verdad. Le hace propaganda al error y amordaza la justicia. Se ríe burlonamente de la santidad y no llora delante de la decadencia moral. El pecado es extremadamente maligno. Es el mayor de todos los males que atacan a la familia y la sociedad, y la causa de todos los otros males. Es la rebelión contra Dios, una violación de la ley y la conspiración en contra de su santidad. El pecado es un fraude: promete libertad y esclaviza; promete placer y trae tormentos; promete vida y trae muertes. El pecado es seductor: se ve hermoso a la vista pero enceguece; suena apetitoso, pero es un veneno mortal; tiene un aspecto suave y agradable, pero su salario es la muerte. El pecado es peor que la soledad, peor que la pobreza, peor que la enfermedad, peor que la muerte misma. Todos estos males, aunque bastantes terribles, no pueden alejar al hombre de Dios, pero el pecado nos separa de Dios en el tiempo y en la eternidad. Ninguna persona puede librarse del pecado por sí misma o por medio de la religión. Solo la sangre de Jesús puede limpiarnos de todo pecado. Cristo murió por nuestros pecados. Él es el único Salvador. Solamente en Él encontramos su perdón y la vida eterna. Solo por medio de Cristo la familia puede disfrutar de la vida abundante, la verdadera paz y el gozo perpetuo.

La muerte, el rey de los espantos

Estimada es a los ojos del Señor la muerte de sus santos.

SALMOS 116:15

L a muerte es la paga del pecado. La muerte pasó a todos los hombres, porque todos pecaron. La muerte es el signo de igualdad en la ecuación de la vida. Llega a todos sin remedio: a ricos y pobres, a médicos y analfabetos, a ancianos y jóvenes, a religiosos y ateos. El encuentro con la muerte es inevitable e impredecible. Llega sin el envío de un telegrama. Puede ser un grave accidente, una enfermedad incurable, un paro cardíaco. Somos frágiles, vulnerables e incapaces de perpetuar nuestra vida en este mundo. Hasta que Jesús regrese, todo el mundo tendrá que pasar por ese valle oscuro. Por más que la muerte sea algo seguro y sabido, no nos acostumbramos a ella. No fuimos creados para la muerte. Cada vez que ella pone sus manos frías en las personas que amamos, se abren surcos de dolor en nuestra alma. Cada vez que se asoma, nos asustamos. La muerte es la reina de los terrores. Pero la muerte fue derrotada. Ya no tiene la última palabra. Jesús rompió su aguijón. Jesús mató a la muerte con su propia muerte y triunfó sobre ella en su resurrección. Ya no tememos a la muerte. Podemos decir con Pablo: "¿Dónde está, oh muerte, tu victoria? ¿Dónde está, oh sepulcro, tu aguijón?" (1 Corintios 15:55). "Sorbida es la muerte con victoria" (v. 54). Ahora, para el cristiano morir no es más una señal de desesperación. Es dejar el cuerpo y habitar con el Señor. Es partir y estar con Cristo, lo cual es incomparablemente mejor.

16
de agosto

La violencia urbana, una realidad dramática

> Perjuran, mienten, matan, hurtan, adulteran y oprimen, y se suceden homicidios tras homicidios.
>
> OSEAS 4:2

La violencia urbana está fuera de control. Los bandidos están sueltos y los ciudadanos permanecen encerrados en sus casas y apartamentos. Las medidas de prevención han demostrado ser ineficaces. Las medidas de intervención vienen, por lo general, demasiado tarde. Vivimos en tiempos peligrosos, ya que la gente se va enojando, y está a punto de explotar. Nuestras ciudades se han convertido en campos de sangre, y nuestras calles, en las trincheras de la guerra. El aumento del consumo de alcohol y drogas más duras es una pesadilla para las familias. Todos los años perdemos a miles de personas por el tráfico de drogas, y millones de jóvenes entierran su futuro en la tumba de ese vicio degradante. El resultado es que la violencia urbana alcanza niveles insoportables. Nos sentimos inseguros incluso en interiores. Suceden robos a la luz del día, secuestros y asesinatos por cuestiones triviales. El tránsito de los grandes centros urbanos es congestionado, y es como un barril de pólvora. Con los nervios de punta, la gente discute, lucha y mata por cosas banales. La aplicación de la ley no es suficiente para detener el impulso de la violencia. No hay bastantes restricciones externas; se necesita un cambio interno. Solo Jesús puede transformar el corazón, calmar el alma y darnos el autocontrol y el control emocional. La única esperanza para la familia y la sociedad es Jesús. Solo él puede dar vida y vida en abundancia.

17
de agosto

La adicción virtual, una amenaza para la familia

No pondré delante de mis ojos ninguna cosa injusta. Aborrezco la obra de los que se desvían; nada de ellos se me pegará.

SALMOS 101:3

Vivimos en el mejor y el peor de los tiempos. Vivimos en la época dorada de la ciencia y la fosa de la degradación moral. Las ventanas del mundo se abrieron para la comunicación, pero contaminamos esa ventana con la maldad de la violencia y la promiscuidad. El pecado puede convertir algo bueno en algo pernicioso. Un ejemplo es la adicción virtual. Millones de personas viven prisioneras de la computadora y son dependientes de Internet. Se sumergen en un mundo de fantasía y pierden todas las conexiones con la vida real. Hablan durante horas con extraños en una sala virtual, pero no pueden sentarse a la mesa con la familia para una comida. Internet es una bendición porque abre amplias avenidas de conocimiento, pero también es una maldición, porque todas las aguas residuales de la iniquidad están disponibles para los usuarios de la Red. Muchos navegan las aguas turbias de la pornografía y naufragan en ese pantano lleno de barro. Las redes sociales son una bendición, que nos ofrecen ricos canales de comunicación para la proclamación del mensaje del reino de Dios, pero también son una maldición, ya que el mal uso de esta herramienta ha permitido a millones de personas la infidelidad conyugal y las aventuras más perniciosas. La adicción virtual es un drama para la familia contemporánea. Tenemos que utilizar los recursos tecnológicos con prudencia y sensatez. ¡Tenemos que utilizar estas herramientas para la gloria de Dios, la edificación de la iglesia y la salvación de los perdidos!

18
de agosto

La infidelidad conyugal, una aventura peligrosa

> Mas el que comete adulterio es falto de entendimiento; arruina su alma el que tal hace.
>
> PROVERBIOS 6:32

Más del cincuenta por ciento de las personas que van para el altar haciendo votos de amor y de fidelidad no se toman en serio estos compromisos y comenten adulterio. La infidelidad conyugal ya no es una excepción en esta sociedad decadente. Hoy en día, alrededor del setenta y cinco por ciento de los hombres y el sesenta y tres por ciento de las mujeres son infieles a su pareja hasta los 40 años. Este es un ataque contra el matrimonio y señala una amenaza para la familia. La infidelidad conyugal es una puñalada por la espalda, una traición amarga, una falta de respeto a los votos hechos en la presencia de Dios. Los absolutos morales están siendo tripudiados en los medios de comunicación y los tribunales judiciales. Las verdades que sustentaban la sociedad durante siglos son hechas burla y ridiculizadas en las calles, en nuestras casas de leyes. El matrimonio se ha convertido en una experiencia pasajera. Se cambia de cónyuge como se cambia de ropa. La sociedad aplaude la idea errónea de que "el amor es eterno mientras dura". La infidelidad conyugal es vista como un logro, y no como un signo de decadencia. La infidelidad es incentivada en vez de ser combatida. Sin embargo, los frutos de la infidelidad conyugal son desastrosos. El fin de esto es la vergüenza y la muerte. Los adúlteros no heredarán el reino de Dios. Quien cae en adulterio está loco, porque solo quien quiere destruirse a sí mismo, comete este error.

19
de agosto

La naturaleza está gimiendo

Porque sabemos que toda la creación gime a una, y a una está con dolores de parto hasta ahora.

ROMANOS 8:22

La naturaleza está con cólico intestinal. Se contorsiona de dolor como si estuviera dando a luz. Esperando ansiosamente la liberación de su cautiverio, en la gloriosa venida de Cristo. Jesús dijo que uno de los signos de su segunda venida serían los terremotos en diferentes lugares. El terremoto que sacudió Japón y el tsunami que arrasó algunas de sus ciudades en marzo de 2011 todavía nos escandaliza. La naturaleza gime y se retuerce de dolor. Los terremotos y tsunamis y los fenómenos naturales son trompetas de Dios a los oídos de la humanidad. Estos desastres provienen de causas naturales y también por la intervención sobrenatural. Los efectos de la caída no solo alcanzaron la raza humana, sino también la naturaleza, la cual está sujeta a la servidumbre y espera con gemidos profundos la restauración de esta esclavitud (Romanos 8:20-22). Del mismo modo, la iglesia, teniendo las primicias del Espíritu, gime esperando la redención completa, cuando tendremos cuerpos gloriosos e incorruptibles. El Espíritu Santo, con gemidos, también intercede por nosotros, y en nosotros, al Dios que está por encima de nosotros (Romanos 8:26). Debemos enfrentar los fenómenos de la naturaleza, no solo con los ojos de la investigación científica, sino también desde la perspectiva de la fe, porque estos fenómenos son señales de la segunda venida de Cristo.

20
de agosto

El drama de las crisis personales

En el año en que murió el rey Uzías, vi yo al Señor sentado sobre un trono alto y sublime...

ISAÍAS 6:1

Las crisis son inevitables, impredecibles e inmanejables. Nos acechan por todas partes y nos asustan con su ceño fruncido. Son, sin embargo, un momento de oportunidad en nuestras vidas. Son como un cruce de caminos y podrían convertirse bien en el camino de nuestro triunfo, bien en el camino de nuestro fracaso. La gran pregunta es: ¿para dónde mirar en la hora de crisis? El profeta Isaías vivió una crisis abrumadora. Su nación estaba de luto. El rey Uzías había muerto. Los vientos de la crisis soplaron con furia indomable, trayendo en sus alas la inestabilidad política, económica, moral y espiritual de la nación. En este momento, Isaías tuvo la experiencia más importante de su vida. Miró hacia arriba y vio a Dios en su trono. Reconoció que Dios es soberano y santo. Los tronos de la tierra pueden quedar desocupados, pero el trono de Dios gobierna por los siglos de los siglos. Isaías miró a su alrededor y vio la nación rendida al pecado, por eso distribuyó muchos "Ay" a los transgresores. Miró dentro y vio la enormidad de su pecado y la inmundicia de sus labios, pero por la gracia de Dios, sus pecados fueron perdonados y sus labios fueron purificados. Él miró hacia delante y vio el reto de Dios para su vida. Algunos salen de la crisis derrotados; otros, victoriosos. No centre su atención en la crisis; vuelva los ojos a Dios, que está en el control de todas las crisis.

21
de agosto

El peligro de invertir los valores

¡Ay de los que al mal llaman bien, y al bien, mal; que hacen de la luz tinieblas, y de las tinieblas luz; que ponen lo amargo por dulce, y lo dulce por amargo!

ISAÍAS 5:20

Desde la difusión de la obra de Immanuel Kant *Crítica de la razón pura*, la sociedad dejó de pensar en términos de la verdad absoluta. Hegel, conocido como el dictador filosófico de Alemania, profundizó este hueco al postular la idea de que la verdad es relativa. Estos conceptos se han consolidado en la posmodernidad. Ahora, la comprensión posmoderna es que cada uno tiene su propia verdad. La verdad dejó de ser objetiva para convertirse en subjetiva. Por lo tanto, somos testigos, horrorizados, no solo de un ataque a los valores morales, sino de una inversión de los valores morales. Lo que vemos hoy en día no es solo una cuestión de tolerancia para el error, sino, sobre todo, una defensa del error. El profeta Isaías había denunciado esta actitud: "¡Ay de los que al mal llaman bien, y al bien, mal; que hacen de la luz tinieblas, y de las tinieblas luz; que ponen lo amargo por dulce, y lo dulce por amargo!". Eso es lo que vemos en los medios de comunicación todos los días. Defienden el aborto, el adulterio, la homosexualidad, la violencia, la infidelidad conyugal, la deconstrucción de la familia. Porque sembramos una idea falsa en el pasado, estamos haciendo una cosecha maldita hoy. El hombre es lo que él piensa. Si él tiene ideas erróneas, tiene una vida errada. La teología es la madre de la ética, el credo, la progenitora de la conducta. ¡Es hora levantar nuestra voz para denunciar el peligro de la inversión de valores!

22

de agosto

¡Dios está enojado!

> Porque la ira de Dios se revela desde el cielo contra toda impiedad e injusticia de los hombres que detienen con injusticia la verdad.
>
> ROMANOS 1:18

Dios es amor, pero Él también es santo. Dios es benigno, pero también expresa su ira contra el pecado. Pocos predicadores osan hablar de la ira de Dios. Pero la Biblia habla, y con vehemencia. Dios es santo y, como tal, no se puede gozar en el mal. Dios es justo y, como tal, no puede hacer como si nada ante el pecado. El carácter de Dios exige que se enoje contra todo lo que es contrario a su santidad. La Biblia dice: "Porque la ira de Dios se revela desde el cielo contra toda impiedad e injusticia de los hombres que detienen con injusticia la verdad". Dios no puede aplaudir lo que Él aborrece. Dios está enojado con el asesinato de millones de niños en el patíbulo del útero. Dios está enojado con la inversión de los valores morales que estimula las relaciones sexuales entre hombres y hombres y entre mujeres y mujeres. Dios está enojado con la injusticia que reina en los tribunales. Dios está airado contra la idolatría que conduce a la gente a adorar a un ídolo hecho por manos humanas. Dios está airado contra los que retienen su palabra al pueblo y ofrecen el caldo de las herejías mortíferas. Dios está enojado con la hipocresía de aquellos que dicen ser salvos, pero viven como si Dios no existiera. Si, de hecho, hubiéramos entendido quién es Dios, nos curvaríamos quebrantados y arrepentidos a sus pies, buscando el perdón y la restauración.

23
de agosto

¿Será que toda religión es buena?

Así dice Jehová Rey de Israel, y su Redentor, Jehová de los ejércitos: "Yo soy el primero, y yo soy el postrero, y fuera de mí no hay Dios".

ISAÍAS 44:6

Está de moda el diálogo interreligioso. Vivimos la época de la inclusión, fruto de la idea posmoderna de que no hay verdad absoluta. Muchos pastores, en nombre del amor, sacrifican la verdad y caen en la peligrosa red del ecumenismo. Hay que decir que no hay unidad espiritual fuera de la verdad, así como la luz y las tinieblas no pueden coexistir. No podemos ser uno con los que niegan la salvación por la gracia en Cristo Jesús. No es un acto de amor dejar que aquellos que caminan por el camino ancho de la condenación sigan "en paz" ese camino de muerte. Este falso amor huele a muerte. Esta actitud de colaborar con todas las religiones, en una especie de convivencia armónica, la creencia de que toda religión es buena y conduce a Dios, es una falacia. Toda religión es vana, a menos que nosotros prediquemos a Cristo y a Cristo crucificado. Toda religión aleja al hombre de Dios, a no ser que anuncien a Jesucristo como el único camino a Dios. Dejemos el discurso falaz del amor a cada uno y amemos de verdad a la gente, de todas las religiones, predicando a ellas, con un sentido de urgencia y con espíritu de mansedumbre, que el evangelio exige arrepentimiento y fe, y ofrece vida eterna. Sinceridad religiosa no es suficiente para salvar a una persona. Hay muchas personas sinceramente engañadas. No hay otro Dios, sino el Señor. No hay otro redentor, sino Jesús. No hay otro consolador, sino el Espíritu Santo. No hay otro medio de salvación, sino por la gracia mediante la fe.

24

de agosto

¿Has orado por un milagro?

Así que Pedro estaba custodiado en la cárcel; pero la iglesia
hacía ferviente oración a Dios por él.

HECHOS 12:5

La oración es la debilidad humana unida a la omnipotencia divina. La oración une el altar al trono, y a través de ella podemos pedir intervenciones milagrosas de Dios en la tierra. La Biblia dice que Pedro estaba en la cárcel, pero había oración constante a Dios en su favor. Santiago ya estaba muerto, y Pedro permanecía en la cárcel de máxima seguridad de Herodes. Al final de la fiesta de Pascua, sería ejecutado. Dieciséis soldados vigilaban a Pedro en su celda. En la última noche, Dios envió a su ángel, que despertó a Pedro e hizo dormir a los guardias. Lo que parecía imposible sucedió. En lugar de ser muerto Pedro por el rey Herodes, fue el Dios de Pedro quien mató a Herodes. El mismo Dios que envió a un ángel para liberar a Pedro envió un ángel para herir de muerte a Herodes. Ante este milagro, la iglesia, en lugar de quedar arrinconada, se hizo más audaz, y la Palabra de Dios prevaleció en Jerusalén. Cuando la iglesia ora, la intervención milagrosa de Dios en la tierra sucede. La iglesia de Dios no es tan fuerte como cuando se arrodilla. La grandeza de nuestro Dios debe llevarnos a hacer afirmaciones audaces. Como todo es posible para Dios, lo podemos lograr a través de la oración, cuando oramos a Dios, por medio de Cristo, en la sumisión a su buena, agradable y perfecta voluntad.

25

de agosto

El gozo del Señor es nuestra fuerza

... no os entristezcáis, porque el gozo de Jehová es vuestra fuerza.

NEHEMÍAS 8:10

La alegría es el tónico de la vida, el oxígeno del alma, la fiesta del corazón. Es una orden de Dios a su pueblo. Independientemente de las circunstancias, pues nuestra alegría no es solo la presencia de cosas buenas o la ausencia de cosas malas. Nuestra alegría es una persona. Nuestra alegría es Jesús. Quien tiene a Jesús es alegre; el que no tienen a Jesús no sabe la verdadera alegría. El profeta Daniel dijo que el pueblo que conoce a Dios es un pueblo fuerte, y Nehemías, el gobernador de Jerusalén, dijo que el gozo del Señor es nuestra fortaleza. Un pueblo alegre es un pueblo que canta en las noches oscuras, al igual que Pablo y Silas en la cárcel. Incluso si las circunstancias son adversas, e incluso cuando la tormenta parece indomable, podemos regocijarnos en Dios. El pueblo de Dios cultiva un gozo inefable y lleno de gloria; se alegra, a pesar de las circunstancias adversas. El pueblo de Dios pasa a través de los valles oscuros, desiertos áridos y camina a través de pantanos peligrosos. Sin embargo, en estos escenarios de dolor y con el rostro bañado en lágrimas, todavía se levantan al cielo en un canto de triunfo y se gozan en el Señor. Pablo y Silas, incluso con el cuerpo ensangrentado por la flagelación inmisericorde, cantaron en la cárcel. Job, incluso con la pérdida de sus bienes, sus hijos y su salud, dijo que Dios inspiró canciones de alabanza en las noches oscuras. Eso porque nuestra alegría no es un sentimiento, ni siquiera una emoción. ¡Nuestra alegría es Jesús! Por eso Pablo, incluso en la cárcel, en el corredor de la muerte, proclamó: "Regocijaos en el Señor siempre. Otra vez digo: '¡Regocijaos!'" (Filipenses 4:4).

26
de agosto

¿Es usted realmente feliz?

Bienaventurado el varón que no anduvo en consejo de malos,
ni estuvo en camino de pecadores, ni en silla de escarnecedores
se ha sentado.

SALMOS 1:1

El libro de los Salmos era el himnario del pueblo de Dios, y aún hoy cantamos estos hermosos poemas. El libro más largo de la Biblia abre el salterio hablando de la felicidad. La Palabra de Dios señala para una felicidad genuina, profunda y abundante. ¿Cómo podemos lograr esta felicidad? El salmo 1, la puerta del salterio, responde. En primer lugar, estamos felices por lo que evitamos. No podemos caminar en consejo de malos, ni estar en camino de pecadores, ni sentarnos en la misma silla de los escarnecedores. Las malas compañías corrompen las buenas costumbres. El que se reúne con los que se burlan de la santidad mácula su honor. En segundo lugar, somos felices por lo que hacemos. Nuestro placer debe ser la ley del Señor, meditando en ella día y la noche. La Palabra de Dios es la fuente de la vida. Es la leche para el bebé, carne para el adulto, pan para el hambriento, miel para nuestro deleite. La Palabra es luz para nuestros pies, es el mapa del tesoro espiritual, es el arma de la victoria. En tercer lugar, somos felices por lo que somos. Somos como un árbol fructífero plantado junto a la fuente, que a su debido tiempo da su fruto. La fuente de nuestra felicidad está en Dios. Él es la fuente de agua viva. Incluso con el sol abrasador que nos golpea, incluso con el viento caliente que sopla sobre nosotros, a pesar de las penurias de la época que nos castigan, mantenemos nuestro verdor. Aunque los malvados nos rodeen, son como paja que esparce el viento, Dios nos hace siempre fructíferos.

La fe produce obras
y las obras prueban la fe

Así también la fe, si no tiene obras, está muerta en sí misma.

SANTIAGO 2:17

A lo largo de la historia, hubo una evidente tensión entre la fe y las obras. El "monergismo" enseña que la salvación es por la fe independientemente de las obras. La sinergia enseña que la salvación es la suma de la fe y las obras. Algunos, sin embargo, enseñan que la salvación es solo por el mérito de las obras. ¿Dónde está la verdad? ¿Qué es lo que la Palabra de Dios enseña? Algunos autores tratan en vano de poner la fe en contra de las obras. Incluso se atreven a intentar poner en contra a Pablo y a Santiago. No existe ninguna contradicción entre estos dos escritores inspirados. Pablo consideraba la fe causa instrumental de la salvación, y Santiago consideró las obras la evidencia de la salvación. Pablo enseñó que la salvación es por gracia mediante la fe, y Santiago enseñó que las obras son la evidencia de la fe. Pablo enseñó que las obras demuestran la fe y la fe es la base de las obras. La verdadera fe produce obras y las buenas obras demuestran la fe. El hombre es justificado por la fe aparte de las obras; pero la fe que justifica nunca está sola, porque la fe sin obras está muerta. La fe nos justifica ante Dios, y las obras nos justifican delante de los hombres. Tanto la fe y las obras son las operaciones de Dios en nosotros, porque la fe es el don de Dios y es Dios quien obra en nosotros tanto el querer como el hacer. Con respecto a la salvación, se habla de la fe como causa y sobre las obras como resultado. La fe y las obras no se excluyen mutuamente; más bien, son complementarias.

28
de agosto

¿Jesús es verdaderamente Dios?

En el principio era el Verbo, y el Verbo estaba con Dios, y el Verbo era Dios.

JUAN 1:1

Muchos escépticos ponen en duda la divinidad de Cristo. Defienden que él fue un gran profeta o un gran maestro moral, pero niegan su divinidad. De hecho, solo hay tres posibilidades sobre Jesús: si él no era quien decía ser, entonces él era un mentiroso; si él no era quien pensaba ser, entonces era un loco; sin embargo, si es lo que dijo, entonces él es Dios. Jesús demostró los atributos de Dios e hizo las obras de Dios. Afirmó ser el Hijo de Dios, igual al Padre, y el Padre ha confirmado esta verdad desde los cielos en su bautismo tanto como en el monte de la transfiguración. Si Jesús no es Dios, entonces no puede haber un profeta o maestro de moral, porque quien miente acerca de su identidad no puede ser estándar de conducta para cualquier persona. Si Jesús no es Dios, tenemos que admitir que mintió sobre su identidad. Si mintió, debemos reconocer que un engaño ha salvado al mundo. Si Jesús no es el Hijo de Dios, tenemos que reconocer que los mártires han muerto en vano y aquellos que esperan en él están equivocados. Si Jesús no es Dios, el cristianismo es una farsa porque proclama con vehemencia una farsa; y más, somos testigos falsos de Dios. Si Jesús no es Dios, entonces toda la esperanza de la vida eterna está apagada y nosotros somos los más miserables de todos los hombres. Solo nos queda la opción de postrarnos a sus pies como Tomás y decir: "¡Señor mío, y Dios mío!" (Juan 20:28).

29
de agosto

No es suficiente con hablar, también hay que hacer

Pero sed hacedores de la palabra, y no tan solamente oidores,
engañándoos a vosotros mismos.

SANTIAGO 1:22

El ser humano no es lo que dice, es lo que hace. Las palabras sin obras son
como truenos sin lluvia. De nada sirve que los otros escuchen de nosotros
buenas palabras si no se ven en nosotros grandes obras. No es suficiente predicar a los oídos; también debemos predicar a los ojos. No se limite a hablar;
usted también debe hacer. No basta amar con palabras; se necesita amar con
obras y en verdad. Nuestras palabras están vacías si nuestras obras no son el
garante. Los fariseos eran especialistas en los discursos pomposos, pero falla-
ron en la vida material. Tenían una buena actuación en público, pero se quita-
ron sus máscaras y revelaron una postura indigna. Incluso hoy en día hay una
gran brecha entre lo que la gente dice y lo que hace; existe una brecha entre la
teología y la vida; una brecha entre creencia y conducta. No podemos separar
lo que Dios ha unido: la ortodoxia y la piedad; la doctrina y la vida; la teología
y la ética; el credo y la conducta. Pablo, sabiendo de ese peligro, advirtió al
joven pastor Timoteo, de la siguiente manera: "Ten cuidado de ti mismo y de
la enseñanza; persiste en ello, pues haciendo esto, te salvarás a ti mismo y a los
que te escuchen" (1 Timoteo 4:16). En otra ocasión, dijo a los ancianos de
Éfeso: "Por tanto, mirad por vosotros, y por todo el rebaño en que el Espíritu
Santo os ha puesto por supervisores, para apacentar la iglesia del Señor, la cual
él adquirió para sí por medio de su propia sangre" (Hechos 20:28). ¡Tengamos
cuidado!

30
de agosto

Los milagros no son el evangelio

Puesto que los judíos piden señales, y los griegos buscan
sabiduría; pero nosotros predicamos a Cristo crucificado, para
los judíos ciertamente tropezadero, y para los gentiles locura.

1 CORINTIOS 1:22-23

Vivimos en una generación ávida de milagros. La gente sigue buscando
lo sobrenatural. Persigue cada promesa que les alimenta la esperanza
de presenciar un milagro. Los templos religiosos que explotan el frenesí del
pueblo están llenos. Muchos líderes sin escrúpulos están anunciando milagros que nunca existieron. Otros venden ilusiones, con promesas de parte de
Dios que Dios nunca prometió en Su Palabra. Reafirmamos nuestra convicción de que Dios hace milagros hoy. Él es el mismo Dios ayer, hoy y siempre.
Dios hace lo que quiere, con el que quiere, en el tiempo que quiere y como
quiere, para alabanza de su gloria. Pero los milagros obrados por Dios no
son un sustituto del evangelio. Son signos de Dios, que abren las puertas
para el evangelio, pero no son el evangelio. Solo el evangelio trae la salvación,
ya que solo el evangelio "es poder de Dios para salvación a todo aquel que
cree" (Romanos 1:16). Las tres generaciones que vieron más milagros (generaciones de Moisés, Elías y los apóstoles) fueron las más incrédulas. Nada
reemplaza la predicación fiel de la Palabra de Dios, ni aun los milagros. En el
día de Pentecostés, cuando el Espíritu Santo fue derramado, ocurrieron cosas
extraordinarias. Las lenguas como de fuego asentándose sobre cada uno de
los 120 discípulos reunidos en el aposento alto. El milagro en sí atrajo a la
multitud, pero solo cuando Pedro se levantó a predicar, los corazones fueron
tocados y transformados.

31
de agosto

El amor debe ser firme

Ponme como un sello sobre tu corazón, como una marca sobre
tu brazo; porque fuerte es como la muerte el amor...

CANTARES 8:6

James Dobson, famoso psicólogo cristiano, en su libro *El amor debe ser firme*, orienta a las personas que están en situación vulnerable, cuando el matrimonio va en un curso de colisión, de permanecer serenas, confiadas, en lugar de caer en el pánico y perder la autoestima. Más del ochenta por ciento de las personas que se sienten inseguras, temerosas de perder el matrimonio, comienzan a arrastrarse a los pies del cónyuge, en un proceso casi degradante de complejo de inferioridad. Aplastan su autoestima e incluso verbalizan para el cónyuge escurridizo que no pueden vivir si el matrimonio termina. Con esto, cometen dos errores: alejan al cónyuge que quieren conquistar y se debilitan a sí mismos. Esta actitud despierta piedad y conmiseración, y no el amor. Nadie se queda con otra persona por pena. Lo más sensato es no desesperarse o mendigar amor. En este momento, la única actitud apropiada es quitar la vista de las circunstancias y ponerla en Dios. En vez de claudicar ante el problema y naufragar en las aguas profundas de la desesperación, lo correcto es levantar la cabeza, colocarse en pie en el camino y seguir caminando. A pesar de que duela el corazón, tenemos que tener dignidad y amor propio, a sabiendas de que, incluso si nuestro cónyuge o cualquier otra persona nos puede abandonar, Dios nunca nos abandonará. ¡Por eso tenemos que ser conscientes de que el amor debe ser firme!

1

de septiembre

Amenazas a la fe cristiana

> Mirad que no haya nadie que os esté llevando cautivos por
> medio de filosofías y huecas sutilezas, según la tradición de los
> hombres, conforme a los principios elementales del mundo, y
> no según Cristo.
>
> COLOSENSES 2:8

A lo largo de la historia, varios enemigos atacaron la iglesia de Dios y la
fe cristiana. Estos enemigos no fueron enterrados en el pasado. Están
presentes en la actualidad y constituyen una amenaza para la iglesia contemporánea. ¿Cuáles son las amenazas? Mencionaremos cuatro. En primer lugar, el liberalismo teológico. Los teólogos liberales niegan la infalibilidad y
suficiencia de la Escritura. Tratan la Biblia como un libro lleno de mitos
y contradicciones. El liberalismo se ha infiltrado en los seminarios, púlpitos
y ha asesinado las iglesias. En segundo lugar, el sincretismo. Esto reemplaza
la palabra a través de experiencias y añade a las Escrituras lo que hay en esas
experiencias. Hoy en día, vemos una iglesia evangélica plagada de misticismo.
La gente simplemente intercambió las etiquetas del paganismo, pero siguen
siendo prisioneros de las supersticiones. Predicadores inescrupulosos venden
agua de fluidos, toallas sudadas, ladrillos espirituales y otras tonterías, por
lo tanto desengavetando indulgencias de la Edad Media. Estas prácticas son
paganas, no cristianas. En tercer lugar, la ortodoxia muerta. Esta posición es
peligrosa porque crea un distanciamiento entre la teología y la vida, creencias
y conducta. Las personas tienen luz en la mente, pero no hay fuego en el corazón. En cuarto lugar, la superficialidad. Es una fe superficial, poco profunda.
¿Cuál es la solución? ¡Buscar a Dios y su Palabra! ¡La iglesia contemporánea
tiene que volver a la doctrina de los apóstoles y enseñar los principios de la
Reforma, y probar un poderoso avivamiento espiritual!

2
de septiembre

¿Creyentes supersticiosos?

Nadie os prive de vuestro premio, afectando humildad y culto
a los ángeles, entremetiéndose en lo que no ha visto, vanamente
hinchado por su propia mente carnal.

COLOSENSES 2:18

Florecerán como hongos en los campos los creyentes supersticiosos en nuestras naciones. Los países latinoamericanos son tierra fértil de este sincretismo religioso que induce a los incautos y que se aferran a prácticas extrañas a la Palabra de Dios. Así como judíos ortodoxos frotan la barba en el Muro de las Lamentaciones en Jerusalén, y besan esas viejas piedras, muchos creyentes ponen un vaso de agua "ungido" en el televisor, o usan una "oración" en el aceite del misionero, creyendo en el poder especial de estos objetos. Es lamentable cómo algunos líderes religiosos promueven este tipo de paganismo en la iglesia y contribuyen al aumento de estas prácticas supersticiosas. El sorprendente crecimiento de la llamada iglesia evangélica en algunos países no expresa el crecimiento real del evangelio. Hoy en día, vemos iglesias que son abiertas como franquicias, iglesias convertidas en empresas privadas cuyo único fin son las utilidades. En este proceso, el evangelio se diluye con doctrinas extrañas a las doctrinas de las Escrituras; el evangelio se ha vendido como un producto. El púlpito se convierte en un palco, una vitrina; el templo, en una plaza de negocios, y los creyentes, en los consumidores. Multitudes acuden con sufrimiento detrás de un milagro, y para lograrlo, se abrazan a cualquier innovación introducida en la vitrina de la fe. Esto es lamentable. Este no es el cristianismo bíblico. Esta no es la enseñanza de Jesús y sus apóstoles. ¡Volvamos al evangelio!

3

de septiembre

El Muro de las Lamentaciones, la geografía del clamor

Y cuando estéis orando, no parloteéis sin medida, como los
gentiles, que piensan que serán oídos por su mucha palabrería.

MATEO 6:7

Viajo con frecuencia a Israel. En todos estos viajes, llevo grupos a la Explanada del Templo, donde gente de todo el mundo realiza sus oraciones. Caravanas de todas partes del mundo visitan ese sitio. Todos los días miles de personas traen sus pedidos y elevan sus oraciones allí. Del mismo modo, muchos judíos se reúnen todos los días frente al Muro de las Lamentaciones en Jerusalén, para leer la ley y hacer sus oraciones. No hay problema en leer y orar. El problema es que mucha gente cree que la lectura y la oración en este lugar son más sagradas que en los demás lugares. Muchos peregrinos, hoy, traen sus peticiones de oración y las ponen en las grietas de la pared, como si esta práctica fuera más espiritual que interceder por alguien en su habitación. Una vez, un amigo me dijo que había hecho un viaje a Israel para ayunar bajo el cielo de Jerusalén, como si el ayuno en esta ciudad fuera más espiritual que en su propia nación. Esto es misticismo, no cristianismo. Jesús dijo que no es ni aquí ni allá, porque Dios está en todas partes. Debemos animar a más gente a leer la Palabra de Dios y orar con más fervor, pero no podemos animarlos a la superstición espiritual. Tenemos que entender que "Dios es Espíritu; y los que le adoran, es necesario que le adoren en espíritu y en verdad" (Juan 4:24).

4
de septiembre

¿Qué tienes en tus manos?

> Y metiendo David su mano en la bolsa, tomó de allí una piedra,
> y la tiró con la honda, e hirió al filisteo en la frente; y la piedra
> quedó clavada en la frente, y cayó sobre su rostro en tierra.
>
> 1 SAMUEL 17:49

Dios se especializa en el uso de las cosas pequeñas. Él trasforma lo pequeño en grande, lo poco en mucho, al débil en fuerte. Lo poco en las manos de Dios es mucho. Entonces entregue lo que usted tiene para Dios. Moisés tenía una vara; David tenía una honda; y un niño migrante, solamente cinco panes y dos peces. Pero cuando este poco se pone en las manos de Dios, grandes milagros suceden. La vara de Moisés se convirtió en la vara de Dios, y con ella, Moisés libró a Israel de la esclavitud. La honda de David fue más eficaz que todas las armas del ejército de Saúl, y con ella David tumbó al gigante Goliat, que había reprochado a las tropas israelíes. La merienda del niño sirvió para alimentar a una gran multitud. No murmure acerca de lo poco que tiene. Entréguelo en las manos de Jesús, y los milagros suceden. Tal vez usted no valora lo que es, se siente inferior a los demás, se desprecia cuando se mira en el espejo. Los espías de Israel, a pesar de ser príncipes, se sintieron saltamontes, por lo que habían contaminado a todo el campamento de Israel con su incredulidad y su pesimismo. Dios usa vasos débiles, ollas de barro. Lo importante no es el vaso, sino el poder de Dios que está dentro del vaso. La gloria no es del recipiente, sino de Dios, que lo utiliza. Lo importante no es el que planta ni el que riega, sino Dios, que da el crecimiento. Recuerde: ¡Dios se especializa en el uso de las cosas pequeñas y por medio de ellas lleva a cabo grandes obras!

5

de septiembre

Mirando la vida por el revés

Y sabemos que todas las cosas cooperan para bien de los que aman a Dios, de los que son llamados conforme a su propósito.

ROMANOS 8:28

Gary Chapman, reconocido escritor estadounidense, autor del famoso libro *Los cinco lenguajes del amor*, cuenta una experiencia de la infancia. Estaba jugando a los pies de su madre, que hacía un bordado hermoso. Mirándolo al revés, de abajo hacia arriba, dijo a su madre: "Mamá, ¿qué es esa cosa fea que haces?". Había un montón de hilos sueltos y aparentemente mal colocados. La madre, al ver el desconcierto del niño, lo puso en su regazo y le mostró el bordado por el derecho. El hijo entonces vio la armonía de los colores, la riqueza de los detalles y la perfección de la obra. Tal vez usted está buscando en su vida como un niño ve a la madre bordado de dentro hacia fuera. Un día, Dios lo colocará en su regazo y le mostrará su vida por el derecho, y entonces verá la belleza de sus planes perfectos. Algunas personas hoy en día todavía se ven en la vida de dentro hacia afuera. Tal vez hay en su vida muchas líneas divergentes, sueltas, sin belleza o armonía. Pero Dios todavía está trabajando en su vida. El último capítulo de su historia aún no está escrito. Algo que sabemos con seguridad: "todas las cosas cooperan para bien de los que aman a Dios, de los que son llamados conforme a su propósito". Dios obra en nuestro favor, no en contra de nosotros. Anímese de nuevo en el Señor su Dios, y mire su vida por el lado correcto. Hay una belleza insondable allí. Dios está esculpiendo en usted la belleza de Jesús.

6
de septiembre

Agotamiento espiritual

> Mientras callé, se consumieron mis huesos en mi gemir de todo el día.
>
> **SALMOS 32:3**

Hay muchos cansados de la obra y en la obra, cansados de hacer el bien. Tal vez usted ha vivido muchos años lavándose las manos en la inocencia y manteniendo el corazón puro, pero cada mañana es castigado, mientras que los malos prosperan en su puerta y viven sin las preocupaciones de los mortales. Tal vez las luchas internas y presiones externas le han llevado a un agotamiento espiritual, al cansancio emocional, a un apagón existencial. Tal vez usted ya está caminando en la reserva con el tanque de combustible vacío, sin esperanza de cambio y sin perspectivas para el futuro. Tal vez incluso haya pensado en desistir o incluso retroceder, como hizo Pedro cuando negó a Jesús. Tal vez usted está cansado de esperar un cambio en su vida, en su matrimonio, en su familia y en su trabajo, ya que, a pesar de orar y llorar delante de Dios, nada parece suceder. Pasan semanas, meses, años y los problemas solo empeoran. Quiero animarlo a no rendirse. Cuando las cosas parecen paradas, Dios está obrando en su favor, preparando algo más grande y mejor para usted. No hay Dios como el nuestro, que trabaja para los que esperan en Él. Confíe en Dios, anímese en Él, ya que el sol brillará otra vez. Nubes oscuras no se forman en el horizonte para asustarlo, sino para traer lluvias bendecidoras. ¡Un tiempo de refrigerio de parte del Señor vendrá sobre usted, y vuestra vida será verde de nuevo!

7
de septiembre

¿Decepcionado con las personas?

Soportándoos unos a otros, y perdonándoos unos a otros si alguno tiene queja contra otro. De la manera que Cristo os perdonó, así también hacedlo vosotros.

COLOSENSES 3:13

La persona más difícil de relacionarse es la que vemos en el espejo. Somos egoístas y, por tanto, queremos que el mundo gire a nuestro alrededor. Somos hipersensibles y nos resentimos cuando la gente no hace nuestra voluntad. Somos un laboratorio de agravios y por lo tanto mantenemos una punzada de resentimiento cuando la gente lastima nuestro orgullo. No somos perfectos. No venimos de una familia perfecta. No tenemos un matrimonio perfecto. No tenemos hijos perfectos o una iglesia perfecta a la que asistimos. Tenemos quejas de unos a otros; fallamos los unos con los otros. Las personas nos decepcionan, y nosotros somos gente decepcionada. Participamos en una sociedad emocionalmente enferma, con las relaciones interpersonales por los suelos. La familia vive en pie de guerra. Naciones mantienen la paz gobernada por el miedo. Caminamos con los nervios a flor de piel. Somos la generación de la cibernética, las redes sociales, la comunicación virtual, pero se rompieron los puentes que nos conectan con la gente que está a nuestro alrededor. Somos una generación emocionalmente enferma que va a los divanes para expresar la angustia. Andamos tapados de amarguras. Debemos ejercer el perdón todos los días para no amargar el alma. Tome la decisión de bendecir a los demás, incluso si le maldicen. Tome la decisión de pagar el mal con el bien. Trate a las personas con una reacción trascendental, incluso si lo decepcionan.

8

de septiembre

Restaura, señor, nuestra suerte

Haz volver el resto de nuestra cautividad, oh Jehová, como los
torrentes del Négueb.

SALMOS 126:4

El salmo 126 habla de tres períodos de la vida: pasado, presente y futuro.
El salmista mira para el pasado con gratitud (v. 1-3). Dios liberó al pueblo
de la cautividad babilónica, abrió las puertas de la cárcel y trajo de vuelta a la
nación de Israel a su tierra. Esta liberación se hizo famosa entre las naciones,
produciendo gran alegría en los corazones de las personas y siendo testimonio
entre las naciones. El salmista mira para el presente con súplica (v. 4). Las victorias del pasado no son garantía de éxito en la actualidad. En el pasado, había
una canción en los labios, pero ahora la vida parece un desierto abrasador.
Cuando llega la crisis, es hora de clamar al Señor. La crisis no debe llevarnos
a la desesperación, sino a la oración. La restauración es una obra de Dios.
Mientras que nuestra vida parece un desierto, Dios puede hacerla florecer, ya
que, al igual que hace reventar las fuentes del desierto, también puede hacer
que en nuestros corazones hayan ríos de agua viva. El salmista mira hacia el
futuro con la expectativa de inversión (v. 5-6). La vida no es un paseo por
alfombras de terciopelo, sino por carreteras sembradas de espinas, por tierra llena de rocas puntiagudas. A lo largo de este proceso, debemos sembrar,
incluso con lágrimas. A menudo, hay que regar el suelo duro con nuestras
propias lágrimas. La promesa, sin embargo, es reconfortante. No volveremos
llorando, sino con júbilo; no con las manos desocupadas, sino llenas de frutos
abundantes para la gloria de Dios.

9

de septiembre

¿Quién es tu Dios?

> ... Yo soy el primero, y yo soy el postrero, y fuera de mí no
> hay Dios.
>
> ISAÍAS 44:6

Los ateos niegan la existencia de Dios. Creen que el universo surgió de forma espontánea o comenzó a existir como resultado de una gran explosión cósmica. Los agnósticos niegan que sea posible conocer a Dios. En efecto, Dios no puede ser conocido solo por elucubración humana. Conocemos a Dios porque él se reveló. Él se ha revelado en la creación, porque "Los cielos cuentan la gloria de Dios, y el firmamento anuncia la obra de sus manos" (Salmos 19:1). Deístas dicen que Dios está lejos y no se involucra con las cosas creadas. Es como un relojero que fabrica un reloj, le da cuerda y lo deja trabajar solo. Pero Dios no solo es trascendente, también es inmanente. No solo está fuera y más allá de la creación, sino que también está presente en la creación, para sostenerla. Los panteístas dicen que Dios es todo y todo es Dios. Confundiendo así al Creador con la criatura y forjar a sí mismo un "dios" sin forma, difuso, impersonal. Sin embargo, los teístas creemos que Dios es personal, trino, autoexistente, infinito, inmenso, eterno, inmutable, omnipotente, omnipresente, omnisciente, trascendente y soberano. Dios es santo y justo, lleno de amor y misericordia. Él es el creador, el proveedor y el redentor. Él es la razón de nuestra vida, la razón de nuestra alabanza. Los dioses de los pueblos son creados en el laboratorio del engaño religioso. Son forjados por la imaginación humana. Son ídolos impotentes. No pueden salvar ni aliviar el corazón humano afligido. ¡Pero Dios, el único Dios vivo y verdadero, le puede conceder ahora mismo la paz a su alma y dar sentido a su vida!

10

Numerolatría y numerofobia

... Y el Señor añadía cada día a la iglesia a los que iban siendo salvos.

HECHOS 2:47

R ick Warren, conocido escritor americano, en su libro *Una iglesia con propósito* dice sobre una pregunta equivocada: "¿Qué debo hacer para hacer crecer la iglesia?". Y también en una cierta pregunta: "¿Qué impide que la iglesia crezca?". La iglesia es un organismo vivo, el cuerpo de Cristo. En consecuencia, debe crecer en la gracia y en números. En lo que respecta al crecimiento de la iglesia, tenemos que evitar dos extremos. El primero es la "numerolatría", la idolatría de los números. El crecimiento de la iglesia necesita ser sano, y no a cualquier precio. No podemos cambiar el mensaje del evangelio para hacerlo más agradable al paladar. Muchas iglesias, en la prisa por crecer, hacen un estudio de mercado para identificar lo que a la gente le gusta escuchar, es decir, lo que da *audiencia*. Predican lo que la gente quiere oír, no lo que la gente necesita oír; predican para agradar, y no para llevar al arrepentimiento; predican para entretener, y no para convertir. Llenan los templos de personas vacías de Dios y privadas del mensaje de salvación. Este tipo de crecimiento no expresa el sano crecimiento de la iglesia. Jesús no quiere fans sino discípulos. El segundo extremo peligroso es la "numerofobia", el miedo a los números. No podemos escondernos detrás de excusas sin fundamento, diciendo que Dios se preocupa solo con la calidad, y no con la cantidad. Hay calidad estéril. La iglesia debe crecer en la gracia y en números. Calidad genera cantidad.

11
de septiembre

Políticos íntegros, una especie en extinción

> Pero los primeros gobernadores que fueron antes de mí abrumaron al pueblo [...]; pero yo no hice así, a causa del temor de Dios.
>
> NEHEMÍAS 5:15

La desconfianza en los políticos está aumentando. Es la clase más desacreditada de las naciones. Son escasos los ejemplos de políticos de principios. Muchas personas son muy escépticas de la política. La cultura de la corrupción es frecuente en todos los poderes constituidos. Las arcas públicas son robadas, y el dinero que debería ser para el bien público se desvía a cuentas de gente sin escrúpulos. Muchos de los impuestos, que son parte de ese dinero duramente ganado por los trabajadores, caen por el desagüe de la corrupción. Los partidos políticos son perchas para colgar los intereses ocultos de las sanguijuelas que se alimentan de las personas. ¿Se puede ejercer la vida pública y aun así mantener la integridad? ¿Es el poder que corrompe o el poder solo revela a los corruptos? La Biblia habla de hombres que ocupaban una posición política destacada y no se corrompieron. Nehemías, gobernador de Jerusalén, no explotó a las personas como otros políticos antes que él, debido a su amor por el pueblo y su temor de Dios. Daniel era un hombre de popa, tanto en el Imperio babilónico como en el Imperio medo-persa, y nunca nadie encontró desvío en su conducta. José de Egipto ejerció con gran espíritu la dirigencia de ese imperio opulento, salvando al mundo de una crisis estranguladora. Necesitamos hombres públicos que teman a Dios y amen al pueblo más que a las ventajas personales. ¡Necesitamos políticos íntegros!

12

de septiembre

El alma llena pisa el panal

El hombre saciado desprecia el panal de miel; pero al hambriento todo lo amargo es dulce.

PROVERBIOS 27:7

R ecibir todo sin esfuerzo puede ser un gran riesgo. La persona que tiene mucho normalmente no valora lo que tiene. El que recibe alimentos en abundancia generalmente desprecia la comida que está sobre la mesa. La Biblia dice: "El hombre saciado desprecia el panal de miel; pero al hambriento todo lo amargo es dulce". En muchas iglesias de hoy, donde hay pan en abundancia y comida sana, encontramos creyentes apáticos. Están cansados de las cosas de Dios. En el tiempo del profeta Miqueas, el pueblo estaba cansado de Dios, y el Señor dijo al pueblo: "Pueblo mío, ¿qué te he hecho, o en qué te he molestado? Responde contra mí" (Miqueas 6:3). En los días de Malaquías, la gente estaba cansada de la casa de Dios y decía "... ¡Oh, qué fastidio es esto!, y lo habéis tratado con desdén, dice Jehová de los ejércitos..." (Malaquías 1:13). Hay muchas personas llenas, cristianos inapetentes sin hambre espiritual. Porque tienen pan en abundancia en la casa del Padre, anhelan banquetes en un país lejano. Curiosamente, en las iglesias, donde la comida es escasa, la gente se apresura con sufrimiento y hambrienta para recibir su porción. Se conforman con migajas. Hasta lo amargo les parece dulce al paladar. ¡Que Dios nos libre de ser como los que pisan los panales! ¡Que Dios nos dé hambre de su Palabra! La iglesia de Laodicea estaba enferma. Se miraba en el espejo y se daba la máxima puntuación a sí misma. Se creía rica y con abundancia; pensaba que no necesitaba nada. Pero Jesús, conociendo su miseria, le aconsejó comprar oro puro, prendas blancas y colirio para ungir los ojos. ¡No pise el panal! ¡Satisfágase en la mesa del Padre!

13
de septiembre

¿Cuáles son sus proyectos para los próximos diez años?

> Porque ¿quién de vosotros, queriendo edificar una torre, no se sienta primero y calcula los gastos, a ver si tiene lo que necesita para acabarla?
>
> LUCAS 14:28

La vida no es un ensayo. No acepta la improvisación. Quien no planifica el futuro planifica el fracaso familiar. Tenemos que tener proyectos claros y alcanzables. No podemos dar un paso más alto que nuestras piernas. No podemos poner el sombrero en donde nuestras manos no lo pueden alcanzar. No podemos entrar en una emprendimiento sin calcular los costos. El Señor nos prohibió estar ansiosos, pero nos enseñó a ser previdentes. Tenemos que tener metas por alcanzar en la vida; tenemos que orar y actuar a favor de estos proyectos. No podemos vivir en la improvisación. Debemos tener metas personales y familiares. Tenemos que tener metas en la vida espiritual, emocional, financiera y profesional. ¿A dónde piensa llegar dentro de diez años? ¿Qué quiere lograr en la próxima década? Nadie cosecha lo que no siembra. La victoria no es fruto del azar, sino del trabajo constante, de inversión prudente y perseverante dedicación y, sobre todo, de la bendición de Dios. No lleve la vida a la deriva. No cruce los brazos. No ceda a la pereza. No sea perezoso y lento en su trabajo. Estudie mucho. Esmérese en su trabajo. Haga todo con excelencia. Pero haga planes adecuados y factibles. Muchos hablan de la construcción de rascacielos, pero sientan las bases de un gallinero. Otros subestiman sus talentos. Viven por debajo de lo que podrían producir. ¡Sea valiente! Al igual que Jabés: ¡invoque al Dios de Israel y pídale que bendiga su vida, amplíe sus fronteras y lo proteja con su mano todopoderosa!

14
de septiembre

Eres la niña de los ojos de Dios

Porque a mis ojos eres de gran estima, eres honorable, y yo te amo…

ISAÍAS 43:4

Usted es especial. Usted es muy importante. Usted tiene valor. Su valor se deriva del hecho de que Dios le ama, incluso antes de la creación del mundo. Dios le creó a su imagen y semejanza. Dios lo formó como una creación admirable y lo tejió en el vientre de su madre. Dios lo conoció cuando era una sustancia sin forma. Dios estaba presente cuando su corazón latía por la primera vez. Dios se regocijó en su nacimiento. Él planeó este momento. Dios estaba a su lado cuando dio los primeros pasos. En ningún momento Dios dejó de acompañar su vida. Él es como una sombra a la derecha. Le atrajo con cuerdas de amor y nos llama con un llamamiento santo. Dios incluso abrió los ojos de su alma y los oídos de su comprensión. Incluso le dio un nuevo corazón, un nuevo espíritu, una nueva vida, una nueva familia. Dios lo justifica por la sangre de Jesús y lo declaró justo con su ley y su justicia. El Espíritu Santo le ha sellado para el día de la redención. Usted es ahora propiedad exclusiva de Dios. Usted es un hijo de Dios, heredero de Dios, el patrimonio, la niña de los ojos de Dios, el gozo de Dios. Pronto, Jesús volverá y estará con Él por toda la eternidad, disfrutando de excelsas venturas de la gloria, donde no habrá más llanto, ni clamor, ni dolor.

15
de septiembre

Los halagos son importantes en el matrimonio

Toda tú eres hermosa, amiga mía, y en ti no hay defecto.

CANTARES 4:7

El matrimonio es un jardín que necesita ser regado todos los días. Un componente que no puede faltar en el matrimonio es el halago. Quien ama declara que ama. Quien ama busca agradar a la persona amada. Quien ama halaga a la persona amada. Quien ama es generoso en sus halagos y cauteloso al criticar. Un marido que cuida debe decirle a su esposa: "Toda tú eres hermosa, amiga mía, y en ti no hay defecto". Mucha gente piensa que el marido no es sincero, porque no existe nadie sin defecto. ¡Eso es verdad! Pero el amor no se centra en los defectos, sino en las virtudes. El amor cubre una multitud de pecados. Nuestro papel en el matrimonio es el de no actuar como un detective. Muchos piensan, erróneamente, que si se enteran de las debilidades del cónyuge, y advierten de ello, conseguirán corregirle. Un elogio sincero vale más que mil comentarios. Nuestro papel en el matrimonio no es el arqueólogo que está excavando el pasado para descubrir nuevas perspectivas para el futuro. Tenemos que dejar el pasado en el pasado, vivir el presente e invertir en el futuro. Ese marido halaga a su esposa directamente, reconoce su valor, alaba su belleza, alimenta de nuevo la relación. Siembra en su propio jardín y recoge los dulces frutos de su propia siembra.

16
de septiembre

Serás bendición

Y haré de ti una nación grande, y te bendeciré, y engrandeceré
tu nombre, y serás bendición.

GÉNESIS 12:2

Abraham fue llamado por Dios y bendecido para ser una bendición. Dios
lo llamó de en medio de un pueblo idólatra y se le reveló como el único
Dios viviente. Le hizo grandiosas promesas, y él le creyó para ser el padre de
una nación numerosa. Abraham se convirtió en un amigo de Dios y padre
de la fe. Fue el objetivo de la bendición para ser un instrumento de bendición.
También se nos ha bendecido con toda bendición en Cristo Jesús, y debemos ser una bendición. Nuestra vida nunca es neutral. Somos bendición o
maldición. Somos aliviadores de tensiones o causadores de conflictos. Somos
embajadores de la paz o heraldos de la intriga. Fuimos bendecidos para ser
bendecidores. Somos consolados para ser consoladores. Somos un recipiente
de la gracia para ser un canal de la bondad de Dios. Tenemos que ser una bendición en nuestra familia, en nuestras escuelas, en nuestro trabajo, en nuestra
iglesia y en nuestra sociedad. En todas partes y en todo momento, debemos
ser una bendición en las manos de Dios. Los que retienen aquello que reciben
inclusive pierden lo que reciben. Son como el mar Muerto, que recibe y no
distribuye. El mar Muerto recibe las aguas del río Jordán y no las drena. El
mar Muerto no tiene vida. En sus aguas ningún pez puede respirar. El mar
Muerto se está muriendo, ya que solo recibe y no distribuye, muere asfixiado.
¡Tiene que ser como el mar de Galilea, que, al recibir las aguas del río Jordán,
las distribuye! ¡Usted, que es un bendecido, tiene que ser bendecidor!

17
de septiembre

Fervor espiritual, una necesidad urgente

Yo sé tus obras, que ni eres frío ni caliente. ¡Ojalá fueses frío o caliente!

APOCALIPSIS 3:15

Jesús envió cartas a las siete iglesias de Asia Menor. Para las iglesias de Esmirna y Filadelfia, solo tenía elogios. Para las iglesias de Éfeso, Pérgamo, Tiatira y Sardis, tuvo elogios y censuras. Sin embargo, la iglesia de Laodicea recibió solo la censura. Esta fue la iglesia más rica de Asia; era el centro bancario y centro de la región textil y oftalmológica. La iglesia de Laodicea había asimilado la cultura de la ciudad y fue influenciada por ella, en lugar de influir en ella. Esta iglesia causó gran malestar a Jesús. Le causaba náuseas. ¿Qué fue lo que Jesús encontró en esta iglesia que le hizo sufrir tanto? ¡La falta de fervor espiritual! La iglesia estaba tibia, apática, con una vida cristiana insípida. La iglesia no fue acusada de desvío doctrinal o inmoralidad. Era ortodoxa y ética. Era próspera, y ninguna persecución le robaba la paz. Sin embargo, la falta de fervor de esta iglesia provocó náuseas en Jesús. No nos limitamos a profesar la ortodoxia; también necesitamos fervor. No basta con ser una iglesia ética; necesitamos entusiasmo. No basta con ser una iglesia próspera; tenemos que volver a nuestro primer amor. No se limite a vivir en paz en las fronteras; necesitamos de un avivamiento espiritual, de lo alto. Hay muchas iglesias ricas en tierras pobres, pero a los ojos de Dios. Hay muchas iglesias satisfechas con ellas mismas, pero desaprobadas por Dios. ¡Lo importante no es estar bien a nuestros propios ojos, o incluso ser aplaudidos por los hombres, sino ser aprobados por Dios!

Aprender a lidiar con sus críticos

> Y oyéndole hablar Eliab su hermano mayor con aquellos hombres, se encendió en ira contra David y dijo: "¿Para qué has descendido acá?, ¿y a quién has dejado aquellas pocas ovejas en el desierto? Yo conozco tu soberbia y la malicia…".
>
> 1 SAMUEL 17:28

Los críticos se encuentran dispersos por todas partes. Son como los detectives de turno para echarse a espiar. Es imposible que un individuo sea un ganador sin antes tratar con sus críticos. Los críticos tratan de distraernos y tomar nuestro enfoque. Si escuchamos a los críticos, perdemos el sueño, la paz y la perspectiva. Los críticos son despiadados. La crítica duele cuando sus motivos no son puros. Hay veces, sin embargo, que la crítica duele más. La crítica duele más cuando se trata de aquellos que deberían estar de nuestro lado, pero están en contra. La crítica duele más cuando se trata de aquellos que nos conocen desde hace mucho tiempo y todavía nos atacan como los escorpiones del desierto. La crítica es dolorosa cuando viene empaquetada de descontrol emocional. La crítica es como una flecha venenosa cuando es continua e implacable. La crítica duele incluso cuando nuestros motivos son juzgados sin misericordia. La crítica duele cuando su propósito es humillarnos delante del pueblo. Vale la pena señalar que lo que molesta a sus críticos no son sus errores, sino sus éxitos. Su éxito es el mayor pesar de sus críticos. El ejemplo es Eliab, el hermano mayor de David. Él era un gran crítico de David. El coraje de David denunciaba la cobardía de Eliab. La confianza de David señaló la debilidad de Eliab. David no gastó sus energías con Eliab, pero centró su atención en vencer al gigante. ¡Antes de vencer a los gigantes, usted tiene que triunfar sobre sus críticos!

19

de septiembre

Machismo, una cultura que oprime

Y creó Dios al hombre a su imagen, a imagen de Dios lo creó;
varón y hembra los creó.

GÉNESIS 1:27

Dios creó al hombre a su imagen y semejanza. Del hombre creó a la mujer. La mujer procede del hombre y el hombre de la mujer. Eso es lo que dicen las Escrituras: "porque así como la mujer procede del varón, también el varón nace mediante la mujer; pero todo procede de Dios" (1 Corintios 11:12). Por lo tanto, el hombre no es más que la mujer, ni la mujer inferior al hombre. A lo largo de la historia, sin embargo, la mujer fue oprimida por el machismo. El machismo es una cultura de la opresión que sigue presente en el mundo. Devalúa a la mujer y la trata como un objeto. A través de los siglos, la mujer fue despojada de sus derechos. En muchas culturas, es propiedad de los padres cuando es soltera y de su esposo después del matrimonio. El burka es un símbolo de esta cruda realidad en la sociedad contemporánea. Muchas mujeres viven en un calabozo emocional. No tienen libertad, no tienen derechos ni voz. Aunque los derechos civiles de las mujeres han sido rescatados en la mayoría de los países del mundo, todavía prevalecen algunos restos de la injusticia. El evangelio de Cristo, sin embargo, conserva la dignidad de la mujer. No es inferior al hombre, ni es su tapete. Fue creada a imagen y semejanza de Dios y es redimida por Cristo de la misma manera que el hombre. El mandato de Dios es que los maridos amen a sus esposas como Cristo amó a la iglesia y se entregó a sí mismo por ella. El marido debe cuidar de la vida espiritual, emocional y física de su esposa.

Feminismo, una reacción peligrosa

Pero quiero que sepáis que Cristo es la cabeza de todo varón,
y el varón es la cabeza de la mujer, y Dios la cabeza de Cristo.

1 Corintios 11:3

El machismo es un extremo peligroso, y el feminismo, una respuesta igualmente problemática. Si el machismo explota a las mujeres y las trata como
a seres inferiores, el feminismo se esfuerza por deshacer los principios dados
por Dios en la relación familiar. No hay superioridad o inferioridad entre el
hombre y la mujer, pero Dios puso al hombre como cabeza. La Palabra de
Dios es clara: Dios es la cabeza de Cristo, Cristo es la cabeza de todo varón,
y el varón es la cabeza de la mujer (1 Corintios 11:3). Como Cristo no es inferior a Dios, porque Él es Dios, la mujer no es inferior al hombre, aunque el
hombre sea la cabeza. Pero como Dios es un Dios de orden, se estableció que
el hombre debe ser la cabeza del hogar. El esposo debe amar a su esposa como
Cristo amó a la iglesia, y la esposa debe someterse a su marido en el Señor,
como la iglesia está sujeta a Cristo. La sumisión no es una cuestión de género.
Una mujer no debe ser sumisa a ningún hombre, sino su esposo. La sumisión
no es incondicional, sino en el Señor. Si el marido de la mujer le exige lo que
perjudica a su conciencia cristiana, no está obligada a someterse a él, para
obedecer a Dios. La sumisión no es a un déspota, sino al marido que la ama
como Cristo amó a la iglesia, es decir, con un amor perseverante, sacrificial,
santificador y romántico. El intento de deshacer los roles en el matrimonio
ha creado familias de dos cabezas. Ninguna mujer respeta a un marido al que
comanda, y ningún hombre es feliz de ser comandado.

21
de septiembre

Cuatro enemigos de la familia

> Como hijos obedientes, no os amoldéis a los deseos que antes
> teníais estando en vuestra ignorancia.
>
> 1 PEDRO 1:14

Muchos enemigos acechan a la familia para destruirla. La familia del rey David fue alcanzada de manera destruidora gracias a cuatro enemigos. El primer enemigo fue la pasión malsana. Amnón, el hijo mayor de David, sentía una pasión malsana por su hermana Tamar. Siguiendo el consejo del mal de un amigo astuto, abusó de ella y luego la despreció. El segundo enemigo es la amargura oculta. Absalón, hijo de David y hermano de Tamar, guardó amargura por su hermano Amnón por dos años y planeaba su muerte, ejecutándola con crueldad. El tercer enemigo es la falta de diálogo. David, sin el consuelo que no exhortó Amnón ni consoló a Tamar, pasó siete años sin hablar con Absalón. Incluso con tantas tragedias en su casa, no abrió canales de comunicación para detener la avalancha que inundó su casa de sufrimiento. El último enemigo es la falta de perdón. La actitud hostil de David y Absalón, manteniendo un silencio glacial y una indiferencia flagrante a los problemas de la familia, volvió al joven Absalón contra su padre; en este esfuerzo, el joven murió y su padre lloró amargamente. Incluso hoy en día, muchas de las tragedias ocurren en las familias debido a la falta de habilidades de comunicación. Los problemas tienen que ser enfrentados con mansedumbre y humildad, pero también con firmeza y urgencia. Posponer la solución de problemas es agravarlas. Es tiempo de invertir en su familia y librarla de estos peligros mortales.

22
de septiembre

Depresión, parásito del alma

Me rodearon ligaduras de muerte, me alcanzaron las angustias del Seol; en angustia y dolor me encontraba yo.

SALMOS 116:3

Andrew Solomon, famoso escritor norteamericano, en su libro *El demonio del mediodía*, dice que la depresión es el parásito del alma. Se compara a llevar ropa de madera y tragarse su propio funeral dos veces al día. La depresión tiene muchas causas y es en sí misma la causa de muchas enfermedades. Es el principal motivo de suicidio en el mundo. Afecta a personas de todas las edades, de todos los estratos sociales y de todas las religiones. La depresión es una enfermedad que debe ser tratada con medicamentos, terapia y fe. Para aquellos que se ocupan de este drama, usted debe saber que hay esperanza. Hay una luz al final del túnel. Existe una cura para la depresión. John Piper, escritor y teólogo, en su libro *La sonrisa escondida de Dios*, muestra cómo los hombres de Dios, llenos del Espíritu Santo, han abordado el drama de la depresión. Cita el ejemplo de David Brainerd, uno de los misioneros más piadosos de la historia. Menciona el caso de John Bunyan, autor de *El progreso del peregrino*, uno de los libros más leídos del mundo. También se refiere a William Cowper, cantautor cristiano, que llegó a intentar suicidarse en varias ocasiones. Es de este ilustre compositor la conocida frase: "Detrás de cada providencia que frunce el ceño, se esconde un rostro sonriente". Si usted está tratando con este drama, no se desespere. Dios es capaz de sacar su alma de la cárcel. Si usted tiene cualquier familiar que pasa por este valle, sea un consolador. ¡El sol brillará otra vez!

23
de septiembre

No basta con empezar bien; también se debe terminar bien

He peleado la buena batalla, he acabado la carrera, he guardado la fe.

2 TIMOTEO 4:7

La vida es como una carrera. Para que conquistemos el premio, necesitamos correr de acuerdo con las reglas. No podemos desviar nuestra mirada del objetivo. No podemos ser distraídos por las muchas voces que hacen eco a nuestro alrededor. No podemos romper las reglas, porque entonces será descalificado. Muchos cristianos comenzaron su carrera así, pero se detuvieron a medio camino y se volvieron. La Palabra de Dios habla de Demas, colaborador del apóstol Pablo. Comenzó su viaje así, pero entonces se encantó con este siglo y abandonó el viejo apóstol. Saúl comenzó su reinado bien, pero luego se exaltó en su corazón y terminó muy mal. Judas Iscariote fue llamado a ser apóstol de Jesucristo. Escuchó sus enseñanzas, vio sus milagros, recibió el más grande de todos los privilegios, pero esta gran oportunidad fue despreciada, traicionó a su Maestro y reclamó su vida. Muchos líderes religiosos, utilizados por Dios, dejaron de ver y cayeron en desgracia. Todos tenemos los pies de barro y necesitamos ver, caminar en dependencia de Dios. El apóstol Pablo dice que los que piensan que están de pie, deben cuidarse para no caer. Debemos, como Pablo, completar nuestra carrera, a pesar de que el precio por ello sea nuestra propia muerte. No basta empezar bien; tenemos que terminar bien. ¡No es suficiente vivir bien; tenemos que morir bien!

24
de septiembre

El poder de la oración

> … La oración eficaz del justo tiene mucha fuerza.
>
> SANTIAGO 5:16

La oración es el poder que opera sobre la tierra. A través de la oración tocamos el mundo. Todo lo que Dios puede, puede la oración, porque la oración es hablar con aquel que está sentado en la sala de mando del universo. La oración está invadiendo lo imposible; es vivir en el reino de los milagros; es estar aliado con el Todopoderoso. Orar es unir la debilidad humana con la omnipotencia divina. Nunca somos tan fuertes como cuando nos ponemos de rodillas. Un santo de rodillas ve más lejos que un filósofo en la punta de los pies. Un santo de rodillas tiene más fuerza que un ejército. María Estuardo, reina de Escocia, temía más a las oraciones de John Knox que a todos los ejércitos de Inglaterra. Cuando los ejércitos de Siria cercaron la ciudad de Samaria para arrestar al profeta Eliseo, este oró, y la estrategia de las tropas sirias se desmanteló. Cuando el apóstol Pedro fue encarcelado en Jerusalén, la iglesia oró por él, y el ángel de Dios fue enviado para liberar a Pedro y después herir al rey de la muerte que lo arrestó. Cuando Pablo y Silas estaban en la cárcel, oraron y Dios abrió las puertas de la cárcel y el corazón del carcelero a creer. Dios escogió para actuar extraordinariamente a través de la oración. Jesús dice: "Pedid, y se os dará" (Mateo 7:7). Santiago dice: "No tenéis lo que deseáis, porque no pedís" (Santiago 4:2). El mandamiento de Dios es: "Orad sin cesar" (1 Tesalonicenses 5:17). ¡Es tiempo de buscar a Dios por la oración, hasta que venga y nos llene de su poder!

25
de septiembre

El evangelio de las lágrimas

… de que tengo gran tristeza y continuo dolor en mi corazón. Porque desearía yo mismo ser anatema, separado de Cristo, por amor a mis hermanos…

ROMANOS 9:2-3

El propósito de Dios es el evangelio todo a toda la iglesia en todo el mundo. Evangelizar es decirle al mundo lo que Dios ha hecho por nosotros, pecadores, en Cristo Jesús. Es anunciar como Él nos amó y entregó a su propio Hijo para morir en nuestro lugar en la cruz. El evangelio es la noticia más importante en el mundo. La noticia del amor de Dios a los pecadores y de odio al pecado de Dios. Evangelizar es proclamar la necesidad del arrepentimiento y la fe en Cristo para la salvación. Este es el mensaje más importante y más urgente desde el cielo. Sin embargo, no podemos transmitir este mensaje con los ojos secos. El apóstol Pablo era un predicador de los ojos húmedos y el corazón quebrantado. A menudo, predicamos con los ojos muy secos y el corazón muy insensible. Los grandes hombres de Dios eran hombres de lágrimas. David lloró porque el pueblo no guardó la ley de Dios. Nehemías lloró al saber acerca de la afrenta de su pueblo. Jesús lloró al ver la incredulidad de Jerusalén, la ciudad que mató a sus profetas. Pablo clamó a instar a la gente de Éfeso para volverse a Dios. Tenemos que regar la tierra con nuestras lágrimas si queremos volver con los frutos de nuestra siembra. El misionero David Brainerd murió a la edad de 29 años. Absorto en las selvas, evangelizaba a los caníbales pieles rojas. A menudo, le acechaban para matarlo, pero al verlo tendido en el suelo, orando en lágrimas, se retiraban. Al final, un poderoso avivamiento ocurrió en esas selvas y miles de indios fueron salvados por el evangelio.

26
de septiembre

El buen nombre vale más que el dinero

De más estima es el buen nombre que las muchas riquezas, y la buena gracia más que la plata y el oro.

PROVERBIOS 22:1

El dinero es más que una moneda, es un ídolo. Es Mamón. En el altar de Mamón, muchos viven y mueren; otros se casan y se divorcian. Y otros son corruptos y corrompidos. Hay gente que vende su alma al diablo para alcanzar la riqueza. Matan y sobornan para obtener beneficios de la maldad. Hay los que construyen su riqueza con sangre. Arrebatan el derecho de las viudas inocentes y roban a los pobres. Muchos sobornan a jueces, compran testigos y tuercen la ley para ser juzgados victoriosos. Sin embargo, la riqueza obtenida por la opresión se convierte en combustible para su propia destrucción. Es inútil amasar fortunas, cosechando riqueza y vivir atormentado por la culpa. ¿Qué es un buen sueño en una almohada de plumas de ganso y no tener paz en su corazón? ¿Qué gusto tiene vivir en una mansión y ser acorralado por los augurios más horribles? Los que destruyen su honor por el dinero ven su nombre caer en la podredumbre y su familia se llena de vergüenza y oprobio. Es mejor ser pobre y vivir en la dignidad que vivir en la riqueza y tener el apodo de ladrón. Es mejor tener un buen nombre que la acumulación de riqueza. Es mejor ser honesto que pasar a la historia como un pícaro. El justo, aun después de la muerte, sigue influyendo en las generaciones. Él pasa, pero su recuerdo sigue inspirando a miles de personas. La Palabra de Dios dice que la memoria del justo será bendita; mas el nombre de los impíos se pudrirá.

27
de septiembre

La salvación en tres tiempos

Ahora, pues, ninguna condenación hay para los que están en Cristo Jesús.

ROMANOS 8:1

El que cree en Cristo como su Salvador y Señor fue salvó, está siendo salvo y será salvo. En cuanto a la justificación, ya hemos sido salvos; con respecto a la santificación, estamos siendo salvos; en cuanto a la glorificación, seremos salvos. En la justificación, somos salvos de la condenación del pecado; en la santificación, estamos siendo salvos del poder del pecado; en la glorificación, seremos salvos de la presencia del pecado. Pensemos en estos tres puntos con más detalle. En primer lugar, la justificación es un acto, no un proceso. Esto no sucede para nosotros, sino en el tribunal de Dios. Se trata de un acto jurídico y forense, cuando Dios, a través de la justicia de Cristo imputada a nosotros, nos declara justos, es decir, se cierra con las demandas de su ley. La justificación no tiene grados, esto es, todos los salvos son justificados por igual. Por lo tanto, podemos decir que ahora, ninguna condenación hay para los que están en Cristo Jesús. En segundo lugar, la santificación es un proceso que comienza en la conversión y termina en la glorificación. Por la santificación, somos transformados de gloria en gloria en la imagen de Cristo, nuestro Señor. Dios mismo, por medio del Espíritu Santo, esculpe en nosotros la belleza de Cristo. En tercer lugar, la glorificación es la consumación de nuestra redención, cuando vamos a recibir, en la segunda venida de Cristo, un incorruptible, glorioso y poderoso nuevo cuerpo semejante al cuerpo de la gloria de Cristo. Por lo tanto, vamos a vivir y reinar con Cristo para siempre y disfrutar de las fortunas celestiales.

28
de septiembre

¿Será que usted necesita del Salvador?

> Y en ningún otro hay salvación; porque no hay otro nombre bajo el cielo, dado a los hombres, en que podamos ser salvos.
>
> HECHOS 4:12

Horacio Bonar, en su libro *¿Cómo iré a Dios?*, escribió: "Si usted no es un pecador en su totalidad, entonces usted realmente no necesita a Cristo, porque él es el Salvador en el sentido más completo de la palabra. No ayuda a salvarse; ni puede ayudarle a salvarse a usted mismo. O lo hace todo, o nada. La media salvación solo atiende a aquellos que no están totalmente perdidos". La gran tragedia es que algunas personas no reconocen su pecado. Creen que son buenos y dignos. Se aplauden a sí mismos y se ponen en un pedestal de la autoglorificación. La Biblia dice, sin embargo, que Jesús vino a buscar y a salvar a los perdidos. Quien no se siente perdido nunca sentirá la necesidad de Jesús. Él no vino para los justos sino para los pecadores. Aquellos que se sienten justos y buenos nunca sentirán la necesidad del Salvador. Jesús vino para los enfermos, no para los sanos. Los que se consideran sanos nunca buscan el doctor. La justicia propia es peor que el peor de los pecados, porque es un falso diagnóstico de sí mismo. Los que se creen justos consigo mismos declaran la sentencia de muerte sobre sí mismos, ya que, a pesar de ser pecadores, no se reconocen a sí mismos como tales. La Biblia dice que todos hemos pecado. No hay ni un solo justo. Todos son culpables ante Dios. Todo el mundo está enfermo y necesitado de la gracia de Dios. El hombre es ciego, perdido, muerto en delitos y pecados. Es un esclavo del diablo, el mundo y la carne. ¡Usted necesita desesperadamente a Jesús el Salvador!

29
de septiembre

No hay personas sin importancia

> Pero ahora, así dice Jehová, el Creador tuyo, oh Jacob, y el Formador tuyo, oh Israel: No temas, porque yo te he rescatado; te he llamado por tu nombre; mío eres tú.
>
> ISAÍAS 43:1

El título del tema es el título del libro de Francis Schaeffer. El mundo valora a las personas por lo que tienen, y no por quiénes son. Da más importancia a tener que ser. Promueve celebridades y olvida a los que viven en el anonimato. Coloca a algunos en el pedestal y lanza a otros en una fosa común del olvido. Extiende una alfombra roja para los adinerados y empuja a los pobres a las malas carreteras llenas de espinas. Dios no nos trata como este. Él no hace acepción de personas. No hay privilegios para unos por causa de su riqueza o rechazo a otros debido a su pobreza. Dios no pasa por alto los pecados de los poderosos o hace inocente al culpable en la base de la pirámide social. Además de justo, Dios es misericordioso. Él nos valora no por nuestros méritos, sino a pesar de nuestros desméritos. La causa de su amor no está en nosotros sino en sí mismo. Él nos amó cuando éramos débiles, impíos, pecadores y enemigos. Todos tienen valor para Dios. Si usted se siente débil, Dios es su fuerza. Si está perdido, Jesús es el camino. Si está desanimado, el Espíritu Santo es su alentador. Dios creó, formó, nos llamó y nos ha rescatado. Pagó un alto precio para redimir su vida. Dios no perdonó a su propio Hijo, sino que lo entregó para morir en su lugar, con la finalidad de que tenga la vida eterna. Sí, usted no es alguien que no tiene importancia. ¡Es alguien muy especial! ¡Tiene valor!

Todos tenemos los pies de barro

> La cabeza de la estatua era de oro fino; su pecho y sus brazos, de plata; su vientre y sus caderas, de bronce; sus piernas, de hierro; sus pies, en parte de hierro y en parte de barro cocido.
>
> DANIEL 2:32-33

Una teología que enseña que el ser humano tiene la fuerza, que es un ser divino en miniatura y que el poder de una vida dichosa emana de su propio interior, es una falacia. Todo el mundo tiene los pies de barro. Todos tenemos nuestro talón de Aquiles. Todos tenemos debilidades. No hay ser humano poderoso y autosuficiente, capaz de permanecer anclado en el bastón de la confianza. La Biblia dice que Dios conoce nuestra condición y sabe que somos polvo. El rey Nabucodonosor soñó con una gran estatua, símbolo de los reinos que dominarían el mundo. Él, Nabucodonosor, era la cabeza de oro. El Imperio medo-persa representaba el pecho y los brazos de plata. El Imperio greco-macedonio, el vientre y los muslos de bronce; y el Imperio romano, las piernas de hierro y pies de hierro y barro. Una piedra está tallada por las manos, símbolo del reino indestructible y victorioso de Cristo que aplastará esta gran estatua y llenará toda la tierra. Este es el reino de Cristo, para que domine de mar a mar, "porque la tierra será llena del conocimiento de Jehová, como las aguas cubren el mar" (Isaías 11:9). Como los más poderosos reinos de la tierra tenían pies de barro, todos los seres humanos, incluso los más untados con orgullo, también tienen pies de barro. Somos débiles, vulnerables y dependientes totalmente de Dios. No hay lugar para la arrogancia en nuestros corazones. No hay lugar para la arrogancia en nuestra vida. ¡Todos tenemos los pies de barro!

1

de octubre

Las tempestades de la vida son pedagógicas

> ... Jehová camina en la tempestad y el torbellino, y las nubes son el polvo de sus pies.
>
> **NAHUM 1:3**

La vida no es sin dolor. No vivimos en este mundo dentro de una armadura, en un invernadero espiritual. Estamos sujetos a todas las tormentas que azotan a la humanidad. Las tormentas de la vida son muy a menudo inevitables, imprevisibles y difíciles de manejar. Llegan a todos, a grandes y pequeños, ricos y pobres, analfabetos, religiosos y ateos. Las tormentas no siempre envían telegrama. Llegan de pronto y subvierten nuestras emociones. Puede ser un grave accidente, un divorcio traumático, un duelo doloroso. Hay tormentas tan abrumadoras que perdemos el control de la situación. Llegamos a ser como un barco arrastrado por la furia de las olas, llevado de un lado a otro, a la deriva por la tempestad. Pero incluso cuando nosotros perdemos el control, tenemos que saber que Dios tiene el control. Él camina entre la tempestad. Se acerca a nosotros a través de la tormenta. Las olas que nos amenazan y conspiran contra nosotros, están literalmente bajo sus pies. Por lo tanto, las tormentas nos están enseñando. Las tormentas no vienen a destruirnos, sino a fortalecer los músculos de nuestra alma. No creemos en el azar, la suerte o en los sorteos. No creemos en el determinismo, sino en la generosa providencia de Dios. Ni un cabello de nuestra cabeza puede ser tocado sin que Dios lo sepa, y permita y tenga un propósito. No hay Dios como el nuestro, que trabaja para los que esperan en él. Descanse en su cuidado providencial, ¡Él está en el control!

Ecumenismo, una unión peligrosa

No os unáis en yugo desigual con los incrédulos; porque ¿qué asociación tiene la justicia con la injusticia? ¿Y qué comunión la luz con las tinieblas?

2 CORINTIOS 6:14

E l ecumenismo está de moda. Hoy en día se habla de inclusión sin fronteras. En el mundo posmoderno, no hay lugar para los absolutos. Cada uno tiene su verdad. Por lo tanto, la regla es vivir en amor y tolerar las diferencias. En esta visión del mundo, no hay espacio para hablar de la doctrina, porque nos divide; hablamos de amor, porque esto nos une. A la luz de la Palabra de Dios, sin embargo, la doctrina que promueve la unión de todas las iglesias en una gran hermandad, independientemente de su teología y la ética, es un gran error. No hay unidad fuera de la verdad. Es el ser humano que promueve la unidad de la iglesia. Esta unidad ya existe y se realiza por medio del Espíritu Santo. Nos corresponde a nosotros para mantener la unidad del Espíritu que es el vínculo de la paz. El apóstol Pablo escribió: "solícitos en guardar la unidad del Espíritu en el vínculo de la paz. Hay un solo cuerpo, y un solo Espíritu, como también fuisteis llamados en una misma esperanza de vuestra vocación; un Señor, una fe, un bautismo, un Dios y Padre de todos, el cual está sobre todos, por todos, y en todos" (Efesios 4:3-6). La unión de todos los credos produce el sincretismo pagano, no el cristianismo. La luz no puede tener comunión con las tinieblas. La ortodoxia no puede caminar del brazo de la herejía. El templo de Dios no tiene ninguna relación con los ídolos. Por lo tanto, el ecumenismo es una unión peligrosa, no una expresión de la unidad de la iglesia.

3

de octubre

Derrote a sus gigantes

Y sabrá toda esta congregación que Jehová no salva con espada y con lanza; porque de Jehová es la batalla, y él os entregará en nuestras manos.

1 SAMUEL 17:47

Existen los gigantes; son muchos y atrevidos. Un gigante es todo lo que parece ser más grande que usted. Hay gigantes fuera y dentro de nosotros. Algunos gigantes son creados por nosotros en el laboratorio y el miedo se levanta como fantasmas para intimidarnos. Pero Dios no le ha llamado a medir la altura de los gigantes o para escapar de ellos. Dios le ha llamado para vencerlos. La victoria contra los gigantes no proviene de la fuerza de sus brazos, sino del brazo omnipotente de Dios. Un vencedor de los gigantes no se fija en las circunstancias, sino en Dios. Los hombres de Saúl que huían del gigante Goliat tuvieron cuarenta días. Todos le temían, pero David veía a Dios y recibió el coraje de enfrentarlo y superarlo. Un vencedor de los gigantes no escucha amenazas insolentes de los gigantes, sino que corre hacia ellos para derribarlos. Un vencedor de gigantes no pierde su tiempo y su atención con los críticos. Los que pasan tiempo con los críticos pierden la paz, el sueño, la salud y las perspectivas. David se separó de Eliab y su pequeña crítica y se centró en su misión para derrotar al gigante. Un vencedor de gigantes tiene el valor y la preparación. David no solo se ocupaba de Goliat con un valor temerario. Él podía golpear con una piedra un cabello, cuánto más la frente de un gigante. Un vencedor de gigantes no intenta utilizar las armas ajenas, sino se especializa en lo que hace. ¡Con una honda en la mano, David era el gigante!

4

de octubre

Pasión no es amor

El amor es paciente, es servicial; el amor no tiene envidia, el amor no es jactancioso, no se engríe.

1 CORINTIOS 13:4

Vemos con asombro los bárbaros crímenes pasionales cometidos en nombre del amor. Los maridos matan a las esposas y las esposas matan a los maridos. ¿Podría usted matar por amor? ¡No! Sin embargo, la pasión es una sensación abrumadora. Es como un fuego que estalla. Es intensa y descontrolada. La pasión es egoísta y busca la satisfacción inmediata del deseo, pero pronto se apaga, se cubre de cenizas. El amor es lo contrario de la pasión. El amor es centralizado en el otro. No busca la satisfacción del yo, sino la realización del otro. El amor es firme y se rige por el equilibrio. La pasión se evapora con el tiempo, pero el amor perdura para siempre. El amor es paciente, mientras que la pasión se corroe desesperadamente. El amor es bueno, siempre busca el bien de la persona amada; la pasión busca la satisfacción inmediata de sus deseos. El amor no es celoso; la pasión es peligrosamente celosa y posesiva. El amor no es presumido; la pasión hace alarde de sus conquistas. El amor no hace nada indebido; la pasión es capaz de demonizar a la vida del otro para lograr sus propósitos. El amor no se goza de la injusticia; la pasión es incluso capaz de quitarle la vida a otra persona cuando sus intereses se ven frustrados. El amor se goza de la verdad; la pasión se viste con la mentira para atrapar a su presa. El amor todo lo espera y todo lo soporta; la pasión es impaciente y no soporta. El amor nunca deja de ser; la pasión nunca existió como una expresión de verdadero sentimiento.

5
de octubre

El reino al revés

> ... porque el que es más pequeño entre todos vosotros, ese es grande.
>
> LUCAS 9:48

Donald Kraybill escribió un libro pionero titulado *El reino al revés*. Este reino es el reino de Dios. La pirámide está invertida. Los que estaban en la parte de arriba caen hacia abajo, a la base de la pirámide, y los de abajo suben a la cima. El reino de Dios es el reino de la felicidad. Ser feliz no es ser arrogante, sino de espíritu humilde. Ser feliz no es destrozar la cara con ruidosas carcajadas, sino llorar por sus pecados. Ser feliz no es estar en los círculos de la iniquidad, bebiendo todas las copas de los placeres de este mundo, sino ser puro de corazón. Ser feliz no es tener hambre y sed de placeres, de la fama y la riqueza, sino hambre de sed y de justicia. Ser feliz no es vivir luchando por sus derechos, masacrando al débil y oprimiendo a los pobres, sino entregar su causa a Dios y ser mansos y humildes de corazón. Ser feliz no es vivir haciendo la intriga y sembrando la discordia entre las personas o cavar hoyos en las relaciones; más bien es ser un constructor de puentes, un pacificador. Ser feliz no es estar persiguiendo a otros para prevalecer sobre ellos, sino sufrir el daño, y a causa de la justicia. En el reino de Dios, para ser grande se debe ser pequeño. Ser más grande que todos es ser un siervo de todos. En los reinos del mundo, la grandeza de un hombre es conocida por la cantidad de gente que le sirve; en el reino de Dios, el más grande de todos es el que sirve a muchos. Los reinos de este mundo, con todo su esplendor, pasarán. Pero el reino de Dios permanecerá para siempre. ¿Ya es usted un súbdito de ese reino?

6

de octubre

¡Vuelve hijo, vuelve a los brazos del Padre!

Y levantándose, marchó hacia su padre. Y cuando aún estaba lejos, lo vio su padre, y fue movido a compasión, y corrió, y se echó sobre su cuello, y le besó efusivamente.

LUCAS 15:20

La insatisfacción es una trampa para los pies, un peligro para el alma. Mucha gente tiene todo para ser feliz, pero en vez de alegrarse con lo que tienen, desean ardientemente lo que no tienen. Eva se sentía infeliz en el paraíso y quería comer del fruto prohibido. El hijo pródigo tenía todo en la casa de su padre, pero gastó su herencia en un país lejano. Muchas personas salieron de la casa, la iglesia, la comunión de los santos, porque el corazón nutre un sentimiento de insatisfacción y trataron de llenar el vacío del alma en los banquetes del mundo. Hay muchos pródigos fuera de casa, perdidos en un país lejano. Muchos todavía están engañados, dando ruidosa carcajada de los amigos en las ruedas, en los placeres mundanos. Otros están atormentados por la culpa, abandonados por los amigos, sintiendo la soledad dolorosa. El colorido del mundo es falso. El pecado es un fraude. Los placeres del mundo no satisfacen el alma. Es hora de volver a Dios. Es hora de que los hijos pródigos vuelvan de nuevo a los brazos del Padre, en Él hay perdón. En la casa del Padre, hay verdadera fiesta. Así que, vuelva hijo; vuelva de nuevo a los brazos del Padre, Él va a correr a su encuentro para darle el abrazo y el beso de la reconciliación y el perdón. Él le cubrirá con la ropa blanca de la justicia. Él le colocará el anillo de honor y el calzado de afiliación. ¡Él promoverá una fiesta por su regreso, y habrá gozo delante de los ángeles por su reconciliación!

7

de octubre

Su familia es su patrimonio más grande

He aquí, herencia de parte de Jehová son los hijos; recompensa de Dios, el fruto del vientre.

SALMOS 127:3

Hay una gran inversión de valores en nuestra sociedad. Las cosas son más valiosas que las personas. La comodidad es más valiosa que las relaciones. Nuestra generación se olvida de Dios, ama las cosas y usa a la gente, cuando lo que debemos hacer es glorificar a Dios, amar a las personas y usar las cosas. Tenemos que poner primero lo primero en nuestras vidas. No podemos sacrificar lo que es importante en el altar de lo que es urgente. No todo lo que es urgente es realmente importante. Su familia es importante. Su familia es su tesoro más grande, su activo más valioso. Usted puede tener todos los tesoros de la tierra, pero si pierde a su familia, esta riqueza no va a darle ningún consuelo. Se puede llegar a la cima de la pirámide social, pero si pierde a su familia en esta subida, esta victoria tendrá un sabor amargo. No, la riqueza del mundo no va a compensar la pérdida de su familia. Su familia es su mayor activo. De nada vale vivir en un apartamento lujoso o tener un auto importado, vestir ropas de marca y comer en los mejores restaurantes, si dentro de su casa la gente no se entiende. Es inútil que tener un montón de dinero y no tener paz dentro de su hogar. Valore su familia. Dele a su familia más valor que a las cosas materiales. Invierta en su familia. ¡Dedíquele el mejor tiempo y lo mejor de sus sentimientos!

¿Autoayuda o ayuda de lo alto?

Alzo mis ojos a los montes; ¿De dónde vendrá mi socorro?
Mi socorro viene de Jehová, que hizo los cielos y la tierra.

SALMOS 121:1-2

La psicología de la autoayuda está de moda. Las librerías están llenas de libros que proclaman que usted es fuerte, que tiene el poder, que es capaz, que usted es un gigante dormido. Estamos viendo un resurgimiento de narcisismo. Aplaudimos para nosotros mismos y cantamos con entusiasmo la canción "Cuán grande es él", solo que delante de un espejo. Fuimos infectados con el síndrome de Laodicea. Nos juzgamos a nosotros mismos ricos y ricos sin necesidad de nada. Nos ponemos en un pedestal y quemamos incienso a nosotros mismos. Nos juzgamos fuertes y poderosos. Pero la verdad es otra: somos débiles; tenemos debilidades físicas; el tiempo esculpe en nuestra cara sin disfraz algunas arrugas; nuestras rodillas se tambalean y nuestras manos están caídas. Tenemos debilidades emocionales; a menudo, llegamos al punto de la desesperación de la vida. Tenemos debilidades morales. ¿Cuántas veces nos hemos prometido no volver a caer en ciertos delitos, para poco después vernos de nuevo perdedores en los mismos errores? Tenemos debilidades espirituales; somos seres ambiguos y contradictorios. El bien que no practicamos, sino el mal que no queremos, es lo que hacemos. La solución no es de autoayuda, sino la ayuda de lo alto. Nuestra ayuda viene del Señor. Nuestra fuerza está en el Dios Altísimo, creador y sustentador del universo. Aunque somos débiles, somos más que vencedores en Cristo Jesús.

9

de octubre

La paz de Dios, el mejor calmante para el alma

> Y la paz de Dios, que sobrepasa a todo entendimiento, guardará vuestros corazones y vuestros pensamientos en Cristo Jesús.
>
> FILIPENSES 4:7

Hay más de 7.000 millones de personas en el planeta. Los grandes centros urbanos parecen hormigueros. Multitudes se apiñan todos los días en las calles, en el metro, en los diferentes medios de transporte públicos, pero son caras sin nombre. Viven en el anonimato. Estas multitudes son como ovejas que no tienen pastor. Están inquietas, y sin tranquilidad. Las marcas de nuestra generación son el estrés, la fatiga, la ansiedad, el vacío existencial. Millones de dólares se gastan cada año con los tranquilizantes. La gente vive atormentada por el miedo, el dolor, la desesperación. Se acuestan, pero no duermen seguras. Se estiran en la cama pero no concilian el sueño. No viven tranquilos, porque la conciencia está plagada de culpa. El mejor calmante para el alma no es la meditación trascendental o la psicología de autoayuda. La mejor medicina para el alma es experimentar la paz de Dios. La paz de Dios es el resultado de la paz con Dios. Cuando experimentamos el perdón de nuestros pecados y cuando caminamos el camino de la santidad, entonces sentimos una dulce paz del alma, la paz de Dios. La paz de Dios quita la ansiedad y empieza a gobernar nuestras mentes y nuestros corazones, como un centinela. Esta paz no es humana, sino divina; no está limitada por las circunstancias, sino que sobrepasa todo entendimiento. Convive con el dolor, se sazona con las lágrimas y triunfos, incluso en las circunstancias más amargas de la vida.

10
de octubre

Un pecado escondido es un sufrimiento que aparece

Mi pecado te declaré, y no encubrí mi iniquidad. Dije: "Confesaré mis transgresiones a Jehová; y tú perdonaste la maldad de mi pecado".

SALMOS 32:5

Cuando una persona comete un delito, siempre piensa en escapar de su consecuencia. Muchos crímenes en la historia nunca fueron totalmente revelados. Muchos criminales se escaparon de las armas de la ley y el juicio de los hombres. Pero ¿quién va a escapar del juicio de Dios? ¿Quién puede deshacer la evidencia en contra de sí mismo en el gran día del juicio? ¿Quién nos librará del escrutinio divino, que juzgará no solo nuestras palabras, obras y omisiones, sino también nuestros pensamientos? ¿Quién puede ocultar un pecado del que tiene ojos como llama de fuego? ¿Quién puede callar la voz de la conciencia? ¿Quién puede vivir en paz, pecando contra Dios? No hay mayor locura que tratar de ocultar los pecados de Dios. Adán pecó y trató de huir de Dios, pero Dios lo encontró. Acán pecó y escondió su pecado, pero Dios se encontró con él, y él y su familia perecieron. No hay nada oculto que no haya de ser revelado. David trató de ocultar su pecado tras el adulterio con Betsabé y que tuvo a su marido asesinado. Sus huesos se secaron, las lágrimas inundaron su cama y su fuerza se convirtió en sequedades de verano. Mientras ocultó sus pecados, David disminuyó. El camino de la cura estaba en el arrepentimiento y la confesión. El libro de Proverbios advierte la realidad de que el pecado oculto se revela en el sufrimiento: "El que encubre sus pecados no prosperará; mas el que los confiesa y se enmienda alcanzará misericordia" (Proverbios 28:13).

11
de octubre

Un milagro puede suceder hoy

El estupor se apoderó de todos, y glorificaban a Dios; y llenos de temor, decían: "Hoy hemos visto cosas increíbles".

LUCAS 5:26

Og Mandino fue uno de los escritores más populares del mundo. Escribía libros de autoayuda, animando a la gente a vivir con optimismo. Pero su vida no fue un camino de rosas. A los 35 años de edad fue a la quiebra financiera. Abandonado por su mujer, tirado en una cuneta, borracho, pensó en el suicidio. Diez años más tarde, sin embargo, encabezó la fama en todo el mundo, escribiendo libros traducidos a varios idiomas, animando a la gente a vivir con entusiasmo. Él dijo: "Si estás vivo, un milagro puede suceder en tu vida hoy". Usted es un milagro de Dios. Él le creó a su imagen y semejanza. Las digitales de Dios están grabadas en su vida. Dios formó su interior de manera maravillosa, colocando en sus células el código de la vida. Dios es el que da vida y aliento. Él es el que proporciona energía a los músculos y da fuerza a su mente. Dios es el que protege del mal. Es como pared de fuego a su alrededor. Es su escudo y protección. Es Dios quien da el pan de cada día. Da la salud, el gusto y sabor para que usted pueda deleitarse con los diferentes sabores. Es Dios el que hace todas las cosas para su deleite. Se puede vivir en la esperanza, porque todos los días son días de gracia, y Dios renueva cada mañana sus misericordias sobre nosotros. Es un trofeo de la gracia, porque Dios lo salvó milagrosamente. Usted estaba muerto; Él le dio la vida. Estaba perdido; Dios lo encontró. Estaba condenado; Dios le perdonó.

12
de octubre

No bote la toalla, el juego no se acabó aún

Porque ninguna cosa será imposible para Dios.

LUCAS 1:37

Aún no ha llegado al final de la línea. Las circunstancias que muestran su ceño fruncido y sus sentimientos son como un torbellino, un terremoto dentro de su pecho. Todo esto le ha llevado hasta el agotamiento emocional. Tal vez usted esté desanimado y pensando en desistir. Sus fuerzas se agotaron y ya anda en la reserva. Tal vez ya no cree en su matrimonio, o incluso no tiene la fuerza para luchar por su familia. Tal vez usted está pensando en tirar la toalla y abandonar la vida. Sin embargo, quiero decirle que el juego no ha terminado todavía. Ese marcador puede cambiar. El último capítulo de su vida aún no ha sido escrito. Mire para arriba. Busque a Dios. Anímese nuevamente en el Señor, porque él es capaz de transformar su desierto en riqueza, su duelo en gozo y su dolor en una fuente de consuelo. Noemí sufrió golpes dolorosos en Moab. En esta tierra extranjera, perdió a su marido y a sus dos hijos. Quedó viuda a una edad avanzada. Acosada por la pobreza en un país extraño, regresó a su tierra natal y decidió cambiar su nombre. Quería construir un monumento a su dolor. Esta viuda pensó que su nombre, cuyo significado es 'feliz', ya no representaba su vida. Entonces cambió su nombre a Mara, 'amargura'. Noemí cedió al desaliento. Aceptaba la declaración de la derrota, aun cuando el último capítulo de su vida no estaba escrito. Dios cambió su suerte. Abrió las puertas de la providencia para ella, y su nieto se convirtió en el abuelo del rey David, una especie de Mesías. ¡No se entregue; Dios todavía está trabajando!

13
de octubre

No menosprecie los pequeños comienzos

> … El reino de los cielos es semejante a un grano de mostaza,
> […] es menor que todas las semillas; pero cuando ha crecido,
> es mayor que las hortalizas, y se hace árbol…
>
> MATEO 13:31-32

Las grandes cosas comienzan pequeñas y sin pretensiones. Una pequeña semilla de mostaza tiene dentro de sí el potencial de un gran árbol en el que los pájaros hacen nido para sus crías. Una idea se convierte en un proyecto que puede ser la semilla de una gran realidad. No podemos despreciar el día de los pequeños comienzos. David comenzó su preparación para ser un rey conquistador cuidando ovejas en los prados de Belén. Moisés aprendió a conducir al pueblo del pacto por las dificultades del desierto cuidando las ovejas de su padre en Madián. Jesús llamó a doce discípulos galileos incultos, y estos hombres han revolucionado el mundo. No se lamente de las pequeñas cosas ahora; Dios puede convertirlas en cosas enormes mañana. No se queje sobre el pequeño lugar donde se encuentra hoy; Dios puede ampliar sus horizontes en la actualidad. Jabés nació bajo el estigma del dolor. Su nombre era una carga en su espalda, una limitación en sus sueños, pero este hombre clamó al Dios de Israel y le pidió que se extendieran sus fronteras. Su oración fue escuchada y fue más allá de sus límites. Dios todavía levanta al pobre y a los necesitados del polvo y del estiércol, y hace que ellos se sienten entre los príncipes. Dios se especializa en la transformación de las pequeñas cosas en las cosas grandes y usa lo débil para confundir lo fuerte. ¡Hoy en día, sus sueños pueden ser una semilla; mañana pueden ser un roble fuerte!

14

de octubre

No se desanime, Jesús está en el control

Y una vez que despidió a la multitud, subió al monte, a solas, a orar; y cuando llegó la noche, estaba allí solo.

MATEO 14:23

El desánimo nos impone la derrota de antemano. Un individuo abatido acepta pasivamente la declaración de la derrota. A menudo, el desaliento es crónico. Hay personas que se ven desalentados por la naturaleza. Se quejan de la vida que tienen, la casa en la que viven, los alimentos que consumen. Otros están desanimados debido a la gravedad de los problemas que enfrentan: una enfermedad incurable, un divorcio traumático, un luto doloroso. Hay momentos en que el desaliento invade nuestros corazones. Perdemos el control de la situación y nos sentimos impotentes frente a vientos en contra. Los discípulos de Jesús estaban bien en el mar de Galilea. Por mandato de Jesús, habían entrado en el barco para cruzar el mar de Galilea y de un momento a otro, de forma inesperada, se vieron en medio a una terrible tormenta. Eran arrojados de un lado a otro a merced de la tormenta. Pero cuando la situación parecía perdida, vino Jesús caminando sobre el agua para librarlos. Las olas que conspiraron contra los discípulos estaban literalmente bajo los pies de Jesús. Jesús es más grande que nuestros problemas. Incluso cuando perdemos el control de las circunstancias, Jesús todavía está en el control. Él siempre viene a nosotros, a cualquier momento del día o de la noche. Él viene para calmar nuestros corazones y las circunstancias que nos amenazan. Jesús viene a llevarnos sanos y salvos a nuestro destino.

15
de octubre

¿Por qué mi dolor no para?

No he tenido tranquilidad ni calma, ni tuve reposo, sino que
me sobrevino turbación.

JOB 3:26

Hay momentos en que la vida se vuelve extraña. Nos sentimos acorralados por las circunstancias ásperas y no tenemos dónde correr. Sufrimos, lloramos, sangramos. El dolor es como un látigo implacable, sin piedad nos castiga. En estos momentos nos preguntamos: ¿Por qué estoy sufriendo? ¿Por qué mi dolor no cesa? Estas fueron algunas de las preguntas de Job después de perder sus bienes, sus hijos y su salud. Job levantó al cielo dieciséis veces la misma pregunta: ¿Por qué? ¿Por qué? ¿Por qué? Cuando estamos en el valle del dolor, perdidos por los vendavales de las crisis, buscamos respuestas. Job preguntó: ¿Por qué estoy sufriendo? ¿Por qué he perdido a mis hijos? ¿Por qué mi dolor no cesa? ¿Por qué no morí yo en el vientre de mi madre? ¿Por qué no morí al nacer? ¿Por qué Dios no me mata de una vez? Dadas las circunstancias, Job solo escucha el silencio de Dios. Pero cuando Dios guarda silencio, no es que esté descansando; al contrario, él está trabajando en favor de los que en él esperan. Dios reveló a su majestad a Job y restauró su suerte. El sufrimiento, en lugar de endurecer el corazón de Job, le abrió los ojos y el alma, y Job vio a Dios y cayó a sus pies en adoración ferviente. Aun en medio a las circunstancias más difíciles Dios está sonriente dispuesto a restaurarle. Corra a sus brazos y encuentre refugio y consuelo en Él.

16
de octubre

La ira de Dios, una verdad olvidada

> Porque la ira de Dios se revela desde el cielo contra toda impiedad e injusticia de los hombres que detienen con injusticia la verdad.
>
> ROMANOS 1:18

La Biblia no oculta ni lidia con vergüenza por el tema de la ira de Dios. Está claro que la ira de Dios no es sinónimo de capricho emocional o descontrol emocional. La ira de Dios no es rabia ni pecaminosa como la ira humana. La ira de Dios es su santo odio por el pecado. Dios no responde al pecado con deleite. Él aborrece el mal. Desafortunadamente esta generación se burla de la santidad de Dios y vive deliberadamente en pecado. Pero la Biblia es clara al afirmar que "la ira de Dios se revela desde el cielo contra toda impiedad e injusticia de los hombres que detienen con injusticia la verdad" (Romanos 1:18). La maldad es la rebelión del hombre contra Dios, y la perversión es la rebelión del hombre contra su prójimo. La maldad se refiere a la relación vertical, y la perversión, a la relación horizontal. La maldad tiene que ver con la teología, y la perversión, con la ética. El problema humano no es el ateísmo, sino que sofoque el conocimiento acerca de Dios. El hombre ha desterrado a Dios de su vida e hizo otros dioses para sí, abandonando los preceptos de Dios y revolcándose en un pantano de inmoralidad. Las Escrituras, sin embargo, dicen: "No os dejéis engañar; de Dios nadie se mofa; pues todo lo que el hombre siembre, eso también segará". [...] "el que siembra para su carne, de la carne cosechará corrupción; mas el que siembra para el espíritu, del espíritu cosechará vida eterna" (Gálatas 6:7-8). "¡Horrenda cosa es caer en manos del Dios vivo!" (Hebreos 10:31). La única manera de escapar de la ira venidera es arrepentirse de sus pecados y creer en Jesús, el Hijo de Dios.

17
de octubre

No excave abismos, construya puentes

Pero si vosotros no perdonáis, tampoco vuestro Padre, el que está en los cielos, perdonará vuestras transgresiones.

MARCOS 11:26

Somos la generación más privilegiada en la historia. Vivimos en el siglo de los viajes interplanetarios y la comunicación virtual. Entramos en el reino de los milagros tecnológicos. Pero, a pesar de que cruzamos los mares y hablamos en vivo y en directo con personas de todo el mundo, no podemos hablar, cara a cara, con las personas que viven bajo nuestro techo. Vivimos en una sociedad con más de siete mil millones de habitantes, pero llenos de soledad. Nos apeñuscamos en las calles, pero no tenemos una relación sana. Adquirimos los bienes de consumo, pero en casa vivimos relaciones infelices con los parientes. Ganamos las cosas, pero perdemos a la gente. Abrimos las ventanas al mundo, pero cerramos las puertas de las relaciones a los que nos rodean. Llegamos a la cima de la pirámide social, pero perdimos las personas más importantes en la vida. No debemos estar contentos construyendo éxitos en los escombros de las relaciones; debemos ser bendecidos por ser pacificadores, que sanan relaciones heridas. Un pacificador es aquel que tiene el ministerio de la reconciliación. En vez de sembrar la discordia entre los hermanos, restaura las relaciones quebradas. En lugar de hacer daño a la gente con sus actitudes, balsamiza a los heridos con sus palabras terapéuticas. En lugar de abrirle pozos a las relaciones, construye puentes de contacto con la gente.

18
de octubre

El desierto, la escuela superior del Espíritu Santo

Apártate de aquí, y vuélvete al oriente, y escóndete en el arroyo de Querit, que está frente al Jordán.

1 Reyes 17:3

No nos gusta el desierto, ya que no nos promueve. Más bien, nos humilla. El desierto no enciende las luces del escenario, sino que las apaga. No lleva a la notoriedad, sino a la insignificancia. Sin embargo, el desierto no es un curso intensivo en el viaje de la vida, sino una agenda de Dios. Dios es el que le matricula en la escuela en el desierto. El desierto es un colegio del Espíritu Santo, en el cual Dios capacita a sus líderes más importantes. Dios le inscribe en esta escuela no para exaltarnos a nosotros mismos, sino para humillar. En la escuela del desierto, Dios obra en nosotros, y luego trabaja a través de nosotros. Eso es porque Dios está más interesado en lo que somos que en lo que hacemos. La vida con Dios precede a la obra para Dios. Moisés, David, Elías y Jesús mismo pasaron por la escuela del desierto. En el desierto, Dios nos capacita para hacer su trabajo. En el desierto, nos enteramos de que no somos nada, pero Dios es todo. En el desierto, aprendemos a depender más del proveedor de la disposición. Cuando nuestra fuente se seca en el desierto, Dios sabe dónde estamos, hacia dónde debemos ir y lo que debemos hacer. Nuestra fuente puede secarse, pero todavía gotea las fuentes de Dios. Nuestra despensa puede estar vacía, pero Dios todavía llena los graneros. ¿Se le ha matriculado en la escuela del desierto? ¡No se desespere! Dios sabe lo que está haciendo. Él no tiene ninguna prisa cuando se trata de la formación de sus líderes. El desierto no es su destino, solo el campo de entrenamiento.

19
de octubre

No desista de sus sueños

> … Jehová de los ejércitos, si te dignas mirar a la aflicción de tu
> sierva, y te acuerdas de mí, y no te olvidas de tu sierva, sino que
> das a tu sierva un hijo varón, yo lo dedicaré a Jehová…
>
> I SAMUEL I:II

En 1952, un gran deportista de Nueva Zelanda, Edmund Hillary, nutría en su corazón un sueño sin precedentes y audaz, subir a la cima del Everest, la montaña más alta del planeta, con más de 8.800 metros de altitud. El atleta se había preparado para el gran desafío de su vida. Pero no pudo cumplir su sueño. No pudo llegar a la cima de la colina. Meses después, fue invitado a dar una conferencia en Londres. Cuando llegó al auditorio alguien había colocado a propósito una gran imagen del monte Everest en la pared. Edmund Hillary miró la foto y con la cabeza hacia abajo, se acercó a la plataforma. Cuando le pasaron la palabra por un momento se olvidó de su audiencia, se dirigió a la imagen y dijo: "al monte Everest, la primera vez me ha derrotado. Usted no puede crecer más, pero yo todavía estoy creciendo. La próxima vez, le voy a ganar". Seis meses después, Edmund Hillary fue el primer hombre en la historia de la humanidad en llegar a la cima del pico Everest, lo que nos deja un gran aprendizaje: ¡No abandone sus sueños! Sé que usted tiene sueños. Todos tenemos. ¿Quién no sueña en la vida? Les insto a que pongan sus sueños en la presencia de Dios, incluso aquellos que parecen imposibles, ¡porque Dios es capaz de hacer mucho más abundantemente de lo que pedimos o pensamos que podemos hacer!

20
de octubre

El yunque de Dios y el martillo de los críticos

… y la Escritura no puede ser quebrantada.

JUAN 10:35

La Biblia es el yunque de Dios que ha roto el martillo de los críticos. Muchos se han levantado con mucho orgullo, con argumentos engañadores, tratando de desacreditar a la Palabra de Dios, afirmando que está plagada de errores y contradicciones. Sin embargo, ni la crítica o la escéptica intolerancia han impedido la marcha victoriosa de la Biblia. La Biblia es la Palabra de Dios viva y activa. Está inspirada por Dios, escrita por hombres santos que la Iglesia predica, perseguidos por el infierno, es creída por los fieles. La Palabra de Dios es infalible, porque Jesús dijo que las Escrituras no pueden ser quebrantadas. Es infalible, porque toda la Escritura es inspirada por Dios. Es suficiente, ya que contiene todo lo que necesitamos saber para heredar la vida eterna. Es útil para corregir, exhortar y enseñar a todos nosotros. Es la espada del Espíritu, arma de combate. Es pan para el hambriento, bebida para el sediento, carne para el adulto, la leche para los niños. Es mucho más preciosa que el oro refinado y más dulce que la miel. A través de ella, somos llamados a la fe. A través de ella, somos alimentados y entrenados para toda buena obra. Hubo muchos ataques en contra de la Palabra de Dios, pero cuanto más es atacada, más crece. Es el libro más impreso, más leído y más querido en el mundo. Es el libro de los libros, la revelación de Dios, el mapa de la vida, la fuente de nuestro mayor placer. Siempre viva, siempre presente, siempre oportuna. El cielo y la tierra pasarán, pero la Palabra de Dios nunca pasará.

21
de octubre

¿Adolescente adulto?

> Cuando yo era niño, hablaba como niño, pensaba como niño, razonaba como niño; mas cuando me hice hombre, dejé a un lado lo que era de niño.
>
> 1 CORINTIOS 13:11

¡Sí, hoy tenemos adultos adolescentes! Adultos de edad, pero inmaduros de comportamiento. Adultos en estatura física, pero frágiles en la estructura emocional. Normalmente, estos adolescentes adultos fueron mimados por los padres, recibieron todo y no han aprendido a lidiar con el estrés de la vida ni a tener independencia para tomar decisiones. Se casan, pero no cortan el cordón umbilical con los padres. Se casan, pero el matrimonio no lo hicieron pleno. Los esposos que están jugando en vez de interactuar con su esposa. Esposas con síndrome de Cenicienta, que están más preocupadas por los cosméticos para el cuerpo que por la gimnasia del alma. Un "adultoscente" es alguien que se mantiene verde; con un cuerpo adulto, pero con la cabeza de un adolescente. Por lo tanto, no está preparado para la vida, para el matrimonio, para el trabajo y las relaciones interpersonales. A un adolescente adulto le gusta vestirse como a un adolescente, tiene las actitudes de los adolescentes, utiliza el ocio de los adolescentes. La adolescencia es una etapa preciosa de la vida, pero este ciclo debe completarse para hacer espacio para la juventud y la madurez. Volver a la adolescencia después de alcanzar la edad adulta trae graves daños a la familia, la iglesia y la sociedad. La Palabra de Dios dice que no debemos conformarnos a este mundo, sino ser transformados mediante la renovación de nuestras mentes. Debemos ser gobernados por los principios de la Palabra de Dios, y no por los dictados de una cultura decadente.

Ayuno, hambre del pan del cielo

> Pero tú, cuando ayunes, unge tu cabeza y lava tu rostro, para no mostrar a los hombres que ayunas, sino a tu Padre que está en lo secreto; y tu Padre que ve en lo secreto, te recompensará en público.
>
> MATEO 6:17-18

Para una generación cuyo dios es el vientre (Filipenses 3:19), hablar del ayuno parece absurdo. Estamos tan acostumbrados al sabor del pan de la tierra que nos olvidamos del sabor del pan del cielo. Estamos tan enamorados de este mundo que no tenemos ningún anhelo por el cielo. Nos llenamos de tal manera con las delicias de este mundo que no tenemos apetito por la comida de la mesa de Dios. El ayuno no es la dieta para bajar de peso. El ayuno no es penitencia. El ayuno no es un sacrificio. El ayuno tiene hambre de Dios, anhelando el cielo, el apetito por las cosas de arriba. El ayuno es la nostalgia de Dios en lugar de la bendición de Dios. El ayuno es la fiesta del alma. El pueblo de Dios ayunó tanto en el Antiguo como en el Nuevo Testamento. Los periodos de oro de la historia de la iglesia fueron marcados por el ayuno. Los profetas, los reyes, los apóstoles, los padres de la iglesia, los reformadores y renovadores en ayuno. El ayuno es un importante ejercicio espiritual, humillarnos ante Dios y buscar el revestir de su poder. Jesús dijo: "No solo de pan vivirá el hombre, sino de toda palabra que sale de la boca de Dios" (Mateo 4:4). Deberíamos tener un gusto más refinado para el pan del cielo, que para el pan de la tierra. El ayuno es el hambre de pan del cielo. Cuando comemos, alimentamos nuestro cuerpo con el pan de la tierra, símbolo del pan del cielo, pero cuando ayunamos, alimentamos nuestra alma, no con este símbolo, sino con el pan del cielo mismo.

23
de octubre

Dios no unge métodos;
Dios unge personas

> Porque los ojos de Jehová contemplan toda la tierra, para mostrar su poder a favor de los que tienen corazón perfecto para con él...
>
> 2 CRÓNICAS 16:9

E M. Bounds, un devoto metodista del siglo XIX, escribió, con razón, que Dios no unge métodos; Dios unge personas. Estamos en busca de los mejores métodos, y Dios busca mejores personas. Laboramos en error cuando creemos que la obra de Dios depende de nuestra capacidad de crear métodos. Fallamos cuando cultivamos la cultura de la cabeza y olvidamos la cultura del corazón. No sirve tener luz en la cabeza sin fuego en el corazón. Tenemos una cultura de los académicos y la elocuencia de los ángeles, pero sin la unción del Espíritu, no podemos hacer la obra de Dios con eficacia. El poder de predicar no se logra solo mediante el aprendizaje humano, sino sobre todo a través de la oración. Cuando oramos así, predicamos bien. Los muertos, sin embargo, toman de sí mismos sermones muertos, y los sermones muertos matan. Lutero dijo que un sermón sin unción endurece el corazón. No se limite a predicar; debe ser la boca de Dios. Una cosa es pronunciar la Palabra de Dios, otra cosa es ser la boca de Dios. El bastón profético no resucita a los muertos en las manos de los profetas. Si queremos ver a los chicos muertos levantándose desde la muerte espiritual, tenemos que agonizar en oración como lo hizo Eliseo. No se limite a predicar a los oídos; también debemos predicar los ojos. No se limite a hablar; tiene que hacer. No se limite a sembrar con la boca; también debe sembrar las semillas con la mano. Que Dios tenga misericordia de nosotros, para que nosotros prediquemos la Palabra y en el poder del Espíritu Santo.

24
de octubre

La noche oscura del alma

Entonces les dijo: "Mi alma está abrumada de una tristeza mortal; quedaos aquí, y velad conmigo".

MATEO 26:38

Hay momentos en que cae la noche oscura sobre nuestra vida y los horrores del infierno soplan nuestra alma. Sentimos la opresión del enemigo, con su pesado aliento sobre nosotros. No escapamos a estos ataques. No vivimos blindados. El mismo Jesús derramó su vida hasta la muerte (Isaías 53:12), cuando sudó sangre en Getsemaní (Lucas 22:44). Él comenzó a entristecerse y a angustiarse. Dijo: "Mi alma está muy triste, hasta la muerte" (Marcos 14:34). Esa fue la noche oscura del alma, cuando Jesús luchó la batalla más feroz de la humanidad. En ese momento, él solo se dobló sobre sus rodillas, con su rostro sobre la tierra. Fue en este contexto que la Biblia dice que clamó fuertemente con lágrimas (Hebreos 5:7). Allí, sometido a la voluntad del Padre, fue confortado por un ángel y salió victorioso a caminar hacia la cruz, a caminar como un rey para su coronación. En la cruz, compró para nosotros la redención eterna. La noche oscura del alma no fue un accidente en la vida de Jesús, sino un plan elaborado en la eternidad. Esa noche había descendido sobre su alma la bendita luz del cielo a invadir nuestras vidas. Él bebió la amarga copa de la ira de Dios para ofrecernos el agua de la vida. Él sudó sangre y gritó para que pudiéramos experimentar un gozo inefable y lleno de gloria. Él murió para darnos la vida eterna. Debe saber que si esa noche llegó a su vida, ¡Dios es capaz de transformar la oscuridad en luz y el sufrimiento en el preludio de la gloria!

25
de octubre

La familia en los rieles

> Esposas, estad sometidas a vuestros maridos, como conviene en el Señor. Maridos, amad a vuestras mujeres, y no seáis ásperos con ellas.
>
> COLOSENSES 3:18-19

Para ser feliz, la familia debe caminar por el camino correcto y tener las prioridades correctas. Tiene que buscar primero las primeras cosas. Quiero mencionar cinco de estas prioridades. En primer lugar, colocar a Dios por encima de las personas. Cuando Dios es lo primero en nuestras vidas, otras cosas caen en su lugar correcto. Debemos buscar primeramente el reino de Dios, y se añadirán otras cosas (Mateo 6:33). En segundo lugar, poner a su cónyuge por encima de los hijos. Están en un error los padres que compensan la debilidad del matrimonio reemplazando el cónyuge por los hijos. El mayor regalo que podemos dar a nuestros hijos es amar a nuestro cónyuge. En tercer lugar, poner a los hijos por encima de los amigos. Tenemos que cuidar a nuestros hijos antes de volver la atención hacia el exterior, pues el que no se preocupa por su propia familia es peor que un incrédulo (1 Timoteo 5:8). Tenemos que tener tiempo con los hijos, y nuestros hijos necesitan saber que tienen prioridad en nuestra agenda y nuestros corazones. Cuarto, coloque las relaciones por encima de las cosas. Muchas personas se pierden en esta materia. Corren de manera sufrida detrás de las cosas y luego pierden a la gente que más aman. De nada sirve construir un vasto patrimonio financiero y dejar atrás una familia destrozada emocionalmente. Por último, poner las cosas importantes por encima de las cosas urgentes. No todo lo que grita a su oído como urgente es realmente importante. No sacrifique en el altar de lo urgente lo que es importante. ¡Busque las primeras cosas primero!

26

de octubre

Quien salva al lobo condena las ovejas

Porque yo sé que después de mi partida entrarán en medio de vosotros lobos rapaces, que no perdonarán al rebaño.

HECHOS 20:29

Víctor Hugo, escritor francés, tenía toda la razón cuando dijo: "Si usted protege el lobo, condena automáticamente la oveja a la muerte". El apóstol Pablo dijo que hay lobos que acechan a las ovejas, con ganas de entrar en el redil y devorarlas. Los lobos son falsos maestros, y sus afilados dientes son falsas doctrinas. El primer signo mencionado por Jesús en el sermón profético acerca de su segunda venida es el engaño religioso. Hoy en día se multiplican los falsos maestros y las falsas doctrinas rápidamente se ejecutan. El desvío de la sana doctrina es sorprendente. Predicadores movidos por una falsa teología y gobernados por la codicia son ingeniosos para engendrar novedades extrañas en las Escrituras y las enseñan sin ningún escrúpulo en el nombre de Dios. Estos maestros del engaño no son pastores del rebaño, sino los lobos. No alimentan al rebaño sino que se alimentan de él. Tienen gusto por las ovejas para devorarlas, y no las protegen; les arrancan la lana y les devoran la carne. Toman el último centavo de las ovejas y no les importa dejarlas en la miseria, mientras viven en la moda opulenta. Debemos ser tolerantes con las ovejas, pero firmes con los lobos. Llevamos a los corderos en sus brazos, pero usamos la vara para ahuyentar a los lobos. Lobos disfrazados de ovejas en medio del rebaño son aún más peligrosos que las bestias que no usan disfraz. Un falso profeta que tuerce el mensaje de las Escrituras con el fin de inducir a la gente por mal camino es peor que un enemigo declarado de la fe. ¡Tengamos cuidado!

27
de octubre

La autopsia del miedo

En el amor no hay temor, sino que el perfecto amor echa fuera al temor...

1 JUAN 4:18

El miedo está arraigado en la vida humana. Fue la primera sensación que se experimentó después de que Adán pecó. Dios conoce nuestra condición y sabe que somos polvo. Conoce nuestras debilidades. Diagnostica nuestras fragilidades. Por lo tanto, la orden que más se repite en toda la Biblia es la siguiente: No temas, es decir, "No tengas miedo". Tenemos miedo de salir de casa, miedo al asalto, miedo al secuestro, temor a las balas perdidas e incluso miedo de la policía. Vivimos detrás de candados bloqueados y cadenas gruesas y fuertes. Hay gente que tiene miedo de casarse y miedo de estar sola. El temor a los lugares cerrados y el miedo a lugares abiertos. Miedo de vivir y miedo a morir. El apóstol Pablo dijo que el miedo es más que un sentimiento; es un espíritu amenazante. Hemos superado el miedo cuando comprendemos lo que somos, de dónde venimos, hacia dónde vamos y por qué estamos aquí. Venimos de Dios y regresamos a Dios. Hemos sido creados por Dios, redimidos por la sangre de Jesús y sellados con el Espíritu Santo. Somos ciudadanos del cielo, y tienen su nombre escrito en el Libro de la Vida. Hemos superado el miedo cuando nos fijamos en las circunstancias con el fin de buscar al Dios que está en el control de la situación. Hemos superado el miedo cuando quitamos de nuestros ojos la debilidad y los ponemos en la omnipotencia divina.

28
de octubre

Consumismo,
la dictadura de la superficialidad

No lo digo porque tenga escasez, pues he aprendido a contentarme, cualquiera que sea mi situación.

FILIPENSES 4:11

Desde la revolución industrial, los bienes de consumo son más asequi-
bles. Con el advenimiento de la globalización, somos testigos del rápido
crecimiento de poco más de un centenar de empresas privadas, que tienen
alrededor del cincuenta por ciento de la riqueza del planeta. Hay empresas
más ricas que los países. Toyota es más rica que Sudáfrica; General Motors
es más rica que Noruega. Walmart es más rica que 150 países. En esta era de
la economía globalizada, las empresas requieren de más tiempo y más dinero.
Con esto, conseguimos una obstinada e irreversible era del consumismo. En
1950, se consumía cinco veces menos que en la actualidad y no eran menos
felices por ello. En la década de 1970 alrededor del setenta por ciento de los
hogares dependía solo de un ingreso para mantenerse al día. Hoy en día, más
del setenta por ciento de las familias dependen de dos ingresos para mantener
el mismo estándar. Es decir, el lujo se ha convertido en la necesidad de hoy. El
consumismo ha sido una dictadura despiadada. Pero ¿qué es el consumismo?
Usted compra lo que no necesita, con dinero que no tiene, para impresionar a
la gente que no conoce. La alegría es el remedio para la cura del consumismo.
La alegría es una experiencia de aprendizaje. El apóstol Pablo dijo: "pues he
aprendido a contentarme, cualquiera que sea mi situación" (Filipenses 4:11).
"Pero gran fuente de ganancia es la piedad acompañada de contentamiento"
(1 Timoteo 6:6).

29
de octubre

Cristofobia,
una seria amenaza a la sociedad

Si el mundo os aborrece, sabed que a mí me ha aborrecido antes
que a vosotros.

JUAN 15:18

Mientras que en algunos países discuten sobre la homofobia, tratando de criminalizar a quienes están en desacuerdo con la práctica homosexual, más de 100 millones de cristianos son perseguidos en el mundo a causa de su fe en Cristo. Las personas son arrestadas, torturadas y asesinadas simplemente por profesar la fe cristiana. El misionero John Dilson y la misionera Zenaide Novais, de la Iglesia Presbiteriana de Brasil, fueron detenidos en Senegal en 2013 solo por enseñar a niños de escasos recursos, que asistían a la enseñanza del evangelio de Jesucristo. En Occidente, no tenemos ninguna persecución física, pero hay una persecución ideológica declarada. No es solo una tolerancia al error, sino una promoción del error. Vivimos en una especie de inversión de valores. Al igual que en su tiempo Jesús fue odiado y perseguido por hacer el bien y predicar la verdad, hoy en día muchos seguidores de Cristo son odiados y perseguidos por vivir santamente y anunciar al mundo la gracia de Dios. Pero Jesús nos advirtió: "En el mundo tendréis aflicción; pero tened ánimo, yo he vencido al mundo" (Juan 16:33). El mundo marcha enloquecido hacia la secularización. En este proceso, se instala la dictadura del relativismo. No se aceptan verdades absolutas. La verdad deja de ser objetiva para ser subjetiva. Cada uno tiene su verdad. Este relativismo, sin embargo, despliega sus banderas de la tolerancia hasta que la persona y la doctrina de Cristo sean enseñadas. A partir de ahí, los agentes de la tolerancia visten una armadura de intolerancia implacable, para perseguir sin piedad a los cristianos.

30
de octubre

Un rey débil hace débil a un pueblo fuerte

El rey afianza su país por medio de la justicia; mas el que lo carga de impuestos lo destruye.

PROVERBIOS 29:4

Luís de Camões colocó en su obra inmortal *Os Lusíadas* esta frase inquietante: "Un rey débil hace débil a la gente fuerte". Un gobernante débil debilita a las personas fuertes. Un líder débil es aquel que no tiene vocación o preparación para gobernar. Un gobernante débil es aquel que no tiene independencia o el coraje para tomar decisiones. Un rey débil es el que está ligado a las tramas de corrupción. Un gobernante débil es aquel que, aunque no roba, tolera ratas hambrientas mordiendo vorazmente el erario. Un rey débil es un rehén en manos de los poderosos; distribuye el gobierno para satisfacer los intereses ocultos de los hombres sin escrúpulos. Un rey débil oprime al pueblo con impuestos pesados, pero no sirve a las personas con los servicios pertinentes. Utiliza a la gente para permanecer en el poder, pero mantiene a la gente en la pobreza, sin necesidad de abrir las puertas del progreso. Un rey débil es un rey débil populista; para permanecer en el trono, ofrece a las personas pobres pan y circo, pero no la alienta a levantar más altos vuelos. Tenemos que ser más cuidadosos en la elección de nuestros líderes políticos. Cuando los individuos son comprometidos con las reglas de la justicia, el pueblo se alegra; sin embargo, cuando las personas se rigen por la codicia y se entregan a la corrupción y al poder, el pueblo gime. Recordemos Camões: "Un rey débil hace débil a la gente fuerte".

31
de octubre

Pulvis est, et pulvis reverteris

> Con el sudor de tu rostro comerás el pan hasta que vuelvas a la
> tierra, porque de ella fuiste tomado; pues polvo eres, y al polvo
> volverás.
>
> GÉNESIS 3:19

La frase del título, en latín, significa: "pues polvo eres, y al polvo volverás" (Génesis 3:19). Dios conoce nuestra condición y sabe que somos polvo, ya que fue él quien nos hizo. Solo Dios es lo que es, porque solo Dios es autoexistente. Solo Dios puede decir: "Yo soy lo que soy". Debido a que el hombre fue hecho del polvo y al polvo volverá, es polvo. Eso es porque el hombre no es lo que es, sino lo que fue y lo que será. Entender el polvo que fuimos es fácil: Dios formó al hombre del polvo de la tierra. Entender que somos polvo también es fácil. Lea las inscripciones en las tumbas: "Aquí yace". Pero ¿cómo entender que somos polvo, polvo que camina, llora y se ríe? La respuesta es: Si el hombre salió del polvo y volverá al polvo, entonces el hombre es polvo, porque el hombre no es lo que es, sino lo que fue y lo que será. Lo que levanta el polvo es el viento. Cuando el viento sopla, el polvo se levanta en la calle, en casa, en el hospital. Dios formó al hombre del polvo de la tierra, y "sopló en su nariz aliento de vida y fue el hombre un alma viviente". Cuando se detiene el viento, el polvo cae en la calle, en casa, en el hospital. El hombre tiene un pie en este mundo transitorio. Nuestra vida aquí es neblina que se disipa rápidamente. No podemos confiar en el brazo de la carne. No podemos poner a nuestro refugio lo que es polvo. Maldito el hombre que confía en el hombre. No confíe en su fuerza o sabiduría; confíe en Dios.

1
de noviembre

¿Por quién doblan las campanas?

Me volví y vi todas las violencias que se hacen debajo del sol;
y he aquí las lágrimas de los oprimidos, sin tener quien los
consuele; y la violencia estaba en la mano de sus opresores, y
para ellos no había consolador.

ECLESIASTÉS 4:1

John Donne, en el siglo XVII, escribió el siguiente poema: "La muerte de cualquier hombre me disminuye, porque soy parte de la humanidad. Por consiguiente nunca preguntes: '¿Para quién suena la campana?'; es para ti que toca". En un mundo donde la violencia está muy extendida y la vida se trata con desprecio, en que los niños son sacrificados en el palco del vientre materno y que nuestras calles se transforman en campos de la sangre, lloramos y decimos que doblan las campanas no solo por los que caen muertos, sino también para nosotros. El hombre se convirtió en lobo a sí mismo. Ser racional se hizo peor que irracional. Siendo la imagen de Dios, se vistió con la piel del diablo, para concebir y practicar horrores indescriptibles y malignos. En el mismo siglo en que el hombre ha llegado a la cima del progreso científico, descendió a su profunda malignidad. Los horrores del Holocausto son una prueba innegable de esta declaración. Seis millones de judíos fueron asesinados como leprosos perros masacrados, asfixiados en cámaras de gas o maltratados en los campamentos inhumanos. Incluso hoy en día, las guerras étnicas o ideológicas diezman miles de personas en el mundo, con la participación de una omisión criminal y cobarde de los demás. La violencia dejó los campos de batalla y está presente en las calles y en los hogares. Lejos de Dios, el hombre se convierte en un monstruo canalla, una amenaza para la supervivencia de todos nosotros.

2

de noviembre

El que salva una vida salva el mundo entero

Pues ¿qué puede dar el hombre a cambio de su alma?

MARCOS 8:37

Oseaskar Schindler, el protagonista de la película *La lista de Schindler*, compró cientos de judíos durante la Segunda Guerra Mundial y los llevó a una fábrica ficticia en Checoslovaquia, para librarlos de las cámaras de gas de los despiadados del nazismo alemán. Cuando terminó la guerra, se encontró con los judíos en el patio de esta empresa ficticia y encontró su coche de lujo y, llorando, dijo: "Si yo hubiera vendido este coche, habría comprados veinte vidas más que no habrían perecido". Luego miró el botón de oro en la solapa de su chaqueta y dijo: "Si yo hubiera vendido este botón, habría comprado dos vidas que perecieron". Así, continuó diciendo: "Quien salva una vida, salva al mundo entero". La mayor inversión que podemos hacer es salvar vidas. La inversión en la obra misionera tiene consecuencias eternas. Es una inversión para la eternidad. Cada inversión que hacemos en las cosas materiales, al final se pierde, porque este mundo y sus riquezas serán atesorados por el fuego, pero cuando invertimos en salvar vidas, la inversión trasciende el tiempo. Invierta sus recursos y su vida en lo que permanece. ¡Tómese su tiempo y energías para la proclamación del evangelio que salva!

3
de noviembre

Actitudes con respecto al evangelio

Porque no me avergüenzo del evangelio, porque es poder de
Dios para salvación a todo aquel que cree...

ROMANOS 1:16

El apóstol Pablo mostró tres actitudes hacia el evangelio: 1) Estoy listo
(Romanos 1:14); 2) Estoy en deuda (Romanos 1:15); 3) Porque no me
avergüenzo (Romanos 1:16). Pablo estaba listo como siervo; era responsable
como un apóstol, y no tenía vergüenza como alguien apartado por Dios. Hoy
en día, algunos se avergüenzan del evangelio, y otros avergüenzan el evangelio.
Nosotros, el pueblo de Dios, no podemos estar avergonzando el evangelio;
más bien debemos proclamar el poder del Espíritu Santo, "porque es poder de
Dios para la salvación a todo aquel que cree". ¿Por qué Pablo se avergonzaría
del evangelio? Es que el evangelio se centra en la persona de Jesús, que fue
crucificado y murió como un criminal. Por el evangelio, Pablo sufrió azotes,
cadenas y prisiones. Pero Pablo dice que él no se avergüenza del evangelio, y
esto por varias razones. En primer lugar, debido a la naturaleza del evangelio:
¡porque es poder de Dios! El evangelio no tiene que ver con la debilidad humana, sino con el poder divino. En segundo lugar, por causa del propósito del
evangelio: porque es poder de Dios para la salvación. No hay manera de que el
hombre sea salvo, excepto por medio de Jesucristo. En tercer lugar, debido a la
exigencia del evangelio, pues es poder de Dios para salvación a todo aquel que
cree. La salvación es para todos los que creen, y solo para aquellos que creen.
En cuarto lugar, debido a la manifestación de la justicia de Dios en el evangelio. En la cruz de Cristo, el Padre demostró su justicia y nos reveló su amor.

4
de noviembre

El anillo de compromiso

> … el cual es las arras de nuestra herencia con miras a la redención de la posesión adquirida, para alabanza de su gloria.
>
> **EFESIOS 1:14**

Todo el que cree en Cristo es sellado con el Espíritu Santo y recibe, al mismo tiempo, las arras del Espíritu. La palabra griega para el compromiso equivale a "anillo de compromiso". Cuando somos salvos por la fe en Cristo, el Señor Jesús nos firma con un pacto eterno que pertenecemos a él y él nos pertenece. Este pacto se sella con el anillo de compromiso. El Espíritu Santo es dado como garantía de que se consumará la promesa. La prenda del Espíritu es el símbolo de compromiso. Es el anillo de compromiso que sella el pacto de amor. Jesús nunca dejó de amarnos. Él nunca le fue infiel a su novia. La iglesia, como la novia de Cristo, tiene que prepararse para el día glorioso en que el novio vuelve a encontrar a su amada y entrar con él en la fiesta de bodas. No sabemos el día ni la hora de la llegada del novio. Vendrá de manera personal, visible, audible, repentina, inesperada y gloriosa. Estará acompañado por una comitiva de la gloria de los ángeles. Los que ya están en el cielo, disfrutando de las bendiciones atemporales, vendrán con él en las nubes. Ese día grandioso, los muertos en Cristo resucitarán, los vivos serán transformados, y todos los redimidos se levantarán para recibir al Señor en el aire, y así estaremos para siempre con el Señor. Será la gran fiesta del Cordero. Entraremos en esa fiesta con vestidos blancos. Este salón de banquetes es el mejor lugar con las mejores compañías, la mejor música y los mejores manjares. En esta fiesta, no habrá dolor, ni pena ni llanto.

5
de noviembre

La universalidad y la estrechez del evangelio

> Porque de tal manera amó Dios al mundo, que ha dado a su Hijo unigénito, para que todo aquel que cree en él, no perezca, sino que tenga vida eterna.
>
> JUAN 3:16

El evangelio de Cristo es a la vez universal y restringido. Es universal, ya que se dirige a todos los pueblos, grupos étnicos y razas de todos los lugares, en todo momento, independientemente de su sexo, color o clase social. Sin embargo, está restringido porque es poder de Dios para la salvación de todo aquel que cree, pero solo de aquel que cree. Dios ha elegido salvar a los hombres por la locura de la predicación. Están en un error los que predican el universalismo, la creencia de que todos serán salvos en el final y para que Dios use misericordia a todos, independientemente de su afiliación religiosa o conducta moral. La enseñanza de la Escritura es claramente evidente: el alma que pecare, esa morirá, porque Dios no tendrá por inocente al culpable. Además, los que están en el error limitan la salvación a su religión. La salvación no está conectada a una iglesia específica o una denominación. La salvación es exclusivamente la obra de Dios, por medio de Cristo Jesús, que se ofreció a los pecadores por la fe. Hay quienes predican una salvación ganada por el hombre mismo, el resultado de su esfuerzo, su trabajo o incluso de sus penitencias. La salvación, sin embargo, no es una insignia de honor. No somos salvos por la obra que hacemos por Dios, sino por lo que Dios ha hecho por nosotros a través del sacrificio de su Hijo en la cruz. La salvación es ofrecida a todos, pero garantizada solo a aquellos que creen en Cristo como Salvador y Señor. ¡Aquí están la universalidad y la estrechez del evangelio!

6

de noviembre

¿Dios está muerto?

> Mas Jehová es el Dios verdadero; él es el Dios vivo y el Rey eterno...
>
> JEREMÍAS 10:10

En 1882, el filósofo influyente alemán Friedrich Nietzsche dijo categóricamente: "Dios ha muerto". Por no creer que Dios había significado para los seres humanos, declaró: "Dios ha muerto". Muchos ateos teóricos niegan la existencia de Dios (Salmos 14:1) y se burlan de los que profesan la fe cristiana. Algunos de ellos, vestidos con la túnica de orgullo, tildan a los cristianos de hijos del oscurantismo e ignorantes. Otros, como Richard Dawkins patrono del ateísmo contemporáneo, muy aplaudido, dice que la creencia en Dios es un retroceso y que el ateísmo es el pináculo del progreso intelectual y moral. Se olvidan estos propagadores del ateísmo que los mayores logros de nuestra sociedad, tanto en el campo científico como en las esferas políticas y sociales, eran el resultado directo de la influencia del cristianismo. Por otro lado, las mayores atrocidades de la historia han nacido del vientre del ateísmo. El ateísmo es más una cuestión moral que un problema filosófico. El hombre manchado con orgullo intenta ahogar su conocimiento de Dios (Romanos 1:18-23). Al rechazar a Dios, cuyo poder está estampado en la obra de la creación, y no querer a la intervención divina en su vida, el hombre se ahoga en este conocimiento en sus corazones. Juzgándose por sabio, se convierte en un loco. De hecho, ¡Dios no está muerto! Él es el autor de la vida y, como juez, juzgará a los vivos y a los muertos. ¡Prepárese para encontrarse con el Señor!

de noviembre

Velos largos, matrimonios cortos

Así que ya no son dos, sino una sola carne; por tanto, lo que
Dios juntó, no lo separe el hombre.

MATEO 19:6

L os velos de las novias se alargan de nuevo y los matrimonios son cada vez
más cortos. Invertimos mucho en la fiesta de bodas y poco en la relación.
Gastamos un montón de dinero con ceremonias ricas e invertimos muy poco
en la comunicación. Impresionamos a las personas con la pompa de nuestras
fiestas, pero en la intimidad de la relación muchos matrimonios sufren por
la falta de armonía. Porque invertimos poco en el matrimonio, el número
de divorcios en la sociedad es creciente de manera increíble. Se habla más de
divorcio que de matrimonio. Se crean todas las facilidades para el divorcio
y todos los obstáculos para el matrimonio. Si entendiéramos mejor lo que
es el matrimonio, habría menos divorcios. No hay escenario seguro para el
matrimonio. La tasa de divorcios en la tercera edad ha crecido demasiado en
la última década. Muchas parejas mantienen su matrimonio a causa de los
hijos, pero cuando estos se van, los cónyuges no tienen más estructura para
permanecer juntos. La conclusión ineludible es que, cuando no hay inversión,
la relación matrimonial se enferma. Cuando no hay siembra en la relación, no
hay cosecha. El matrimonio no es automáticamente feliz. La felicidad conyugal se construye con esfuerzo y perseverancia. Cobramos mucho del matrimonio e invertimos muy poco en él. No hay matrimonio feliz sin fidelidad. ¡La
santidad del matrimonio es el fundamento de su felicidad!

8
de noviembre

Los grandes énfasis de la Reforma

> Porque por gracia habéis sido salvados por medio de la fe; y esto no proviene de vosotros, pues es don de Dios.
>
> EFESIOS 2:8

La Reforma protestante del siglo XVI fue un retorno a la doctrina de los apóstoles. Cinco puntos se destacan. En primer lugar, "solo la Escritura". La Escritura "es inspirada por Dios, y útil para enseñar, para redargüir, para corregir, para instruir en justicia" (2 Timoteo 3:16). La Escritura es nuestra única regla de fe y práctica. En segundo lugar, "solo la gracia". La salvación no es un logro del hombre, sino un don de Dios. La salvación se recibe por gracia, no ganada por obras. En tercer lugar, "solo la fe". La fe no es la causa meritoria de la salvación, pero sí la causa instrumental. Somos salvos por gracia mediante la fe. Por la fe nos apropiamos de la salvación ofrecida por Dios. La fe no es meritoria, sino un don de Dios. En cuarto lugar, "solo Cristo". Jesús no es solo uno de los muchos caminos a Dios; es la única manera. Jesús no es una de las muchas puertas del cielo; Él es la única puerta. Jesús no está en medio de muchos mediadores entre Dios y los hombres; Él es el único mediador. Solo Jesús salva. Solo Jesús puede reconciliarnos con Dios. Solo Jesús puede darnos la vida eterna. En quinto lugar, "solo Dios" merece la gloria. La salvación no es un trofeo que se recibirá en el último día, por nuestros propios méritos. La salvación es obra de Dios de principio a fin. Fue Dios quien nos ha elegido, nos llamó, nos justificó y nos glorificó. Todo viene de Él, por Él y para Él. A Él deben ser dados el honor y la gloria, ahora y por siempre.

9
de noviembre

La espina en la carne de Pablo

Y para que por la grandeza de las revelaciones no me exalta-
se desmedidamente, me fue dada una espina en mi carne, un
mensajero de Satanás que me abofetee, para que no me enal-
tezca sobremanera.

2 CORINTIOS 12:7

Ha sido objeto de un intenso debate y mucha discusión: qué es la espina
en la carne de Pablo. El mismo apóstol nos da una pista sobre su "espina" en la carne. Él dice que predicó el evangelio por primera vez en Galacia
a causa de una enfermedad física (Gálatas 4:13-14). Esta espina en la carne
(2 Corintios 12:7) puede haber sido una malaria contraída en los pantanos
de Perge de Pánfila, antes de subir a las montañas de Galacia, donde Pablo
predicó el evangelio en Antioquía de Pisidia, Iconio, Listra y Derbe en su
primer viaje misionero. Esta enfermedad, que le causó un dolor de cabeza alu-
cinante, debió haber afectado a la visión de Pablo y los Gálatas, a ser posible,
se habrían sacado sus ojos para dárselos a Pablo (Gálatas 4:15). Cuando Pablo
se convirtió en Damasco, fue cegado por el brillo de la visión (Hechos 22:11).
Tres días más tarde, fue curado de la ceguera por las oraciones de Ananías
(Hechos 22:13). Las epístolas de Pablo, sin embargo, parecen indicar una
deficiencia visual del apóstol, que llevaba un secretario para escribir sus cartas,
y cuando llegó a la conclusión, dijo: "Mirad con qué letras tan grandes os es-
cribo de mi propia mano" (Gálatas 6:11). Esta espina en la carne era de Dios,
porque el propósito era que Pablo no fuera soberbio; al mismo tiempo, no
obstante, era un mensajero de Satanás para abofetear al apóstol (2 Corintios
12:7). ¡Pablo pidió libramiento de esa espina, pero Dios le dio la gracia, gracia
que es mejor que la vida!

10

de noviembre

Jesús: ¿sastre de lo efímero o escultor eterno?

> Vosotros me llamáis Maestro, y Señor; y decís bien, porque lo soy.
>
> JUAN 13:13

Muchos maestros ilustres llenan bibliotecas con su erudición. Estos maestros han venido por los corredores del conocimiento humano. Pero entre todos, Jesús se presenta como el Maestro de maestros. Incluso se presentó a sí mismo como "maestro", y sus discípulos le llamaban "Maestro"; hasta sus enemigos reconocieron que él era maestro. Jesús no era un sastre de lo efímero, sino el escultor de lo eterno. Fue el Maestro de maestros, por varias razones. En primer lugar, por su pureza de carácter. Todos los profesores son limitados en el conocimiento y la ética defectuosos. Pero Jesús nunca pecó. Nunca hubo malicia en su boca. Él es el Maestro en el contenido de la educación, el mensajero y el mensaje. En segundo lugar, la sublimidad de su doctrina. Jesús vino del cielo para enseñarnos las palabras de vida eterna. No gastó su tiempo enseñando lugares comunes. Sus palabras son espíritu y son vida. Él no solo habló de la verdad, sino que es la Verdad. Su doctrina no es el resultado de la elucubración humana, sino el extracto de la revelación divina. Su enseñanza se refiere a cosas que ningún ojo ha visto y ningún oído ha escuchado: las conversaciones sobre el tiempo de vida eterna y las bienaventuranzas por toda la eternidad. Proclama la liberación del pecado, la redención por la sangre de la cruz, la justificación por la fe, la santificación del Espíritu, la glorificación eterna. En tercer lugar, la variedad de sus métodos. Jesús enseñó en parábolas y contrastes, por las palabras y el silencio, por la doctrina y el ejemplo.

11

de noviembre

¿Por qué tarda el avivamiento pleno?

> Oh Jehová, aviva tu obra en medio de los tiempos, en medio de los tiempos hazla conocer; en la ira acuérdate de la compasión.
>
> HABACUC 3:2

Leonard Ravenhill escribió un libro que impactó a la iglesia evangélica: *¿Por qué tarda el pleno avivamiento?* Hace poco leí otro libro del mismo autor, en el que se pregunta: "¿Por qué tarda *todavía* el completo avivamiento?". Lloré cuando leí: "El reavivamiento completo todavía tarda porque la iglesia es muy feliz sin él". Tenemos que llorar por nuestra falta de llorar. Tenemos que gritar que tenemos sed de Dios, en lugar de las bendiciones de Dios. Ninguna dádiva reemplaza el donante. Ninguna bendición puede tomar el lugar de quien bendice. Avivamiento es sed de Dios más que las bendiciones de Dios. Por desgracia, muchas iglesias han confundido avivamiento con cosas ajenas a la Escritura y se han perdido en esta búsqueda, y han caído en las falsas doctrinas y experiencias místicas. Otros, temerosos de estas desviaciones, partieron hacia el otro extremo y una ortodoxia muerta, cerrada y calcificada. Muchas iglesias, a pesar de que siguen siendo leales a la doctrina, como la iglesia de Éfeso, perdieron su primer amor. Son ortodoxas, pero frías. Tienen conocimiento, pero sin poder. Tienen un celo por la verdad, pero no el fervor espiritual. Otras iglesias han abandonado la sana doctrina y, por lo tanto, se han convertido a los caminos sinuosos del relativismo moral. Una iglesia que abandona la Palabra de Dios como su única regla de fe y práctica se deja vencer ante la ética situacional. Necesitamos una visitación de lo alto, un avivamiento poderoso. ¡Que el viento del Espíritu lance sobre nosotros un aliento de vida, removiendo las cenizas y calentando nuestros corazones de nuevo!

12
de noviembre

Encienda una hoguera
en el púlpito

Fuego vine a echar en la tierra; y ¡cómo deseo que se haya
encendido ya!

LUCAS 12:49

Una vez, alguien le preguntó a D. L. Moody: "Moody, ¿cómo iniciar un
avivamiento en la iglesia?", y él respondió: "Encienda una hoguera en
el púlpito". Aunque sabemos que el avivamiento es una obra de Dios y no
se puede programar en la tierra, tenemos que preparar el camino del Señor.
El púlpito debe ser encendido por el poder del evangelio. El predicador debe
ser calentado por el fuego del Espíritu, porque cuando el predicador es un
palo seco para prender fuego, aun la leña verde comienza a arder. Cuando le
preguntaron al mismo Moody cuál era el problema más grande de la obra,
respondió: "El mayor problema de la obra son los trabajadores". El líder es el
problema más grande o el mayor defensor de la obra. Si él es un hombre lleno
del Espíritu, sus subordinados siguen sus pasos. Por otra parte, los pecados del
líder son más graves, más hipócritas y más dañinos que los pecados de sus
seguidores. Más grave, porque el líder peca contra un mejor conocimiento.
Más hipócrita, porque el líder que lucha contra un pecado en público a menudo lo practica en secreto. Y lo más perjudicial, porque cuando un líder cae,
más personas se ven afectadas. Estoy convencido de que necesitamos desesperadamente un avivamiento en el liderazgo y un revestimiento de poder en
el púlpito.

13

Haga el bien, ¡y hágalo ya!

... el pecado está, pues, en aquel que sabe hacer lo bueno y no lo hace.

SANTIAGO 4:17

James Hunter, en su libro *El monje y el ejecutivo*, dice que no somos lo que decimos sino lo que hacemos. Los que saben que deben hacer lo bueno y no lo hacen están en un error. No se limite a tener la disposición de hacer el bien; debemos hacerlo de inmediato. A menudo somos como el rey David. Amaba a su hijo Absalón, pero no le dijo eso. La casa del rey sufrió contusiones graves. Tamar, su hija, fue abusada por su hermano Amnón. Dos años más tarde, Absalón, hermano de Tamar, asesinó a su hermano Amnón. David persiguió a Absalón, y este tuvo que huir a Israel. Después de tres años, Absalón volvió a Jerusalén, pero no podía ver el rostro de su padre. Dos años más pasaron, y David lo recibió en el palacio, le dio un beso en la mejilla, pero no dijo una palabra. Hubo entre el padre y el hijo once años de un silencio glacial y una amargura velada. Al principio, el hijo buscó el perdón de su padre; luego conspiró contra él. El hijo se convirtió en el enemigo de su padre y decidió tomar su trono y quitarle la vida. En esta batalla sin gloria, Absalón murió y David lloró. No espere para decir a la gente que la ama. No deje de hacer el bien a las personas que están a su alrededor. Haga el bien, pero ¡hágalo ya! Hoy es el momento oportuno para Dios. ¡Mañana puede ser demasiado tarde!

14
de noviembre

Padres, espejo de los hijos

Y estas palabras que yo te mando hoy, estarán sobre tu corazón;
y las repetirás a tus hijos…

DEUTERONOMIO 6:6-7

Albert Schweitzer dijo que el ejemplo no es solo una forma de enseñanza, sino la única manera efectiva de hacerlo. Los padres enseñan con el ejemplo más que por preceptos. Los padres son el espejo de los niños. Para que sea útil un espejo, necesita tener tres características. En primer lugar, el espejo tiene que ser limpiado. Un espejo sucio no refleja la imagen. Si los padres no son ejemplo para sus hijos, no pueden enseñar de manera efectiva. No se limite a enseñar el camino; debemos enseñar en el camino. Antes que los padres inculquen en la mente de los niños la verdad, es necesario que esté reinando la verdad en los corazones de los padres. En segundo lugar, el espejo debe estar iluminado. Un espejo en la oscuridad es inútil. No tienen ojos para ver donde no hay luz. Los padres tienen que caminar en la luz si quieren educar a sus hijos para la vida. La Palabra de Dios es la luz que ilumina nuestros pasos. Jesús es la luz del mundo y los que lo siguen no andarán en tinieblas. Los padres que se rigen por la verdad de las Escrituras crían a los hijos en la disciplina y amonestación del Señor y tienen la alegría de verlos florecer en los atrios de Dios. En tercer lugar, el espejo debe ser plano, para no distorsionar la imagen. Un espejo cóncavo o convexo siempre distorsiona la imagen. También lo es la vida de los padres: si tienen una vida borrosa y sin foco reflejan una imagen distorsionada. Los padres tienen que tener una vida limpia. Los padres tienen que ser la luz de la Palabra. Los padres necesitan tener una vida correcta. Padres, recuerden: ¡sus hijos los están mirando!

15

de noviembre

Existe una cura para la ansiedad

Por nada os inquietéis, sino que sean presentadas vuestras peticiones delante de Dios mediante oración y ruego con acción de gracias.

FILIPENSES 4:6

La ansiedad es la enfermedad más democrática de nuestra generación. Llega a ricos y pobres, hombres y mujeres, religiosos y agnósticos. La ansiedad produce una inquietud en el alma, una inquietud por el futuro. Genera fatiga emocional, presión psicológica, debilitamiento de la salud y colapso espiritual. La ansiedad puede ser moderada o patológica. La ansiedad moderada es normal, revela que la persona no se enfrenta a las tensiones de la vida con apatía. Pero la ansiedad patológica es anormal y roba la capacidad de la persona para hacer frente a los problemas y la claridad para soportar las presiones de la vida. La ansiedad es inútil, ya que no mejora nuestra calidad de vida en el futuro. También es perjudicial, pues nos ocupamos anticipadamente de los problemas que están por venir. Como la mayoría de los problemas que nos aquejan nunca van a pasar, una persona ansiosa sufre innecesariamente. La ansiedad es una fuerte señal de incredulidad, para aquellos que confían en la providencia de Dios, que descansan sobre su cuidado bondadoso. La ansiedad es más que una enfermedad, es un pecado, un pecado de desobediencia a la orden de Dios de poner a los pies de Él todas nuestras ansiedades. No capitule ante esta sensación estranguladora. Lance, en este momento, toda ansiedad a los pies del Señor. En lugar de ser estrangulado por la ansiedad, coloque delante de Dios su adoración, su oración y su acción de gracias; y la paz de Dios, como vigilante divino, guardará su mente y su corazón.

16
de noviembre

Usted tiene lo que reparte y pierde lo que retiene

Hay quienes reparten, y les es añadido más; y hay quienes retienen más de lo que es justo, pero vienen a pobreza.

PROVERBIOS 11:24

Jim Elliot, el misionero americano asesinado por los indios de Ecuador, dijo, con razón: "No es tonto el que da lo que no puede guardar para ganar lo que no puede perder". Está claro que Elliot estaba hablando del evangelio, las buenas nuevas de la salvación no las podemos retener en nuestras manos. Sin embargo, este mismo principio se puede aplicar a la administración de los bienes, en una sociedad gananciosa, avara y concentradora de renta que acumula para sí egoístamente y retiene la ayuda a los pobres y necesitados. La Palabra de Dios enseña que quienes retienen más de lo que es justo tendrán una pérdida pura, pero el alma generosa prosperará. El que da al pobre presta a Dios, y Dios nunca queda debiendo nada a nadie. Jesús enseñó que es más bienaventurado dar que recibir. El apóstol Pablo enseñó que el que siembra generosamente, generosamente segará, porque Dios ama al que da con alegría. Cuando bendecimos a alguien, Dios trae de vuelta por duplicado, sobre nuestra vida. Cuando se siembra en la vida de las personas, Dios siembra en nuestras vidas. Dios multiplica nuestra semilla. La semilla que se multiplica no es la que tenemos o que comemos, sino es la semilla que sembramos. Cuando sembramos, incluso con lágrimas, con alegría cosechamos espigas de la rica providencia divina. Recuerde: usted tiene lo que reparte y pierde lo que retiene.

17
de noviembre

Cómo conciliar los decretos de Dios con la oración

Pedid, y se os dará; buscad, y hallaréis; llamad, y se os abrirá.

MATEO 7:7

Los decretos de Dios son perfectos. Dios ha planeado todas las cosas incluso antes de la fundación del mundo. Es la clara enseñanza de la Escritura que los decretos de Dios se establecieron en la eternidad y no pueden ser frustrados. Dios no improvisa. Nada le coge por sorpresa. Él conoce el futuro en su eterno ahora. La historia no entra en el caos o está dando vueltas. La historia es teleológica, es decir, avanza hacia su consumación final. El último capítulo de la historia ya está escrito. Es la contundente victoria de Cristo y su iglesia. Aunque todas las cosas ya están escritas y determinadas, el Dios soberano decidió actuar en la historia a través de las oraciones de los santos. En la oración, nos unimos a los efectos de aquel que está sentado en la sala de mando del universo y hace todas las cosas según el designio de su voluntad. No hay fuerza en la tierra más poderosa que la oración de los justos, en la fe, en el nombre de Jesús, en el poder del Espíritu Santo. El altar se encuentra conectado con el trono. Las oraciones de los santos ascienden al altar para el trono, y en respuesta, al trono descienden a la tierra para hacer grandes cambios en la historia. Dios ve, Dios escucha, Dios actúa. En respuesta a las oraciones de su pueblo, Dios obra maravillas, porque quiso el Dios soberano actuar con eficacia, a través de las oraciones de los santos. De hecho, mucho puede ser eficaz para la oración de los justos.

18
de noviembre

Salvación en tres tiempos: pasado, presente y futuro

> Y a los que predestinó, a estos también llamó; y a los que
> llamó, a estos también justificó; y a los que justificó, a estos
> también glorificó.
>
> ROMANOS 8:30

La salvación se presenta a nosotros en la Biblia en tres tiempos: pasado, presente y futuro. Cuanto a la justificación, como ya hemos sido salvados; cuanto a la santificación, somos salvos; cuanto a la glorificación, seremos salvos. En la justificación, Dios nos libra de la condenación del pecado. En la santificación, Dios nos libera del poder del pecado. Glorificando a Dios nos libra de la presencia del pecado. La salvación de un extremo a otro es la obra de Dios. La salvación es de Jehová, está previsto por Dios, aplicada por Dios y realizada por Dios. Gracias a él, por él y para él son todas las cosas. Puesto que la salvación es totalmente obra de Dios, la gloria de la salvación pertenece solo a Dios. La justificación es un acto, no un proceso. Sucede fuera de nosotros y no dentro de nosotros. Tiene lugar en el tribunal de Dios, no en nuestros corazones. No tiene títulos, porque todos los salvos son justificados de la misma manera, sobre la base de la justicia de Cristo imputada a nosotros. La santificación es un proceso que comienza en la conversión y solo se termina en la glorificación. El Espíritu Santo nos transforma de gloria en gloria en la imagen de Cristo. El propósito de Dios no es solo llevarnos a la gloria, sino también llegar a ser como el Rey de la gloria. La glorificación es la consumación de nuestra redención, cuando vamos a recibir, en la segunda venida de Cristo, un nuevo cuerpo, inmortal, incorruptible, glorioso, poderoso y celestial, similar al cuerpo de la gloria de Cristo. Entonces seremos arrebatados para recibir al Señor en el aire, y así estaremos siempre con el Señor.

de noviembre

¿Usted ya nació de nuevo?

Respondió Jesús y le dijo: "De cierto, de cierto te digo, que el
que no nace de nuevo, no puede ver el reino de Dios".

JUAN 3:3

El nuevo nacimiento es una operación de la gracia de Dios, por el Espíritu
Santo, cuando Dios cambia las disposiciones íntimas de nuestra alma, nos
da un nuevo corazón, un nuevo espíritu, una nueva vida, una nueva familia,
una nueva casa. Nacer de nuevo nace de lo alto, desde lo alto, del Espíritu
Santo. No hay reforma moral de las costumbres. Es una transformación radical. Jesús habló acerca del nuevo nacimiento a Nicodemo, un judío reconocido por su pueblo como un hombre rico, culto y maestro religioso. Jesús fue
categórico cuando dijo a Nicodemo, que "el que no nace de nuevo, no puede
ver el reino de Dios". Y él dijo: "el que no nace de agua y del Espíritu, no
puede entrar en el reino de Dios" (Juan 3:5). El nuevo nacimiento no es ser
religioso, asistir a la iglesia, diciendo oraciones y dando el diezmo. Nicodemo
hizo todo esto y no ha nacido de nuevo. ¿Ha nacido usted de nuevo? Sin el
nuevo nacimiento, su esperanza es vana, y su religión no sirve para nada.
Nacer de nuevo no es cambio de religión, el ser bautizado o un miembro de
una iglesia. Es una obra sobrenatural, libre y soberana del Espíritu Santo en su
vida. El nuevo nacimiento ocurre cuando usted reconoce su pecado y pone
su confianza en Jesucristo como su redentor. Jesús fue levantado en la cruz,
para que todo el que mire hacia él reciba el perdón de los pecados y la vida
eterna. ¿Usted ha nacido de nuevo?

20
de noviembre

Quiero estar más cerca de ti, mi Dios

... he acallado mi alma como un niño destetado de su madre; como un niño destetado está mi alma.

SALMOS 131:2

El gran poeta Gonçalves Dias decía que vivir es luchar, porque la vida es una dura lucha para matar a los débiles y los fuertes solo se exaltan. ¿Quién es fuerte? Son los que admiten sus debilidades y buscan el poder divino. El apóstol Pablo dijo que el poder de Dios se perfecciona en la debilidad. Cuando somos débiles, es cuando somos fuertes. Estoy convencido de que nuestro mayor problema en este mundo no son los problemas de todos los días, sino nuestro alejamiento de Dios. En presencia del gran Dios, nuestros principales problemas se han empequeñecido. Una pequeña fe como un grano de mostaza; el gran Dios puede mover montañas. Cuando nos resguardamos bajo las alas del Todopoderoso, estamos protegidos. Cuando estamos en sus brazos, nos sentimos reconfortados. Cuando nos escondemos en Dios, sentados con Cristo en los lugares celestiales, sobre todo principado y potestad, somos más que vencedores. Dios es más grande que nuestros problemas. Lo que nos asusta está bajo su control. Las olas revueltas que nos amenazan están bajo los pies de Jesús. En los peligros de la vida, no huya de Dios; corra para Él. En él podrá encontrar refugio y paz. En su presencia hay plenitud de gozo. Que su oración, el camino de la vida, sea la misma del poeta sacro: "más cerca quiero estar, mi Dios, de ti".

21
de noviembre

El dinero no lo es todo

A los ricos de este siglo manda que no sean altivos, ni pongan
la esperanza en la incertidumbre de las riquezas…

1 TIMOTEO 6:17

John Rockefeller, el primer multimillonario del mundo, dijo que el hombre
más pobre que él conocía era el que solo tenía dinero. Hay ricos que son
pobres: en el lujo que viven miserablemente, infelices a pesar de la riqueza
codiciada y extrema comodidad. Otros, sin embargo, aunque hay escasez,
aprendieron a vivir felices en cualquier situación. Hay cosas más importantes
que el dinero. El buen nombre es mejor que las riquezas. La paz en el hogar
es mejor que la riqueza. Una mujer virtuosa es más valiosa que la joyería fina.
El dinero nos puede dar muchas cosas buenas, pero no puede comprar lo
más importante: un hogar; la medicina, pero no la salud; comodidad, pero
no la paz; aduladores, pero no amigos; una cama blanda, pero no el sueño
reparador; joyas caras, pero no la belleza; un funeral rico, pero no la salvación.
Aquellos que quieran mejorar caen en tentación y lazos, y atormentan su alma
con muchos flagelos. Nada hemos traído a este mundo y no vamos a llevarnos
nada. No tener nada que comer, que beber y que ponerse, estar contento
con eso, porque la piedad acompañada de contentamiento es gran ganancia,
pero el amor al dinero es la raíz de todos los males. La vida no consiste en la
abundancia de los bienes que una persona tiene. Hay ricos y pobres y pobres
ricos. Hay pobres felices y ricos infelices. Hay ricos perdidos y pobres salvos.

22

de noviembre

Todo está bien con mi alma

Alaba, oh alma mía, a Jehová.

SALMOS 146:1

En el siglo XIX, H. G. Spafford, un rico abogado de Chicago, se convirtió a Cristo a través del ministerio de Dwight L. Moody. Más tarde, se produjo un incendio en Chicago y el abogado perdió gran parte de su fortuna. Más tarde, el hombre sufrió otro duro golpe: su hijo murió trágicamente. Dada esta providencia complicada, Spafford decidió viajar a Europa con su esposa y sus cuatro hijas, a fin de tener un tiempo de refrigerio. En la víspera del viaje, no pudo embarcar, pero envió a su esposa y sus cuatro hijas, con la promesa de que iría en los próximos días. En el viaje, un accidente fatal ocurrió. El barco se hundió y sus cuatro hijas murieron. Su esposa le envió un telegrama: "Salva pero sola". Inmediatamente, Spafford viajó para reunirse con su esposa y le preguntó al capitán del barco que le mostrara dónde sus hijas habían sido tragadas por las olas. A medida que el barco sacudió y lo golpeó por el furor de los vientos, el Dios que inspira canciones colocó uno de los más bellos himnos evangélicos de todos los tiempos. En el estribillo de este himno, él escribió: "Todo está bien con mi alma, que está bien con mi alma". En los valles más profundos de dolor, podemos elevar la mirada al cielo y decir: "Soy feliz con Jesús, soy feliz con Jesús, mi Señor". ¡Todo está bien con mi alma, está todo bien con mi alma!

23
de noviembre

Dios, ¿un delirio?

> Señor, eres digno de recibir la gloria y el honor y el poder;
> porque tú creaste todas las cosas, y por tu voluntad existen y
> fueron creadas.
>
> <small>APOCALIPSIS 4:11</small>

Richard Dawkins, el santo patrón de los ateos, escribió un libro que está haciendo mucho ruido en el mundo académico, titulado *Dios, un delirio*. Este líder del ateísmo se ha dedicado a ridiculizar la fe cristiana y exaltar la esencia del ateísmo. El texto del salmo 14:1 dice, sin embargo, que es necio el que dice que no hay Dios. El ateísmo no es un problema intelectual, sino moral. El ser humano no niega la existencia de Dios por falta de revelación, sino porque este conocimiento se ahoga en su corazón. Dios se reveló a través de la creación, la conciencia y la Palabra de Jesús. Las huellas de Dios están estampadas en cada gota de rocío. Los cristianos no adoran a un engaño, sino a Dios Todopoderoso, el que mide las aguas del océano en el hueco de su mano y pesó el polvo en una balanza de precisión. Nuestro Dios es el que midió los cielos cuando esparció las estrellas en el firmamento. Es él quien creó el universo sin materia preexistente y sostiene todas las cosas con su palabra poderosa. Se demostró hoy que no somos el resultado de la generación espontánea. No estamos programados genéticamente. El doctor Marshall Nirenberg, premio Nobel de Biología, encontró cerca de 60 billones de células vivas, y 1,70 centímetros de hebra de ADN, donde se registran e informatizan todos nuestros datos genéticos. No somos fruto de la casualidad o descendientes de los simios. ¡Venimos de Dios!

24
de noviembre

Sexo, un regalo de Dios

Sea bendito tu manantial, y gózate en la mujer de tu juventud.
PROVERBIOS 5:18

El sexo ha sido banalizado en nuestra generación. Mediante su uso como una cuestión de propaganda, la sociedad secularizada lo cosifica, degrada y envilece. Vivimos en una sociedad decadente, promiscua, que no solo tolera el error, sino que promueve el mal; que no solo tolera, sino que promueve la inmoralidad y la promiscuidad. Tanto los medios de la televisión como el cine se rindieron a la presión de la sexolatria. Nuestra generación ha perdido el pudor y las buenas costumbres. No hay más vergüenza. La indecencia es alabada como una virtud. Tenemos que anunciar, sin embargo, que el sexo no es un pecado. El sexo es bueno. Dios creó al hombre y la mujer. Los creó con la capacidad de dar y recibir placer. El sexo es puro, santo y agradable. Sin embargo, el sexo antes del matrimonio es fornicación (1 Tesalonicenses 4:3-9), y los que la practican están bajo el juicio divino. El sexo fuera del matrimonio es adulterio, y solo aquellos que quieren destruir cometen tal locura (Proverbios 6:32). El sexo antinatural, como la homosexualidad, el lesbianismo, el sadismo y el masoquismo, es fuertemente condenado por los preceptos divinos (Romanos 1:24-28). Pero el sexo en el matrimonio es la ordenanza de Dios (1 Corintios 7:5). Una relación sexual entre marido y mujer debe ocurrir en el contexto de la fidelidad y la pureza (Hebreos 13:4). Los que viven de acuerdo a los preceptos de Dios en esta área son más felices que los que andan tras aventuras locas. Santidad sexual es el camino de la felicidad conyugal.

25

Marido, cuide a su esposa

Maridos, amad a vuestras mujeres, y no seáis ásperos con ellas.
COLOSENSES 3:19

Los conflictos en las relaciones entre marido y mujer se intensifican. El número de divorcios aumenta. En este contexto, son oportunas las palabras del apóstol Pedro. Él escribió: "Vosotros, maridos, igualmente, convivid con ellas con comprensión, tratando a la mujer [...], dándoles honor [...], para que vuestras oraciones no sean estorbadas" (1 Pedro 3:7). La Palabra de Dios nos muestra que el marido se ha comprometido a atender a su esposa al menos en cuatro áreas distintas. En primer lugar, en el área física. El marido necesita conocer a su esposa en el área sexual. Es su papel para satisfacerla. Pedro dice: "Maridos, [...] igualmente, convivid con ellas con comprensión". Esto se refiere a la convivencia entre marido y mujer. En segundo lugar, en el área intelectual. El marido necesita conocer a su esposa, sus sueños, sus deseos y necesidades. Pedro dice: "... con comprensión". El marido tiene que conocer las diferencias entre hombres y mujeres. En tercer lugar, en la zona emocional. Pedro escribe: "Maridos, [...] dándoles honor". El marido tiene que ser un caballero, amable, romántico y cuidadoso en el trato con su esposa. En cuarto lugar, en el área espiritual. Pedro concluye: "... para que vuestras oraciones no sean estorbadas". La vida espiritual no puede ser desligada de la vida matrimonial. Un marido que no trata bien a la esposa no puede tener una abundante vida espiritual. Sus oraciones son interrumpidas y su testimonio está contaminado. La orden de Dios a los esposos es: "Maridos, amad a vuestras mujeres, así como Cristo amó a la iglesia" (Efesios 5:25).

26
de noviembre

El sol brillará de nuevo

> Bienaventurados los que habitan en tu casa; perpetuamente te alabarán. Bienaventurado el hombre que tiene en ti sus fuerzas, en cuyo corazón están tus caminos.
>
> **SALMOS 84:4-5**

Tal vez usted está viviendo en el epicentro de un gran huracán. La tormenta lo azota sin cesar. Los torrentes de perversidad pasan por encima de su cabeza y arrastra una avalancha montaña abajo sin pausa para recuperar el aliento. Tal vez la noche parece demasiado oscura y el pánico se está apoderando de su alma. Tal vez usted se encuentra en un aprieto, atrapado por las circunstancias más grandes que sus puntos fuertes. A este ritmo de angustia, animo a mirar hacia arriba, para hacer vivir el Señor Dios y descansar en la providencia del Todopoderoso. Dios es capaz de transformar su árido valle en primavera, y su lamento en baile. Allí no se pierde porque cuando se coloca en las manos de Dios, Él tiene poder sobre las leyes de la naturaleza. Él tiene autoridad sobre la enfermedad y la muerte. Incluso los demonios pueden resistir a su voz. No hay problema sin solución cuando Jesús interviene. Él da vista a los ciegos, levanta a los cojos, limpia a los leprosos y resucita a los muertos. No hay vida irrecuperable para Dios. Él transforma a los rufianes en santos, a los esclavos en los agentes libres de los malos presagios de la justicia. No se pierde la boda a Dios. Cuando el esposo y la esposa se rinden a sus pies, la angustia se vuelve en dulzura, el odio en amor, la indiferencia en cuidado. No se desanime. No tire la toalla. No se rinda. Proceda. Tenga esperanza: ¡el sol brillará otra vez!

27
de noviembre

Prosperar en el desierto

Y sembró Isaac en aquella tierra, y cosechó aquel año ciento por uno; y le bendijo Jehová.

GÉNESIS 26:12

El desierto es la escuela de Dios, no es un bache en el camino. Dios nos lleva al desierto, no para destruirnos, sino para fortalecer los músculos de nuestra alma. Fue una época de sequía. La hambruna asoló la tierra. Isaac quería ir a Egipto y escapar de la crisis, pero Dios le prohibió hacerlo, ordenándole permanecer en Gerar, la tierra de los filisteos. Isaac sembró en aquella tierra, y cosechó el ciento por uno. Prosperaron y se enriquecieron debido a que la buena mano de Dios estaba con él. En esta tierra, él cavó pozos nuevos y reabrió los antiguos pozos que su padre había abierto. Isaac no ha despreciado ni el pasado se limita a él. Los filisteos tenían sus pozos y se lo reprochaban, pero Isaac no entró en confrontación inútil. Incluso siendo perseguido por los filisteos, Isaac no dejó su corazón amargo ni entró en batallas inútiles. Así que Dios le prosperó. La crisis es un momento de oportunidad, una encrucijada en la que los que confían en Dios colocan el pie en el camino de la victoria, pero los que dudan de su providencia están adoptando los métodos abreviados de la duda y la incredulidad. Isaac era un hombre amable. Cedió sus derechos, y Dios lo honró. Sus enemigos tuvieron que reconocer que fue bendecido por Dios. Como Isaac, también han sido llamados a vivir por la fe. Siembre en su desierto, y el desierto, por la gracia de Dios, va a florecer. ¡Así como Isaac, usted puede prosperar en el desierto!

28

de noviembre

Dios inspira canciones de alabanza en las noches oscuras

Y ninguno dice: "¿Dónde está Dios mi Hacedor, que da cánticos en la noche".

JOB 35:10

Job era un hombre justo y recto, temeroso de Dios y apartado del mal. Dios le ofreció una defensa adecuada a la acusación de Satanás que Job servía a los intereses. Dios le permitió a Satanás que tocara los bienes, la familia y la salud de Job. Este rico patriarca perdió sus bienes, sus hijos y su salud. Su esposa no soportó tanto dolor y le aconsejó maldecir a Dios y morir. Sus amigos imputaron cargas pesadas en su contra. Su dolor parecía insoportable. Su cuerpo débil estaba cubierto de heridas en descomposición. Sus lágrimas eran como ríos que inundaron su alma. Fue en este contexto de dolor que Job dijo que Dios inspiró canciones de alabanza en las noches oscuras. A veces los hijos de Dios pasan por valles oscuros, cruzando callejuelas estrechas y caminando por ardientes desiertos. Estamos devastados por ráfagas de vientos helados, tachonadas por las flechas de dolor. En esta noche oscura, cuando nuestras fuerzas se desvanecen y las lágrimas irrumpen en nuestros ojos, Dios viene con su bálsamo reconfortante para inundar nuestras vidas. En estas horas de tormenta, nuestro Dios es el que inspira cánticos de alabanza en las noches oscuras. Incluso si estas noches son más oscuras, e incluso las lágrimas son nuestra comida, tenemos la firme esperanza de que la alegría viene por la mañana ¡porque nuestro redentor vive!

Llore,
pero llore a los pies del Señor

María, cuando llegó donde estaba Jesús, al verlo, se arrojó a sus
pies [...]. Jesús entonces, al verla llorando...

JUAN 11:32-33

E l hombre nace llorando, pasando por valles de lágrimas y termina sus días
en lágrimas. La vida no es sin dolor. Lloramos por nosotros, por nuestra
familia y nuestros amigos. También lloramos a causa de nuestros enemigos.
Incluso para dar sabor a los placeres de la vida con nuestras lágrimas. Pero el
mejor lugar es arrojar nuestras lágrimas a los pies del Señor Jesús. Tenemos
que hacer como María, hermana de Marta y Lázaro. Se sentó a los pies de Jesús para aprender, llorando y dando gracias. A los pies de Jesús, encontramos
consuelo para nuestro dolor y nuestro alivio del dolor. Muchas personas lloran
demasiado tarde, como hizo Esaú, y no se lavan las lágrimas del corazón con
arrepentimiento sincero. Jesús dijo: "Bienaventurados los que lloran, porque
ellos serán consolados". Los que no son felices hacen llorar a otros. No son
felices los que se afligen por el resultado de su pecado. Pero bienaventurados
los que lloran por sus pecados y reconocen que el pecado es muy maligno a los
ojos de Dios. Los grandes hombres de Dios eran hombres de lágrimas. David
lloró por sus pecados, y lloró al ver que los pecadores se endurecieron a la voz
de Dios. Nehemías lloró al enterarse de la caída de Jerusalén. Pablo lloró al
ver la incredulidad de su pueblo. Tampoco hay que llorar por nuestros males
y pecados del mundo. ¡Debemos llorar hasta aquel día en que Dios enjugará
toda lágrima de nuestros ojos!

30
de noviembre

El vacío del alma

En el último y gran día de la fiesta, Jesús se puso en pie y alzó la voz, diciendo: "Si alguno tiene sed, venga a mí y beba".

JUAN 7:37

El hombre es un ser sediento. Tiene un alma inquieta. Persigue muchas filosofías, creencias, rituales y experiencias que pueden mitigar el hambre y la sed de su corazón que tortura su alma. Incluso si bebe grandes tragos de todas las fuentes que brotan de la tierra, el hombre permanece insatisfecho. Aun saboreando cada gota de los placeres de este mundo, aún está vacío. Incluso si saborea todos los placeres de este mundo en banquetes, aún está con hambre. Dios ha puesto eternidad en el corazón del hombre, y las cosas terrenales no lo satisfacen. Salomón buscó la felicidad en la bebida, en el dinero, en el sexo y en el poder, pero solo encontró la vanidad. Salomón había llegado a pensar que la felicidad era el fondo de una botella, pero se encontró que había una locura. Imaginaba que la felicidad era la comodidad que el dinero podía comprar y disfrutó de todos los placeres que sus ojos codiciosos vieron, pero la felicidad no estaba allí. Corrió tras los placeres de la carne y poseía un millar de mujeres, pero las aventuras amorosas lo llevaron a una única decepción. Pensaba que el éxito y la fama podían tomarlo de la mano para llevarlo al banquete de la felicidad, pero una vez allí cosechó decepción. Salomón encontró que la esencia de la vida es temer a Dios. Solo Jesús tiene palabras de vida eterna y quita la sed de nuestra alma. Las fuentes de pecado están contaminadas. Las fuentes de las religiones son rutas. Pero Jesús es la fuente de agua viva. Es el agua de la vida. Todo el que beba de esta agua no volverá a tener sed jamás, para siempre.

1
de diciembre

Para Dios no hay imposibles

Jesús, fijando en ellos la mirada, les dijo: "Para los hombres, eso es imposible; mas para Dios todo es posible".

MATEO 19:26

El hombre es un ser contingente y limitado. Una vez y otra se tropieza con imposibilidades insuperables. Dios no es así. Él puede todo cuanto quiere. Nuestras causas perdidas pueden ser victoriosas cuando se ponen en sus manos. Nuestros sueños, aunque enterrados en la tumba de imposibilidades, pueden llegar a ser una realidad cuando la mano de Dios interviene. Dios levanta a los caídos, levanta del polvo al más débil, hace que la mujer estéril sea madre de hijos alegres. No renuncie a la espera de una extraordinaria intervención de Dios en su vida. Su imposible puede hacerse realidad a través del acto sobrenatural y soberano de Dios. Ana, la esposa de Elcana, era estéril. Su vientre era un desierto. Su probabilidad de quedar embarazada era cero. Pero Ana no aceptó el decreto de la derrota. Presentó su caso ante Dios. Y lloró abundantemente derramando su alma ante el Señor. Lloró por un milagro. Incluso frente a varios asesinos de sueños, sabía que la última palabra no era de la medicina, sino de Dios. En el apogeo de su aflicción, hizo un voto diciendo que si Dios le daba un hijo, ella volvería al Señor. Dios oyó su oración, y Ana concibió, dio a luz a Samuel, el más grande profeta, sacerdote y juez de Israel, el hombre que llevó a la presencia del Señor a la nación apóstata. Nada es imposible para Dios. No existe una causa perdida cuando se coloca a los pies del Señor. Nunca abandone sus sueños. ¡Con Dios, pueden convertirse en realidad!

2

de diciembre

Jesús es amigo de pecadores

Porque ya conocéis la gracia de nuestro Señor Jesucristo, que por amor a vosotros se hizo pobre, siendo rico, para que vosotros fueseis enriquecidos con su pobreza.

2 Corintios 8:9

Jesús es el Hijo de Dios. Llegó del cielo, vistió la piel humana y habitó entre nosotros. Siendo Dios, se hizo hombre. Siendo el Rey de Reyes, se convirtió en siervo. Siendo bendito por los siglos de los siglos, se convirtió en pecado. Siendo rico, se hizo pobre. Jesús es la imagen misma de Dios. Habita corporalmente en Él toda la plenitud de la divinidad. Él no vino a ablandar el corazón del Padre, sino para revelar el corazón del Padre por amor; Dios lo envió para que todo aquel que en él cree no se pierda, mas tenga vida eterna. Dios no perdonó a su propio Hijo, sino que lo entregó por todos nosotros. Aquí está la prueba del amor de Dios: Cristo murió por nosotros cuando aún éramos pecadores. Jesús anduvo haciendo el bien y curando a los oprimidos por el diablo. Liberó a los cautivos, limpió a los leprosos, dio vista a los ciegos, alimentó a los hambrientos, resucitó a los muertos. Pero los fariseos, con su espiritualidad miope, acusaron a Jesús de ser amigo de los pecadores. Lo acusaron de recibir publicanos y comer con ellos. Jesús le dio más importancia a las personas que a las reglas hechas por el hombre. Por lo tanto, curó en sábado, conversó con una mujer en público y entró en la casa de las personas rechazadas por la sociedad. De hecho, Jesús es el amigo de los pecadores, y es nuestra esperanza. Él no vino a salvar a los justos, sino a pecadores. Dijo que los sanos no tienen necesidad de médico, sino los enfermos. ¡Todos los que reconocen su pecado y la enfermedad espiritual encuentran en Cristo un amigo, un médico, el Salvador!

3
de diciembre

Cuidado con el complejo de inferioridad

Porque a mis ojos eres de gran estima, eres honorable, y yo te amo...

ISAÍAS 43:4

¿Usted es el tipo de persona que se siente insatisfecha cuando se ve en el espejo? ¿Se siente inferior a los demás cuando llega a una fiesta? Cuando está en un grupo de amigos, ¿intenta esconderse en la cueva de la autocompasión? Muchas personas sufren a causa de este terrible sentimiento de inadecuación o complejo de inferioridad. Sufren porque se sienten menos que ellos. Sufren porque aunque son príncipes, hijos del rey, se sienten como las langostas, como los espías de Israel. Sufren porque no les gusta su nombre, su cara, su cuerpo, su rendimiento escolar, su ingenio en el trabajo. Sufren porque se sienten incapaces de hacer frente a los desafíos de la vida. El complejo de inferioridad enferma el alma y destruye la autoestima. Al nutrir este sentimiento está conspirando contra el plan del Creador. Dios le creó como un ser único y singular. Nunca ha habido nadie como usted, y nunca habrá otro igual. Usted es la obra maestra de Dios. Él está trabajando en su vida para presentarlo como un trofeo de su gracia. Por lo tanto, glorifique a Dios por lo que es y viva plenamente y con alegría. Usted no es un fenómeno de la naturaleza. Usted tiene valor. Dios le ama. Jesús, el Hijo de Dios, murió por usted. El Espíritu Santo de Dios habita en usted. Su nombre está escrito en el Libro de la Vida. Usted es un heredero de Dios, la niña de los ojos de Dios, la alegría de Dios.

4

de diciembre

¿Usted ya le dio gracias a Dios hoy?

Dad gracias en todo, porque esta es la voluntad de Dios para
con vosotros en Cristo Jesús.

1 TESALONICENSES 5:18

La gratitud es la reina de las virtudes. Debemos dar gracias no por el mal
moral, no por nuestro error. Debemos dar gracias a pesar de las circunstancias adversas que nos golpean, porque Dios las convierte en instrumentos
de bendición para nosotros. Los hermanos de José conspiraron contra él y lo
vendieron como esclavo. Después de 22 años, José les dijo: "Vosotros pensasteis mal contra mí, mas Dios lo encaminó a bien" (Génesis 50:20). La gratitud
no depende de la cantidad de bienes que tenemos en la mano, sino del discernimiento de los desbordamientos de la divina providencia en nuestro corazón.
Muchas personas viven en el esplendor y el lujo, pero se revuelcan en la miseria debido a que murmuran todo el día y viven sin cumplir. Otros, aunque
privados de bienes de consumo, celebran la vida con entusiasmo, incluso en la
escasez. ¿Ha dado las gracias a Dios por estar vivo hoy? ¿Por estar saludable o
incluso hacer frente a la enfermedad? ¿Ya dio las gracias por tener una familia
o incluso por hacer frente a la soledad dolorosa? ¿Ya dio gracias a Dios por
tener una casa para vivir o incluso por no tener un techo que le cobije? ¿Ya
agradeció la comida en la mesa o incluso la escasez? ¿Ya dio gracias a Dios por
Jesucristo y su salvación eterna y el perdón de sus pecados? ¿Ya agradeció el
hecho de que usted es un miembro de la familia de Dios, heredero de Dios y
coheredero con Cristo? ¿Ya dio las gracias por tener su nombre escrito en el libro de la vida y ser un ciudadano del cielo? ¡Ah, cuántos motivos para dar gracias por muchas buenas razones! ¡La Biblia nos enseña a dar gracias en todo!

5

de diciembre

Sed llenos del Espíritu

Y no os embriaguéis con vino, en lo cual hay libertinaje; antes bien, sed llenos del Espíritu.

EFESIOS 5:18

La plenitud del Espíritu es la voluntad expresa de Dios para usted. En el versículo en cuestión, hay dos niveles: uno positivo y otro negativo. Emborracharse es un pecado, y no estar lleno del Espíritu también es pecado. Aquí hay un parecido superficial y el contraste profundo. La similitud es que una persona ebria se rige por el alcohol, así como una persona llena del Espíritu es gobernada por el Espíritu. El fuerte contraste es que el alcohol produce la disolución, y el Espíritu produce dominio propio. Cuatro verdades se destacan en el verbo "sed llenos". En primer lugar, el verbo está en el imperativo. La plenitud del Espíritu no es una opción, sino una orden divina. No ser llenos del Espíritu, es pecado. Al igual que emborracharse con vino es un delito, no ser lleno del Espíritu también lo es. En segundo lugar, el verbo está en la voz pasiva pronominal. No somos agentes de la plenitud del Espíritu; somos receptáculos de esa plenitud. No recibimos ni distribuimos esta experiencia a nuestro gusto, pero la recibimos como regalo gratuito de Dios. En tercer lugar, el verbo es plural. La plenitud del Espíritu no es solo para algunos, sino para todos los que creen. La plenitud del Espíritu no es una elite espiritual, sino una bendición destinada a todos los salvos. En cuarto lugar, el verbo está en presente continuo. Debemos ser llenos del Espíritu todos los días. La plenitud de ayer no es para hoy. Todos los días tenemos que ser llenos nuevamente. ¿Usted está lleno del Espíritu?

6
de diciembre

No tenga miedo,
Jesús está en el control

Y les dijo: "¿Por qué sois tan miedosos? ¿Cómo es que no tenéis fe?".

MARCOS 4:40

La crisis con frecuencia se vuelve un monstruo amenazante. Lo que es familiar se convierte en extraño y peligroso. Los discípulos de Jesús, después de unas cuantas vacaciones frustradas, recibieron la orden de entrar en el barco y cruzar el océano. Lo menos que se esperaba era un buen viaje de vuelta a casa. Pero no fue así. De repente, el mar se agitó. Vientos tempestuosos comenzaron a soplar, y el barco que transportaba a los discípulos empezó a llenarse de agua. El naufragio parecía inevitable. Los discípulos estaban angustiados, atrapados por una terrible crisis, amenazados de muerte. Era el amanecer, y la crisis se agravó. En la cuarta vigilia de la noche, Jesús vino a ellos andando sobre el agua. Jesús calmó a los discípulos y luego calmó el mar. Los discípulos se encontraban abandonados, pero Jesús fue al monte a orar por ellos. Cuando se habían agotado todos los recursos de la tierra, Jesús les salió al encuentro para librarlos. No se desanime cuando las circunstancias le muestran su peor cara. Incluso en estos tiempos oscuros, Jesús todavía está en control. No tema si la muerte parece trampa, Jesús es capaz de calmar su corazón y las circunstancias que le amenazan. Su destino no se está hundiendo. Jesús le llevará a un puerto seguro. Confíe en él. Cuente con ello. ¡Descanse en Él!

La paz, la gracia y la gloria

Justificados, pues, por la fe, tenemos paz para con Dios por medio de nuestro Señor Jesucristo; por medio del cual hemos obtenido también entrada por la fe a esta gracia...

ROMANOS 5:1-2

La paz, la gracia y la gloria son los frutos de la justicia (Romanos 5:1-3). ¡En cuanto al pasado, tenemos paz para con Dios; en el presente, tenemos acceso a la gracia; sobre el futuro, tenemos esperanza de la gloria! La doctrina de la justificación es el corazón de la Biblia, la columna vertebral del evangelio, la esencia del cristianismo. Con esta doctrina, la iglesia permanece de pie; sin ella, la iglesia cae. Solo hay dos religiones en el mundo: la creada por el hombre y la revelada por Dios. Lo hecho por el hombre enseña la salvación por obras; la revelada por Dios enseña la salvación por la gracia mediante la fe. Las religiones humanas construyen torres para alcanzar el cielo; en la religión revelada, Dios desciende a la tierra y, a través de su Hijo, justifica a los pecadores que creen en Él. Gracias al sacrificio perfecto y completo de Jesús, Dios nos declara la paz y la salvación incluso con las exigencias de su ley y las exigencias de su justicia. No hay condenación para los que están en Cristo Jesús. Fuimos reconciliados con Dios por medio de Jesús, así que tenemos paz para con Dios. Tenemos libre acceso a Dios, porque Cristo es nuestro mediador. Ahora entramos en la sala del trono y disfrutamos de la plena comunión con el Rey; no caminamos a una noche oscura, sino que caminamos a la mañana gloriosa de la resurrección. Nuestra última dirección no es una tumba de hielo, sino la gloria eterna. ¡Oh, bendita salvación! Miramos hacia atrás y sentimos paz. Miramos para el ahora y experimentamos la gracia. Miramos al futuro y vemos la gloria.

8

de diciembre

No hurtarás

El que hurtaba, ya no hurte más, sino que trabaje, haciendo
con sus manos lo que es bueno, para que tenga qué compartir
con el que padece necesidad.

EFESIOS 4:28

Este es el octavo mandamiento de la ley de Dios. Después de hablar del
respeto a los padres, a la vida y honra a la ley de Dios, viene el respetar
la propiedad de otros. En una sociedad donde la ley que prevalece es aprove-
charse de todo, es imprescindible prestar atención a este mandamiento de la
ley de Dios. La honestidad debe ser una prerrogativa de los cristianos, el sello
distintivo de su carácter. Dios aborrece la falta de honradez y prohíbe el robo.
Hoy en día, se multiplican los escándalos financieros en el gobierno, en los
negocios e incluso en las iglesias. Los Comités del senado de la cámara de
representantes con frecuencia destapan la corrupción, brechas nauseabundas
excavadas en los pasillos de los poderes establecidos, y elevan los escándalos
financieros. Las ratas voraces, disfrazadas de benefactores del pueblo, desvían
para sus cuentas personales los recursos de la nación, producto de los impuestos exorbitantes a los trabajadores. Los recursos que deberían destinarse
a la salud, la educación, la seguridad y el progreso caen por el desagüe de
la corrupción y el robo. La falta de honradez en la parte superior del poder
estimula las tramas de corrupción en la base de la pirámide. La riqueza mal
adquirida, sin embargo, es condenada. Su objetivo es la vergüenza y la execra-
ción pública. De nada sirve vivir en un *penthouse* y tener un coche blindado,
pero sin paz de la mente y sin nombre limpio en el negocio. Aunque estos
ladrones driblen su conciencia y los tribunales de la tierra, no escaparán del
juicio divino.

9
de diciembre

La cura por la palabra

Panal de miel son los dichos suaves; suavidad al alma y medicina para los huesos.

PROVERBIOS 16:24

L as palabras agradables son terapéuticas. Le hacen bien al alma y al cuerpo. Curan emocional y físicamente, son un panal que renueva las fuerzas e ilumina los ojos. Las palabras agradables elevan a los humildes, sanan a los afligidos, consuelan a los tristes y tonifican el alma de aquellos que están angustiados. Una buena palabra, oportuna, que transmite gracia a los oyentes, es medicina para el cuerpo. Por otra parte, las palabras cortantes, amargan y enferman. He seguido muchas personas que se vieron afectadas por las palabras duras, duras críticas y acusaciones frívolas y perdieron la alegría de vivir. Después de haber aceptado estas flechas venenosas y alojadas en el corazón, estas personas enfermaron emocional y físicamente. Nuestras palabras no son neutrales. Son las medicinas o veneno; bálsamo o vinagre; canales de bendición o maldición. Nuestras palabras deben ser verdaderas, y también bondadosas. Deben ser oportunas y dar gracia a los oyentes. Deben ser fuertes y demasiado dulces. Salomón llegó a decir que la muerte y la vida están en poder de la lengua (Proverbios 18:21). Podemos dar vida o matar nuestras relaciones, en función de cómo nos comunicamos. La comunicación es el oxígeno de las relaciones. Nuestras palabras tienen que ser una fiesta para el alma, y no un tribunal de censura; un cóctel terapéutico, no una fábrica de enfermedad; herramienta de cura, no una causa de la muerte.

10
de diciembre

De regreso al evangelio

> Porque el mensaje de la cruz es locura para los que se están per-
> diendo; pero para nosotros que somos salvos, es poder de Dios.
>
> 1 CORINTIOS 1:18

La mayor necesidad de púlpitos evangélicos iberoamericanos es un regreso urgente al evangelio de Cristo y a la predicación bíblica. El predicador no crea el mensaje, solo transmite. No estamos llamados a predicar la prosperidad, sino el evangelio. Tenemos el desafío de predicar la Palabra, y no la autoayuda de la psicología. Estamos llamados no a predicar las últimas novedades del mercado de la fe, sino la cruz de Cristo. El predicador es un siervo del mensaje, no su propietario. Su papel no es ser popular, sino correcto. Su propósito no es predicar para complacer a la audiencia, sino para llevar oyentes al arrepentimiento. Regidos por la verdad, y no por lo que funciona. El predicador no busca el éxito a los ojos del mundo, sino que trata de ser aprobado por Dios. Su deseo no es ser grande a los ojos de los hombres, sino ser agradable a los ojos de Dios. Necesitamos urgentemente un renacimiento en los púlpitos. Le preguntaron a D. L. Moody: "¿Cómo podemos iniciar un avivamiento en la iglesia?". Él respondió: "Encienda un fuego en el púlpito". El predicador debe ser un hombre en llamas. La predicación es la lógica en el fuego. Nuestros labios deben ser tocados por la brasa viva del altar. Nuestro corazón debe arder con devoción al Señor. Falta avivamiento en la vida de los predicadores y falta fervor en su predicación. John Wesley dijo a los pastores de su tiempo: "ponga fuego a su sermón, o ponga su sermón en el fuego". Debemos volver al evangelio de la gracia. ¡Es hora de proclamarlo en el poder del Espíritu Santo!

11

de diciembre

Lloro y alegría

Por la noche nos visita el llanto, pero a la mañana viene
la alegría.

SALMOS 30:5

Tanto llorar como la alegría son parte de nuestra vida. Nacemos llorando y cerramos las cortinas de la vida en las lágrimas. En el camino, sin
embargo, mezclamos llanto con alegría, y esa alegría a menudo se empapa de
lágrimas. El llanto que ahora inunda nuestras vidas no roba nuestra alegría,
porque nuestro Dios inspira cánticos de alabanza en las noches oscuras. Él
transforma nuestras noches oscuras en la mañana radiante, nuestros valles
áridos en fuentes de la vida. Incluso cuando las lágrimas ruedan por el rostro,
estamos convencidos de que Dios nos consuela. Cuando nos sentimos débiles
en el viaje de la vida, atacados por vendavales, él nos apoya con sus brazos
todopoderosos. A pesar de que la noche es oscura y todos los horrores de la
maldad que nos asaltan, Dios nos rodea por todas partes como un escudo protector. Aunque el llanto dure toda una noche y el consuelo parezca imposible,
sabemos que la alegría viene por la mañana. Incluso el sufrimiento, incluso
llorando, el pueblo de Dios disfruta de un gozo inefable y lleno de gloria. Esta
felicidad no es fugaz como la niebla. Es una alegría que el mundo no conoce
y no puede dar. Es una alegría que las luchas de la vida no pueden opacar o
destruir. Llorando nos acompañan mientras vivimos en este mundo. Pero el
llanto es un negocio moribundo. Cuando entramos en las puertas del paraíso,
Dios enjugará toda lágrima de nuestros ojos, y luego no habrá más llanto,
clamor, ni dolor.

12

de diciembre

Alegría superlativa

Regocijaos en el Señor siempre. Otra vez digo: "¡Regocijaos!".

FILIPENSES 4:4

El apóstol Pablo escribió estas palabras en una prisión mientras estaba esposado, en el corredor de la muerte, en la antesala del martirio. A pesar de estas circunstancias adversas, nos habla de tres verdades sublimes sobre la alegría. En primer lugar, la alegría es imperativo "¡Regocijaos!...". La alegría no es una opción, sino un mandato; no es una sugerencia, sino un mandamiento. Alegría aquí no es sustantivo, es un verbo, y el verbo en modo imperativo. Usted no tiene derecho a ser una persona triste, porque ser una persona triste es un pecado de desobedecer una orden directa de Dios. En segundo lugar, el gozo no depende de las circunstancias: "Otra vez digo: '¡Regocijaos!'...". Como todos tenemos problemas en la vida y debemos hacer frente a las tensiones físicas, emocionales y espirituales, debemos entender que nuestro gozo no depende de las circunstancias. Cualquiera puede ser feliz cuando todo va bien. Nuestro desafío es ser feliz a pesar de la adversidad. En tercer lugar, la alegría es Cristo: "Regocijaos en el Señor siempre". La alegría del cristiano no es un sentimiento, ni siquiera una emoción; es una persona. Nuestra alegría no es la mera presencia de las cosas buenas, sino la mera ausencia de cosas malas. Nuestra alegría es Jesús. Así que Pablo dice: "Regocijaos en el Señor siempre". El gozo del Señor es nuestra fortaleza. ¡En su presencia hay plenitud de gozo, y en su mano derecha están los placeres para siempre!

13

Usted es un poema de Dios

Porque somos hechura suya, creados en Cristo Jesús para buenas obras, las cuales Dios preparó de antemano para que anduviésemos en ellas.

EFESIOS 2:10

La palabra griega traducida como "mano de obra" en el texto resaltado, significa 'poema'. Usted es un poema de Dios. Todo el sonido del corazón divino se estampa en su vida. Todo el amor y toda la ternura de Dios se demuestra por usted. Usted fue creado a imagen y semejanza de Dios. Las digitales del creador están presentes en su vida. Él le tejió, de manera formidable, maravillosa, en el vientre de su madre. Lo conoció como embrión. Escuchó el primer latido de su corazón. Estaba allí cuando se movió por primera vez en el vientre de su madre. Celebró su nacimiento y siguió sus primeros pasos. Usted es muy precioso para Dios. El amor de Dios por usted viene desde la eternidad. Dios nunca desistió de usted y de atraerlo con cuerdas de amor. La divina providencia cubre su vida como un manto protector. Dios está escribiendo en su vida un mensaje hermoso. Dios se deleita en usted de la misma manera como se deleita el esposo con la esposa. Usted es un hijo de Dios, heredero de Dios, la herencia de Dios. Usted es el deleite de Dios, el favorito de Dios, en quien él tiene todo su placer. Glorifique a Dios porque en Cristo, usted tiene un valor infinito y eterno. Tal vez hoy no se da cuenta, pero Dios sigue escribiendo ese poema. ¡Al final, su vida va a tener un buen sonido a los oídos de Dios y ser un trofeo de su gracia!

14

de diciembre

Cómo envejecer con dulzura

Y hasta vuestra vejez yo soy el mismo, y hasta las canas os soportaré yo; yo hice, yo llevaré, yo soportaré y libraré.

ISAÍAS 46:4

La vejez es la etapa de otoño de la vida. Es hora de cosechar lo que se ha sembrado. Tiempo de alegría o de gran dolor. Muchos consideran que son los años de edad de oro. Tiempo de la estabilidad financiera, el merecido descanso, contemplar la familia creada, disfrutar de sus nietos y ver a sus hijos prosperar en la tierra. La vejez suele estar marcada por la madurez emocional y la debilidad física. El tiempo es implacable y esculpe arrugas en nuestra cara sin disfraz. Los años pesan mucho en nuestras mentes, como el plomo, dejando las piernas temblorosas, los brazos y las rodillas vacilantes y débiles. Los estudiosos dicen que todo el pelo blanco que fluye en nuestra cabeza es la muerte que nos llama a un duelo. La vejez es una realidad inevitable. No existe ningún elixir que nos mantenga jóvenes a todos toda la vida. La fuerza y la belleza de la juventud pasan. Muchas personas, infelizmente, llegar al final de la vida y de la familia y se sienten indefensos y abandonados por sus hijos. Así envejecen con amargura, disfrutando de amarga soledad. Su diseño, sin embargo, es que tenemos una edad bendita. Los ancianos pueden ser llenos con el Espíritu y alimentar en el alma grandes sueños. Puede influir en la próxima generación en vez de solo alabar el pasado. La vejez es un privilegio, un regalo de Dios. Debemos desearla, recibirla con gratitud y vivir con entusiasmo.

15
de diciembre

La Biblia, el libro de los libros

Santifícalos en tu verdad; tu palabra es verdad.

JUAN 17:17

La Biblia es el libro de los libros, el libro más difundido, más leído, predicado, cada vez más amado en el mundo. La Biblia es la biblioteca del Espíritu Santo, inspirada por Dios, escrita por hombres, diseñada en el cielo, nacida en la tierra, odiada por el infierno, predicada por la iglesia, perseguida por el mundo y creída por los fieles. La Biblia es la Palabra viva de Dios vivo. Es inerrante, infalible y suficiente. Es más preciosa que el oro y más dulce que la miel. Tres pruebas de su veracidad pueden aducirse. La primera es su unidad en la diversidad. Fue escrita en un período de 1.600 años. Escrita por más de cuarenta escritores de diferentes lugares, diferentes culturas y en diferentes idiomas. Sin embargo, hay armonía en su contenido y unidad en su pensamiento. El segundo es el cumplimiento de las profecías. La Biblia es un libro profético. Abre las cortinas del futuro y escribe la historia antes de que suceda. Todas las profecías acerca de la primera venida de Jesús se cumplieron literalmente y totalmente. Ninguna de ellas cayó en el descrédito. Las profecías de la segunda venida de Cristo se están cumpliendo con rigurosa precisión. La Palabra de Dios no puede fallar. Su mensaje es digno de toda aceptación. El tercero es su poder transformador. La Palabra de Dios es espíritu y vida. Ella tiene un poder inherente. Es viva y eficaz. Es como una espada de doble filo que penetra en las profundidades del alma humana. Su mensaje es poderoso y transformador.

16
de diciembre

La agonía del planeta Tierra

Porque sabemos que toda la creación gime a una, y a una está
con dolores de parto hasta ahora.

ROMANOS 8:22

El planeta Tierra está enfermo. La naturaleza está gimiendo, esperando el día de su liberación. Nuestro planeta está en agonía, sintiendo calambres intestinales. Llegamos a la cima del progreso científico, pero destruimos la casa donde vivimos. La insaciable codicia de las empresas gigantes contamina el aire, los ríos, el mar y la tierra con el fin de obtener beneficios más sólidos. En esta frenética carrera con fines de lucro, se cavó un profundo pozo de la muerte para las postreras generaciones. Nuestros ríos están contaminados. Nuestros bosques están siendo devastados. Nuestras fuentes se están secando. Estamos terminando con la fauna y la flora. Las sequías y las inundaciones ocurren todos los días. Muchas fuentes de agua potable se están secando. Se vuelcan a diario millones de toneladas de dióxido de carbono en el aire, se destruye la capa de ozono que nos protege de los rayos mortales del sol. Los glaciares de los polos se están derritiendo, las inundaciones y las sequías se multiplican, los terremotos son cada vez más frecuentes y devastadores. Las gigantescas olas del mar invaden las ciudades, causando gran devastación. El calentamiento global es una realidad innegable. Es hora de tocar la trompeta y alertamos a todos para el hecho de que somos mayordomos de la creación y los gerentes de Dios. Si fracasamos en esta mayordomía, vamos a pagar un alto precio. La agonía del planeta puede ser la agonía de la humanidad. Que seamos fieles en esa mayordomía.

Propuestas seductoras

Entonces Faraón llamó a Moisés y a Aarón, y les dijo: "Andad, ofreced sacrificio a vuestro Dios en la tierra".

ÉXODO 8:25

L a seducción del mundo es peor que la espada del mundo. El diablo se vuelve más peligroso cuando se sienta en la mesa para negociar. El Faraón hizo cuatro propuestas a Moisés con el fin de frustrar el éxodo de Israel de Egipto. La primera fue: Adora a Dios incluso en Egipto (Éxodo 8:25). Faraón quería mantener al pueblo en la esclavitud e indujo a hacer un altar en Egipto. Moisés rechazó esta propuesta, lo que demuestra que no es posible servir a Dios en Egipto. La segunda fue: ¡Vete, pero quédate cerca de Egipto! (Éxodo 8:28). El diseño del Faraón era una alianza, para construir un puente de amistad. Pero la orden de Dios no es el amor al mundo, ni ser amigo del mundo ni conformarse con el mundo. Moisés rechazó decididamente esta propuesta. La tercera fue: Servir a Dios, pero dejar a sus hijos en Egipto (Éxodo 10:10-11). El Faraón quería dividir a la familia y así debilitarla. Quería que sus hijos continuaran en cautividad. Pero Moisés rechazó firmemente esta propuesta, demostrando que la familia debe estar unida en su adoración y servicio a Dios. Finalmente, el Faraón propuso: Sirva a Dios, pero deje su propiedad en Egipto (Éxodo 10:24-26). Ahora el Faraón quería retener la propiedad del pueblo de Dios, pero Moisés fue categórico: Ni una pezuña se quedará atrás en Egipto. La consagración a Dios debe ser completa: todo lo que somos y todo lo que tenemos. Tenga cuidado con las alianzas con el mundo. No transija con la verdad de Dios. ¡No haga compromisos con el pecado! ¡Ponga su vida, su familia y sus bienes en el altar de Dios!

18
de diciembre

Verdades esenciales
de la fe cristiana

> Porque en primer lugar os transmití lo que asimismo recibí:
> Que Cristo murió por nuestros pecados, conforme a las
> Escrituras.

1 CORINTIOS 15:3

La salvación es una obra divina. Su base no es lo que hacemos por Dios, sino lo que él ha hecho por nosotros por medio de su Hijo. No somos salvos por las obras que hacemos por Dios, sino por la obra que Cristo hizo por nosotros. Tres verdades esenciales deben ser resaltadas. En primer lugar, Cristo murió por nuestros pecados. La paga del pecado es la muerte y por lo tanto deben morir todos, porque todos pecaron en contra de Dios. En lugar de aplicar sobre nosotros el castigo de Dios que nuestros pecados merecen, colocó sobre su Hijo el pecado de todos nosotros. Jesús se hizo pecado por nosotros y murió nuestra muerte. En segundo lugar, Cristo fue resucitado para nuestra justificación. Jesús murió y arrancó de la muerte su aguijón. Abrió la tumba de dentro hacia afuera y nos abrió la puerta de la inmortalidad. Su sacrificio fue perfecto y completo, y su resurrección es la garantía de que su obra en la cruz fue eficaz. Una vez que morimos y resucitamos con Cristo, no pesa más en nosotros, ninguna condenación. Estamos en paz y a salvo con la ley de Dios, y como estamos en Cristo, todas las demandas de la justicia divina fueron satisfechas. En tercer lugar, Cristo regresará para nuestra glorificación. Fuimos salvos de la condenación del pecado al creer en Cristo, pero seremos salvos de la presencia del pecado cuando Cristo regrese en gloria. Así, recibiremos un cuerpo inmortal, incorruptible, glorioso, poderoso, celestial, como el cuerpo de la gloria de Jesús. Por lo tanto, vamos a estar con él en la gloria a través de los siglos eternos.

La dolorosa realidad de la soledad

Procura venir antes del invierno…

2 TIMOTEO 4:21

La soledad es una realidad innegable. En el siglo de la comunicación virtual, vivimos en una isla sentimental. Tocamos el mundo, pero perdemos el contacto dentro de casa. Tenemos miles de amigos virtuales, pero a casi nadie para mirar a los ojos y darnos un abrazo. La población mundial superó el límite de los siete mil millones de habitantes. Multitudes se disputan en los grandes centros urbanos, pero la mayoría es una masa sin rostro e identidad. Viven en el anonimato, en la soledad blindados. En las plazas, las calles, en el metro, en el servir, una muchedumbre apresurada corre de un lado a otro, pero todos sin nombre, sin identidad, sin vínculos de comunión con los demás. Hay muchas personas solitarias, incluso dentro de las familias y las iglesias. Hay viudas de maridos vivos, que viven solas, sin afecto y sin compañía. Hay casas antiguas de ancianos abandonados, sedientos de un abrazo. Hay padres olvidados por los hijos que viven en la soledad dolorosa. La soledad maltrata el alma. Pablo sentía en la piel el dolor de la soledad. En su segundo encarcelamiento en Roma, ordenó a Timoteo a venir a su encuentro rápidamente. Las personas necesitan a Dios, pero también necesitan personas. Las cosas no llenan los deseos de nuestro corazón. Necesitamos amigos. Necesitamos familia. Necesitamos relaciones sanas que traigan aliento a nuestra vida y esperanza para nuestro futuro.

20
de diciembre

La matemática del matrimonio

El cordel de tres hilos no se rompe fácilmente.

ECLESIASTÉS 4:12

El matrimonio es un gran misterio. Desafía a la mayor cantidad de mentes peregrinas. Trasciende nuestra comprensión. Va más allá de la lógica. Aunque las matemáticas son una ciencia exacta, en el matrimonio se relativiza esta precisión. Considere esto: en el matrimonio, uno más uno es igual a uno. La Biblia dice que los esposos y las esposas, cuando se unen en la relación conyugal, se convierten en uno. Hay una fusión en una intimidad sexual tan profunda entre el esposo y la esposa que los dos son una sola carne. Pero el matrimonio es también uno más uno es igual a dos. A pesar de ser una sola carne, el esposo y la esposa no pierden su individualidad. Son diferentes personas con diferentes perspectivas, diferentes gustos, diferentes visiones del mundo, que se unen para construir un camino común. Estas diferencias, lejos de destruir la relación, la enriquecen. El esposo y la esposa no están en oposición entre sí, se complementan entre sí. Por último, en el matrimonio, uno más uno es igual a tres. El matrimonio es como "el cordel de tres hilos no se rompe fácilmente". El matrimonio es más que una unión entre un hombre y una mujer. Es un pacto entre el esposo y la esposa que se hace en la presencia de Dios. Dios es el tercer capítulo de este redil. De hecho, Dios es el arquitecto de su matrimonio. El matrimonio no es una institución humana, sino divina. El matrimonio no nació en la tierra, sino en el cielo; no nació en el corazón del hombre, sino en el corazón de Dios. Dios es el constructor, el protector y remunerador del matrimonio. ¡La mayor necesidad de las parejas no es de las cosas sino de Dios!

21

El Dios de nuestra salvación

Pero Dios, que es rico en misericordia, por su gran amor con que nos amó, aun estando nosotros muertos por nuestros delitos, nos dio vida juntamente con Cristo (por gracia habéis sido salvados).

EFESIOS 2:4-5

Warren Wiersbe, en su comentario sobre Efesios, da el siguiente esquema de Efesios 2:1-10. En primer lugar, el pecado trabaja contra nosotros (Efesios 2:1-3). Causó la mayor tragedia de la humanidad, porque nuestros padres cayeron, el hombre se convirtió en un esclavo de la carne, del mundo y del diablo. El hombre es un ser caído y depravado. Es hijo de la ira y está muerto en sus delitos y pecados. En segundo lugar, Dios trabaja por nosotros (Efesios 2:4-9). A pesar de la situación desesperada del hombre, Dios lo amó, por gracia inmerecida, envió a su hijo para quitar el hombre de la tumba espiritual y llevarlo a las regiones celestiales. Lo que estaba perdido fue encontrado y lo muerto revivió. La base de la salvación es la gracia de Dios. El instrumento para la recepción de la salvación es la fe, y el propósito de la salvación son las obras. En tercer lugar, Dios trabaja en nosotros (Efesios 2:10a). Una vez salvos, somos hechura de Dios, es decir, poemas de Dios para revelar al mundo su gracia bendita. Somos la caja de resonancia de Dios, que resuena su gloriosa gracia. Somos el trofeo de la gracia, la poesía de Dios, la expresión del amor infinito del Padre. En cuarto lugar, Dios trabaja a través de nosotros (Efesios 2:10b). Dios nos ha creado en Cristo para las buenas obras. Las buenas obras no son la causa de nuestra salvación, sino su evidencia. No somos salvos por las buenas obras, sino para las buenas obras. No somos salvos por las obras que hacemos por Dios, sino por lo que Dios ha hecho por nosotros en su Hijo. La salvación no es una obra humana, sino divina. Es la oferta de la gracia y no por conquista de las obras.

22
de diciembre

María, la madre del Salvador

Y el ángel le dijo: "Deja de temer, María, porque has hallado gracia ante Dios".

LUCAS 1:30

María era una niña pobre de la ciudad de Nazaret, pero encontró el favor de Dios y fue elegida para ser la madre del Salvador. Dios envió al ángel Gabriel a ella desde el cielo. Este la sorprendió llevándole desde las alturas la buena noticia de que vendría sobre ella el Santo Espíritu, el poder del Altísimo y la envolvería con su sombra, y ella iba a concebir y dar a luz a Jesús, el Hijo del Altísimo, el Salvador del mundo, el heredero del trono de David, que reinaría por siempre y cuyo reino no tendría fin. María se puso a disposición del Señor, como sierva de Dios, para hacer su voluntad, convencida de que nada es imposible para Dios en todas sus promesas. María estaba dispuesta a enfrentar todos los riesgos de la entrega: un malentendido de su novio, las cuestiones de la familia y el repudio de la sociedad. Lejos de volverse vanidosa por el inesperado privilegio, se inclinó humildemente y adoró a Dios, su Salvador. Esta mujer piadosa, humilde y valiente llevó en su vientre la Palabra de Dios, el Creador del universo, el Salvador del mundo. María fue llamada por su prima Isabel bendita entre las mujeres y bendita por todas las generaciones. María es un gran ejemplo para todas las generaciones, por su buena voluntad dispuesta a obedecer a Dios, aun conociendo los riesgos y desafíos que enfrentaría.

23
de diciembre

Juan el Bautista, el precursor del Salvador

> Hubo un hombre enviado de parte de Dios, el cual se
> llamaba Juan.
>
> JUAN 1:6

El mismo ángel Gabriel que anunció a María el nacimiento de Jesús también anunció a Zacarías el nacimiento de Juan. Si María era una joven virgen, Isabel, madre de Juan el Bautista, era estéril y entrada en años. Si el ángel parecía haber llegado demasiado pronto a María, porque se trataba de una virgen y aún no estaba casada con José, parecía que para Isabel era tarde porque era vieja y ya no podía concebir. Tanto el nacimiento de Jesús como el nacimiento de Juan eran milagros de Dios. Juan el Bautista fue levantado por Dios para ser el precursor del Mesías. Él no era el Cristo, ni siquiera se sentía digno de desatar la correa de sus sandalias. Sin embargo, Jesús dijo que ningún hombre en la tierra era más grande que él. Juan era un hombre humilde, audaz y lleno de espíritu. Su nacimiento fue un milagro, su vida fue un ejemplo, y su muerte fue un testimonio. Juan el Bautista preparó el camino del Señor, proclamando un mensaje de arrepentimiento. Predicó en el desierto, se enfrentó a la multitud, reprendió al rey y presentó a Jesús como el Cordero de Dios que quita el pecado del mundo. Juan el Bautista puso el hacha de la verdad sobre la raíz de la religiosidad sin vida y convocó a toda la nación al arrepentimiento. Denunciado el pecado del rey, los soldados, religiosos y otras personas, las multitudes acudieron a escucharlo, incluso en el desierto. No era una caña sacudida por el viento, sino un heraldo del Rey. Prefirió la muerte a la conveniencia. ¡Salió de la historia, pero dejó el camino abierto para el paso del Rey!

24
de diciembre

¡El Salvador ha nacido!

... que os ha nacido hoy, en la ciudad de David, un Salvador,
que es Cristo el Señor.

LUCAS 2:11

José y María viajaron desde Nazaret a Belén, a fin de alistarse. La profecía
tenía que cumplirse: "Pero tú, Belén Efrata, aunque eres pequeña para ser
contada entre las familias de Judá, de ti me saldrá el que será Señor en Israel..." (Miqueas 5:2). Cuando José y María llegaron a Belén, la "casa del
pan", no había lugar para Jesús, el Pan de la vida, para su nacimiento. Así que
él nació en un establo, un lugar donde se recogen los animales por la noche.
El Salvador del mundo, el Cordero de Dios, nació en una cuna de paja, y no
en una cuna de oro. Esa noche memorable de Navidad, el ángel del Señor
anunció a los pastores que estaban en el campo: "Dejad de temer, porque os
traigo buenas noticias de gran gozo, que lo será para todo el pueblo; que os ha
nacido hoy, en la ciudad de David, un Salvador, que es Cristo el Señor" (Lucas
2:10-11). La venida de Jesús al mundo es el mensaje del cielo que echa fuera
el temor y entroniza la alegría. Dios irrumpió en la historia trayendo salvación
a los perdidos, la liberación a los cautivos y la paz a los afligidos. Jesús es el
Salvador del mundo, el Mesías prometido, el Señor de señores. El Rey se convirtió en siervo, Dios se hizo hombre, el Verbo hecho carne, lo trascendente
se hizo inmanente, el que ni el cielo de los cielos puede contener nació en un
pesebre. Él vino por amor. ¡Él vino a cumplir el propósito del Padre, vino a
dar su vida por nuestro rescate, para que, por su muerte, tuviéramos la vida
eterna!

La encarnación del Verbo de Dios

Y el Verbo se hizo carne, y habitó entre nosotros (y vimos su gloria, gloria como del unigénito del Padre), lleno de gracia y de verdad...

JUAN 1:14

El nacimiento de Jesús fue un gran milagro. Esa noche en Belén nació el Sol de justicia. La luz divina invadió la oscuridad humana. Los ángeles cubrieron los cielos alabando a Dios y llevando un mensaje de esperanza para la humanidad. Del cielo venían buenas nuevas de gran alegría para todo el pueblo. La salvación venía a través del Mesías, el Señor del universo. El Dios trascendente, que ni el cielo de los cielos puede contener vino, se hizo carne y habitó entre nosotros. Vistió piel humana. Nacido en un establo, creció en una carpintería y anduvo haciendo el bien, liberando a los cautivos del diablo. Jesús es la Palabra eterna y divina. No fue creado; es el Creador. No tuvo principio; es el Padre Eterno. No es inferior a Dios el Padre, sino de la misma sustancia. Él y el Padre son uno. Quien ve a Jesús ve al Padre, es Dios, Emmanuel, Dios con nosotros. Renunció a la gloria que tenía con el Padre antes de la fundación del mundo para entrar en nuestra historia con el fin de transformarla. Incluso siendo adorado por los ángeles, llegó a ser escupido por los hombres, para abrirnos un camino nuevo y vivo para Dios. Era bendecido de Dios, hecho por nosotros maldición para librarnos de la maldición del pecado. Era santo, pero fue hecho pecado por nosotros para darnos vida eterna. Era plenamente Dios, pero se hizo hombre perfecto para reconciliarnos con Dios. Jesús es el mediador entre Dios y los hombres, el único camino a Dios, y puerta del cielo.

26
de diciembre

El crecimiento integral de Jesús

Y Jesús seguía progresando en sabiduría, en vigor y en gracia ante Dios y ante los hombres.

LUCAS 2:52

La humanidad de Jesús no era solo aparente como decían los docéticos, ni irreal como pensaban los gnósticos. Los docéticos pensaban que Jesús era solo una especie de fantasma sin cuerpo real. Los gnósticos creían que Jesús era solo una emanación de Dios, pero no Dios hecho carne. Los griegos niegan la doctrina de la creación, la encarnación y la resurrección, porque creen que la materia era esencialmente mala. Pero Jesús era plenamente hombre sin dejar de ser totalmente Dios. Jesús era como nosotros en todo, menos en el pecado. El crecimiento se produjo en tres áreas distintas. En primer lugar, él creció físicamente, "Y Jesús crecía en estatura". En segundo lugar, él creció intelectualmente, "y Jesús crecía en sabiduría". En tercer lugar, creció espiritualmente, "y Jesús crecía en gracia para con Dios y los hombres". Jesús fue obediente a sus padres en la tierra (Lucas 2:51) y sumiso al Padre celestial (Lucas 22:42). Su crecimiento fue saludable en todas las áreas de la vida y es un modelo para nosotros. Hoy en día, valoramos el crecimiento físico e intelectual a expensas del crecimiento espiritual. Invertimos en los gimnasios y los cosméticos y hemos dejado la vida devocional. Nosotros nos encargamos del cuerpo y descuidamos el alma. Invertimos fuertemente en la formación intelectual y casi nada en el crecimiento espiritual. El crecimiento de Jesús nos lleva a reflexionar sobre las prioridades de la vida. Jesús es nuestro ejemplo. ¡A Él debemos imitar!

27
de diciembre

Jesús, el amado de mi alma

... sino que Cristo es todo, y en todos.

COLOSENSES 3:11

Jesús es el centro de la eternidad y el conductor de la historia. Es el personaje central de la tierra y el glorioso Rey servido en el cielo. Es el creador y preservador de la vida, el Rey de reyes y Señor de señores. Es nuestra alegría y nuestra paz. Esto es todo en todo. En su epístola a los filipenses, el apóstol Pablo hace cuatro declaraciones preciosas acerca de Jesús. Primero, Jesús "es nuestra vida". Dice el apóstol veterano, "para mí, el vivir es Cristo..." (Filipenses 1:21). Hay muchas cosas buenas en la vida. Hay muchos placeres legítimos y santos, pero la esencia de la vida es Jesús. La vida solo tiene sentido cuando conocemos a Cristo. Él es el que nos da la vida, y es nuestra vida. En segundo lugar, "Jesús es nuestro ejemplo". Pablo escribe: "Haya, pues, entre vosotros los mismos sentimientos que hubo también en Cristo Jesús" (Filipenses 2:5). Jesús es nuestro paradigma, personificación del amor y de la santidad. Hemos de amar como él nos amó y perdonar como Él nos perdonó. En tercer lugar, "Jesús es nuestro objetivo". Pablo dice: "Prosigo hacia la meta, para conseguir el premio del supremo llamamiento de Dios en Cristo Jesús" (Filipenses 3:14). Nuestro principal objetivo en la vida no es la adquisición de la riqueza o el éxito, sino ser como Jesús. Dios nos predestinó para que fuésemos hechos conformes a la imagen de su Hijo, y el Espíritu Santo nos está transformando en gloria en la imagen de Cristo. En cuarto lugar, "Jesús es nuestra fuerza". Pablo concluye diciendo: "Todo lo puedo en Cristo que me fortalece" (Filipenses 4:13). Somos débiles, pero tenemos a Jesús como nuestro Dios omnipotente. En él somos fuertes y más que vencedores.

28
de diciembre

Jesús es nuestra esperanza en la hora del duelo

Le dijo Jesús: "Yo soy la resurrección y la vida; el que cree en mí, aunque haya muerto, vivirá".

JUAN 11:25

El dolor del duelo es quizá el más agudo que enfrentamos en la vida. Nos duele en el alma. Es como si una parte de nosotros fuera arrancada. Las lágrimas inundan los ojos, sentimos dolor punzante en el corazón y un nudo aprieta la garganta. Pero en este valle oscuro, una luz ilumina nuestro camino: Jesús es nuestra esperanza. Creemos en el mañana. Creemos en la resurrección del cuerpo. Creemos en la vida eterna. Creemos en la comodidad del Padre. Creemos en el bálsamo del Espíritu Santo. Creemos en la paz que sobrepasa todo entendimiento. Incluso ahora que nuestro rostro está bañado por las lágrimas, sabemos que Dios está con nosotros y es nuestro refugio de generación en generación. La muerte, incluso siendo el rey de los terrores, no puede arrancar nuestra esperanza del pecho. La muerte ya no tiene la última palabra. No tuvo éxito, y su aguijón se ha arrancado. Ahora, podemos mirar a la muerte a la cara y preguntarle: "¿Dónde está, oh muerte, tu victoria? ¿Dónde está, oh sepulcro, tu aguijón?" (1 Corintios 15:55). Podemos elevar nuestras voces y gritar: "Sorbida es la muerte con victoria" (v. 54). Jesús mató a la muerte al resucitar de entre los muertos. Él nos trajo la inmortalidad. La tumba no es nuestra última dirección. Caminamos a la gloria, donde tendremos un cuerpo inmortal, incorruptible, glorioso, poderoso, divino, similar al cuerpo de la gloria de Cristo. ¡En breve entraremos en la ciudad cuya lámpara es el Cordero y allá, Dios enjugará toda lágrima de nuestros ojos!

29
de diciembre

La victoria sobre la pornografía

¿No sabéis que sois santuario de Dios, y que el Espíritu de Dios mora en vosotros?

1 Corintios 3:16

Asistimos, aturdidos, a la decadencia galopante de los valores morales en nuestra sociedad. Hay un esfuerzo concertado para destruir la familia. No es un ataque deliberado contra la pureza. Aplaude el vicio y se burla de la virtud. La pornografía se recomienda en vez de ser combatida. Se ve como un avance, y no como un signo de decadencia. La pornografía es la tergiversación y la banalización del sexo. El sexo es bueno, puro, santo y agradable. Fuimos creados con el deseo sexual y la capacidad de dar y recibir placer sexual. Pero el sexo es un privilegio para ser disfrutado de forma segura y feliz en el matrimonio. Antes del matrimonio, la práctica del sexo es la fornicación, y los que caminan este camino están bajo la ira de Dios (1 Tesalonicenses 4:3-8). Fuera del matrimonio, el sexo es la práctica de adulterio, y solo aquellos que quieren destruirse a sí mismos cometen tal locura (Proverbios 6:32). Pero en el matrimonio, el sexo es un privilegio que puede y debe ser disfrutado con la santidad y la alegría. Una relación sexual entre marido y mujer, sin embargo, tiene que ser sin mancilla (Hebreos 13:4). La santidad del sexo no es contraria a su máximo placer, sino un requisito previo. Los que navegan los pantanos de sitios pornográficos, sucios, y alimentan su mente con la impureza destruyen el alma. Aquellos que buscan autosatisfacción sexual enferman la mente y se convierten en prisioneros de un vicio degradante. Solo por el Espíritu Santo podemos tener una vida sexual pura y santa (1 Tesalonicenses 4:3-8). Solo entonces podremos triunfar sobre la trampa de la pornografía.

30
de diciembre

Perdonar es recordar
sin sentir dolor

> El señor de aquel siervo, movido a compasión, le soltó y le
> perdonó la deuda.
>
> **MATEO 18:27**

C S. Lewis dijo, con razón, que es más fácil hablar de perdonar que dar perdón. El perdón es una necesidad imperiosa de tener salud emocional. No somos personas perfectas, no venimos de una familia perfecta y no tenemos cónyuges perfectos. Por lo tanto, tenemos quejas unos de otros. Las personas decepcionan y decepcionamos a las personas. Por lo tanto, el perdón es vital para tener relaciones saludables en la familia, la iglesia y el trabajo. Quien no perdona no puede orar, dar o ser perdonado. El que no perdona es enfermo física, emocional y espiritualmente. Quien no perdona se entrega a los verdugos de la conciencia, y a los que afligen el alma. Quien no perdona es el esclavo de dolor. Quien no perdona no tiene paz. El perdón es una cuestión de sentido común. Tener amargura es como beber una taza de veneno pensando que el otro es quien morirá. El duelo es una especie de autofagia. Cultivar la amargura en el corazón es vivir todo el tiempo con la persona con la que menos nos gustaría relacionarnos. El que guarda amargura se convierte en un prisionero de la persona que detesta. El perdón no es fácil, pero es necesario. El perdón es la limpieza del alma, la limpieza de la mente, la liberación del corazón. El perdón cura, libera y transforma. El perdón es más que el odio. El perdón supera la sed de venganza. Perdonar es poner en ceros la cuenta, no estar cobrando más deudas. Perdonar es recordar sin sentir dolor.

31
de diciembre

Soliloquio,
una conversación en el espejo

Recobra, oh alma mía, tu calma, porque Jehová te ha procurado bienes.

SALMOS 116:7

Mantener un soliloquio es estar hablando consigo mismo. Es mirar a los ojos al que vemos en el espejo y enfrentarlo sin subterfugios. Es entrar por los corredores del alma y no por los callejones laterales para escapar. Es lidiar con nuestro interlocutor más difícil. Es hablar a nuestro oyente más exigente. Es enfrentarnos a nosotros mismos con la verdad. Es hacer un viaje a nuestra intimidad, en lugar de mirar a los demás. Es tener el valor de tomar la viga de nuestro ojo, en lugar de tratar de sacar la paja del ojo de los demás. Sin embargo, mirar en el interior es más difícil que mirar para afuera. Es más fácil hablar a una multitud que hablar con nuestra propia alma. Es más fácil exhortar a los demás que corregirnos a nosotros mismos. Es más fácil señalar los pecados de los demás que ver los propios. Es más fácil rendirse al desaliento que alimentar nuestra alma con optimismo. Tenemos que aplicar a nuestro propio corazón el bálsamo de Galaad. Es necesario buscar en lo eterno el refugio para nuestra alma. Hay que decirle a nuestra alma que esa tristeza no durará para siempre. Alabar, no gemir; alegría, no llorar, es lo que nos espera por delante. No debemos alarmarnos por la angustia, pero debemos consolarnos a nosotros mismos con las promesas de Dios. Tenemos que hacer coro con el salmista: "¿Por qué te abates, oh alma mía, y por qué te turbas dentro de mí? Espera en Dios; porque aún he de alabarle, salvación mía y Dios mío" (Salmos 42:11).

Índice temático

OTROS TÍTULOS
DE LA COLECCIÓN DEVOCIONALES

LECTURAS MATUTINAS
365 lecturas diarias
C. H. Spurgeon

DE DÍA EN DÍA
365 verdades por las cuales vivir
William MacDonald

EN POS DE LO SUPREMO
365 lecturas devocionales
Oswald Chambers

CREER Y COMPRENDER
365 reflexiones para un cristianismo integral
Arturo I. Rojas Ruiz

CREER Y PENSAR
365 reflexiones para un cristianismo integral
Arturo I. Rojas Ruiz

GOTAS DE ALEGRÍA PARA EL ALMA
365 reflexiones diarias
Hernandes Dias Lopes

GOTAS DE CONSUELO PARA EL ALMA
365 reflexiones diarias
Hernandes Dias Lopes

GOTAS DE SABIDURÍA PARA EL ALMA
365 reflexiones diarias
Hernandes Dias Lopes